Mit Innovationsmanagement zu Industrie 4.0

Herausgeber
Peter Granig
FH Kärnten
Feldkirchen in Kärnten, Österreich

Bernhard Heiden
FH Kärnten
Villach, Österreich

Erich Hartlieb
FH Kärnten
Villach, Österreich

ISBN 978-3-658-11666-8   ISBN 978-3-658-11667-5   (eBook)
https://doi.org/10.1007/978-3-658-11667-5

Die Deutsche Nationalbibliothek verzeichnet diese Publikation in der Deutschen Nationalbibliografie; detaillierte bibliografische Daten sind im Internet über http://dnb.d-nb.de abrufbar.

Springer Gabler
© Springer Fachmedien Wiesbaden GmbH, ein Teil von Springer Nature 2018

Gedruckt auf säurefreiem und chlorfrei gebleichtem Papier

Springer Gabler ist ein Imprint der eingetragenen Gesellschaft Springer Fachmedien Wiesbaden GmbH und ist ein Teil von Springer Nature
Die Anschrift der Gesellschaft ist: Abraham-Lincoln-Str. 46, 65189 Wiesbaden, Germany

Vorwort der Herausgeber

Aktuell befinden wir uns in einer sich rapide verändernden und dynamisierenden Gesellschaft, in einer Gesellschaft, in der Innovationen zunehmend wichtiger werden, weil sie wieder selbst Grundlagen von Innovationen sind. Eines ist ihnen gemeinsam: Sie nutzen die erweiterten Fähigkeiten des Menschen durch die Möglichkeiten einer Computerisierung, ja geradezu einer Supercomputerisierung. Unsere Umwelt wird zunehmend von Maschinen, Computern geprägt, die Einfluss auf uns haben, auf die wir unseren Lebensstandard aufbauen und die unseren Möglichkeitsraum erweitern. Dies führt zu einer Demokratisierung von Information und damit zur Transzendierung von Grenzen, in Familien, Unternehmen, Staaten. Mit der Supercomputerisierung einhergehend ist nicht nur die Globalisierung der Märkte und des Wettbewerbs, sondern auch eine vermehrte Entwicklung hin zu mehr Effizienz und damit zu einer beschleunigten Innovationskultur zu beobachten. Die zunehmend demokratischeren Strukturen erlauben es, Geschäftsmodelle mit einem kleineren Investment zu implementieren. Unternehmen greifen zunehmend auf Open Source Information zu, weswegen immer mehr Menschen, ungeachtet ihrer sozialen und nationalen Zugehörigkeit, in den Wertschöpfungsprozess eingebunden werden und sich dadurch die bestehenden Grenzen immer mehr auflösen. Die Grenzen werden transformiert von einem Außen zu einem Innen, von der Fremdbestimmung zur Selbstbestimmung.

Industrie 4.0 ist die aktuelle industrielle Ausprägung dieser globalen Entwicklung, verursacht durch die zunehmende Computerisierung, die Supercomputerisierung. Die Industrie ist naturgemäß stärker davon betroffen, weil computerisierte, automatisierte und digitalisierte Produkte ja immanenter Bestandteil der industriellen Produktion sind, sie diese hervorbringen. Der Begriff „Industrie 4.0" lehnt sich an diese Entwicklung an, als an einen evolutiven Prozess, den der Mensch gemeinsam mit den Maschinen, die er entwickelt, evolviert und revoltiert. Scheinbar gleiche Entwicklungen wiederholen sich auf einem höheren Entwicklungsniveau. So waren die ersten Rechenmaschinen mechanisch, eine nächste Generation war mit Elektronenröhren, die nächste wieder mit Transistoren aufgebaut. Heutzutage bestehen sie aus immer kleiner werdenden Mikroprozessoren. Dieser Entwicklung, die von einem exponentiellen Wachstum gemäß Moores Law erfolgt, das bis heute anhaltend ist, ist es zu verdanken, dass nicht nur die

Inhaltsverzeichnis

Peter   atheiser und Erich Grígg

Abkürzungsverzeichnis

3DP	Pulverdruck, (klassisches) 3-D Printing
ABS	Acrylnitril-Butadien-Styrol-Copolymer
AI	Artificial Intelligence
AM	Additive Manufacturing
a.s.a.p.	As soon as possible
CAD	Computer Aided Design
CAM	Computer Aided Manufacturing
CNC	Computerized Numerical Control
CPS	Cyber Physical Production Systems, Cyber-Physische Systeme
DQ	Digitaler Quotient
DS	Druckstation
DSC	Differential Scanning Calorimetry
EOS	EOS GmbH, Electro Optical Systems, https://www.eos.info/
EQ	Emotionaler Quotient
ERP	Enterprise Resource Planning System
FDM	Schmelzschichtung, Fused Deposition Modeling, mit ein oder zwei Düsen
FFG	Österreichische Forschungs Förderungs Gesellschaft, www.ffg.at
FHK	FH-Kärnten www.fh-kaernten.at
FS	Faserstation
FTS	Fahrerloses Transport System
HPC	High Performance Computing
Hrsg.	Herausgeber
IC	Integrated Circuits
ICT	Information and Communication Technology
IEA	International Energy Agency
IoT	Internet der Dinge, Internet of Things
IQ	Intelligenzquotient

IR	Infrarot
K-RAMP	Knowledge-based product RAMP-up process
KVP	kontinuierlicher Verbesserungsprozess
KWF	Kärntner Wirtschaftsförderungs Fonds, https://www.kwf.at/
LOM	3-D-Foliendrucken, Laminated-Object-Manufacturing
MJM	Polyjetverfahren, Multi-Jet-Modeling
MMO3D	Multiaxes – Moving Objects 3-D Printing Technology for Composites
OSTO-Systemmodell	Offen, **S**ozio-**T**echno-**O**ekonomisch
OWL	Web Ontology Language
PLA	Polylactic Acid, Polylactide, umgangssprachlich auch Polymilchsäure
PVC	Polyvinylchlorid
RDF	Resource Description Framework
RFID	Radio Frequenz Identifier
SDL	3-D-Papierdruck, Selective Deposition Lamination
SLA	Stereolithographie
SLS	Selective Laser Sintering
SLS	Selektives Lasersintern, Selective Laser Sintering
SONNE	Selbst Organisierende Neo Naturalistische Evolution
SPS	SpeicherProgrammierbare Steuerung
SST	Schlupfstation
TCKT	Transfercenter für Kunststofftechnik GmbH, http://www.tckt.at/
TQM	Total Quality Management
UNSPSC®	United Nations Standard Products and Services Code®
USP	Unique Selling Proposition
VAG	Vakuumgießen, Vacuum-Casting
VUCA	Volatile, Uncertain, Complex, Ambiguous
W3C	Wood Competence Centrum (Carinthia and Upper Austria), WOOD K Plus, Kompetenzzentrum Holz GmbH, www.wood-kplus.at
WKO	Wirtschaftskammer Österreich, www.wko.at

Aufbau von Innovationskooperationen im Kontext von Industrie 4.0 und IoT

Gezielte Partnersuche und -auswahl zum Aufbau von Entwicklungs- und Innovationskooperationen

Erich Hartlieb, Thomas Kandolf, Rudolf Kanzian und Michael Roth

1.1 Einleitung

Als etabliertes österreichisches Großunternehmen im Bereich der Herstellung hochwertiger Hausgeräte für den privaten und gewerblichen Bereich sehen wir es als eine gesellschaftliche Verpflichtung gegenüber unseren Kunden, stets professionelle und zeitgemäße Geräte anzubieten, die im Bereich Qualität, Design und Innovation neue Akzente setzen. Das Unternehmen ist Teil einer Spartenorganisation mit Niederlassungen in Europa und Asien mit mehr als 6000 Mitarbeitern und einem Umsatz von etwa 900 Mio. EUR.

In der Branche der Hausgerätehersteller ist derzeit eine drastische Verkürzung der Innovations-, Entwicklungs- und Produktionszyklen zu beobachten, die eine enorme Anforderung an die Forschung und Entwicklung sowie die Produktionstechnik stellt. In den letzten Jahren war die Branche getrieben durch Entwicklungsschwerpunkte rund um die kontinuierliche Verbesserung der Energieeffizienz, der Geräuschemission der Geräte sowie eine Optimierung der Geräteisolationsstärke mit dem Ziel, den gekühlten

E. Hartlieb (✉) · T. Kandolf · M. Roth
FH Kärnten, Villach, Österreich
E-Mail: E.Hartlieb@fh-kaernten.at

T. Kandolf
E-Mail: t.kandolf@fh-kaernten.at

M. Roth
E-Mail: m.roth@fh-kaernten.at

R. Kanzian
Liebherr-Hausgeraete Lienz GmbH, Lienz, Österreich
E-Mail: rudolf.kanzian@liebherr.com

© Springer Fachmedien Wiesbaden GmbH, ein Teil von Springer Nature 2018
P. Granig et al. (Hrsg.), *Mit Innovationsmanagement zu Industrie 4.0*,
https://doi.org/10.1007/978-3-658-11667-5_1

Bruttonutzinhalt zu vergrößern (bei gleich bleibenden Geräteaußenabmessungen und Energieeffizienzklassen). Es wurden weitere Features entwickelt, die zur Verbesserung der Handhabung der Geräte und der Lagerung der zu kühlenden Ware beigetragen haben. Derzeit zeigt sich, dass für neue Produktentwicklungen immer vielfältigere Kompetenzen benötigt werden, die häufig in Unternehmen jedoch noch nicht in ausreichender Ausprägung vorhanden sind. Allen voran ist hier die Rede von IoT und der Digitalisierung. Internet der Dinge (IoT) bedeutet, Geräte mit dem Internet zu verbinden, damit sich die Technik den individuellen Bedürfnissen der Konsumenten anpassen kann und sie unmerklich in ihrem Alltag unterstützt. Einfache Bedienbarkeit ist dabei wichtig.

Der rasche Vormarsch, vor allem im Bereich „Smart- Homes", erfordert von den Herstellern von Hausgeräten, sich mit den entsprechenden Technologien auseinanderzusetzen. Auf allen internationalen Leitmessen werden Prototypen und Konzepte präsentiert, die sich auf „smarte" Hausgeräte beziehen und den Kunden zusätzlichen Nutzen anbieten. Die Hersteller versuchen aktuell, durch unterschiedliche Use Cases ihre Möglichkeiten darzustellen und damit diesem Trend zu folgen. Um in diesem dynamischen Wettbewerbsumfeld weiterhin bestehen zu können, sind jedoch neue, zusätzliche Kompetenzen notwendig, die in der Vergangenheit bei den Herstellern nicht in dieser hohen Ausprägung benötigt wurden. Der vorliegende Buchbeitrag soll gerade an dieser Stelle ansetzen und mögliche Wege aufzeigen, wie die eigenen Kompetenzfelder identifiziert und weiter ausgebaut werden können. Darüber hinaus werden Wege aufgezeigt, wie Innovationskooperationen strategisch aufgesetzt und begleitet werden können, um bislang fehlende Kompetenzfelder abzudecken.

1.2   Die neue „smarte" Produktgeneration

Nicht nur traditionelle Hersteller von Hausgeräten versuchen mit Hochdruck ihre Produkte „smart" und „digital" zu machen. Vielfach sind es auch Mitbewerber aus anderen Branchen, wie zum Beispiel große Marktanbieter der Smart-Home Vernetzung, innovative Technologie-Start-ups und KMUs, die universelle, autonome und nachrüstbare Lösungen anbieten. Die Bandbreite reicht sogar bis hin zu einzelnen Freelancern und App-Programmierern, die auf charmante und einfache Art den Kunden einen noch nicht da gewesenen Mehrwert bieten wollen.

Darüber hinaus wird die Branche noch zunehmend durch diverse Lieferdienste disruptiv angegriffen, die den Umgang mit Hausgeräten zunehmend beeinflussen werden. Sei es in der Beschaffung, Vermarktung und Verfügbarkeit von Produkten oder sogar Lebensmitteln, die zukünftig schon in der gewünschten Form, in der richtigen Menge und im richtigen Zubereitungszustand geliefert werden und dadurch durchaus traditionelle Zubereitungen und/oder Lagerungen obsolet machen bzw. wesentlich verändern könnten.

Diese große Veränderung ist größtenteils getrieben durch neue IoT-Services und neue Geschäftsmodelle oder -erweiterungen. Nicht mehr die Hardware bzw. das Produkt soll im Vordergrund stehen und den Kunden zum Kauf animieren, sondern zunehmend die mit dem Produkt verbundenen Dienstleistungen und erweiterten Gerätefunktionen sollen nun den USP ausmachen und die Kundenbegeisterung auslösen.

1.3 Industrie 4.0, Individualisierung und Kundenverständnis

Um den Kunden in Zukunft weiterhin zeitgemäße Geräte anbieten zu können, ist es essenziell, sich vertieft mit den Kundenanforderungen und –wünschen auseinander-zusetzen und diese möglichst genau zu definieren, um zielgerichtete Entwicklung zu betreiben und Leerwege bzw. Fehlentwicklungen, die eine Marktdurchdringung nicht erreichen, zu vermeiden. Gerade die Kundenbedürfnisse im Hochpreissegment stehen vor einem gravierenden Wandel, weil sie immer ausgefallener werden und auf die individu-ellen Bedürfnisse perfekt abgestimmt und integriert werden müssen. Moderne Kunden (Generation X) wollen zukünftig verstärkt angepasste und teils individualisierte Geräte beziehen, die ihre Anforderungen besser erfüllen als standardisiert hergestellte Mas-senprodukte. Diese externe Vielfalt kann zunehmend zum Problem werden, wenn die interne Vielfalt des angebotenen Geräteportfolios nahezu im gleichen Verhältnis ansteigt. Überdies stoßen herkömmliche Produktionssysteme und -methoden zunehmend an ihre Grenzen, weil der Grad der individuellen Bearbeitung (auch im Hinblick auf eine starke Verringerung der Losgrößen) zunimmt. Die Zukunft der modernen Produktion liegt mit Sicherheit in einer hochflexiblen, vernetzten und auf die Kundenwünsche abgestimmten Fertigung von kleinen Stückzahlen bis hin zur Losgröße 1, die in nur wenigen Stunden nach der Bestellung bereits abgearbeitet und schnellstmöglich an den Kunden zugestellt werden müssen. Gerade in der Industrie 4.0 steckt enormes Potenzial, um individuelle Kundenwünsche besser zu berücksichtigen und Einzelstücke rentabel zu produzieren. Durch den zunehmenden (Echtzeit-) Vernetzungsgrad der Produktionsmittel, mit dem Produktionsprozess und dem zu produzierenden Produkt wird die Fertigung schneller und flexibler, was am Ende den benötigten Ressourceneinsatz senkt, die Produktivität erhöht und den Kundennutzen zielsicherer trifft. Eine interessante Zukunftsperspektive ist darüber hinaus die mögliche Einbindung von „digitalisierten" Produkten, die nicht nur mittels Industrie 4.0 Methoden und Verfahren produziert werden, sondern auch für den Produktionsprozess bereits während der Herstellung durch ihre digitalisierten Komponen-ten nutzbar gemacht werden und somit einen Zusatznutzen stiften können. Somit kann sich der Wert von digitalisierten Produkten nicht nur für den Endkunden bzw. Anwender, sondern auch schon für das produzierende Unternehmen während des Fertigungsprozes-ses ergeben. Damit würden neuartige Konzepte rund um das Thema „Industrie 4.0" einen disruptiven Charakter bekommen, wonach „Industrie 4.0" dann auch für komplett neue Geschäfts- und Wertschöpfungsmodelle ein wesentlicher Treiber sein kann und nicht nur die progressive Sichtweise vertritt, das „Industrie 4.0" nur Technologie- und Fertigungs-probleme von heute mit Technologien von morgen löst. Unternehmen werden zukünftig nicht nur ihre Produktionsmaschinen, Produktionsprozesse, Lagersysteme, Betriebsmittel

in cyber-physischen Systemen vernetzen, sondern werden zudem auch ihre Kompetenzen, Mitarbeiter, Zuliefer- und Partnerunternehmen sowie ihre Kundinnen und Kunden in
soziotechnischen Systemen weltweit vernetzen müssen. Auch wenn das Thema bislang
federführend von der technologischen Seite analysiert und vorangetrieben wurde, wird
der Mensch (als Mitarbeiter) Teil der dezentralen, sich selbst organisierenden „Industrie
4.0". Seine Verantwortungsbereiche und konkreten Tätigkeiten werden sich zukünftig in
vielen Bereichen jedoch sehr verändern. Die Aufgaben werden komplexer und die Wert-
schöpfungsnetzwerke zunehmend dynamischer. Das wiederum erfordert ein hohes Maß
an Flexibilität und Mitarbeiterqualifikation, um den Weg ganzheitlich zu meistern.

Ausbreitung digitalen Nutzens
Der Einzug der „Digitalisierungswelle" ist bereits in den Bereich der Hausgeräte vor-
gedrungen und Hersteller bringen zunehmend „smarte" Hausgeräte für erste Early-
Adopters auf den Markt. Es zeichnet sich ab, dass sich Hausgeräte der Zukunft nahtlos
in Smart-Home Steuerungen integrieren lassen müssen und Aufgaben (weit über ihren
eigentlichen Einsatzzweck hinaus) für den Kunden erfüllen werden. Das beginnt bei
Heizsystemen, die sich mit Terminkalendern synchronisieren und die Heizung starten,
sobald der Bewohner den Weg von der Arbeit nach Hause antritt oder die Raumtemperatur absenken, sobald der Besitzer sein Haus verlässt und sich niemand mehr im Haus
befindet, Waschmaschinen, die Waschmittel automatisch dosieren und selbst nachbestel-
len, können kurz, bevor es zur Neige geht oder Kühlschränke, die Fotos vom Innenraum
auf die Smartphones ihrer Nutzer senden, um während des Einkaufs im Supermarkt
nachschauen zu können, welche Lebensmittel zu Hause noch fehlen und eingekauft
werden müssen. Zusätzlich besteht die Möglichkeit, über die Fotos Vorschläge für Ein-
kaufslisten zu generieren, die mit anderen Produkten, die außerhalb des Kühlschranks
lagern, ergänzt werden können. Zudem bietet dieses Vorgehen eine bessere Möglichkeit
als die reine Fotoerkennung, weil der Anwender spezifisch festlegen kann, was in seine
Einkaufsliste aufgenommen wird. Die grundlegende Problematik liegt bei der Füllstand-
serkennung von nicht transparent-verpackten Lebensmitteln (zum Beispiel Milch im
Tetrapack), welche über rein optische Erkennungssysteme nicht detektierbar sind. Eine
teilautomatisierte Einkaufsliste wirkt diesem Problem entgegen und versucht ohne Sensorik (dafür mit einem ausgefeilten Logarithmus) den Anwender frühzeitig auf den Ver-
brauch oder das Verderben seiner Lebensmittel hinzuweisen.

Die Liste an bereits angebotenen „smarten" Features im Bereich der Hausgeräte ist
weitaus länger und wird weiterhin stark zunehmen. Doch genau diese Herausforderungen stellen die meisten etablierten Hersteller auf die Probe. Es geht zukünftig neben der
ordnungsgemäßen Erfüllung der primären Funktionen, wozu die Hausgeräte eigentlich
konzipiert sind und die Hersteller ihre Kernkompetenz aufgebaut haben, um die perfekte Integration der Geräte in den Tagesablauf des Kunden und um ein dazu passen-
des Geschäftsmodell. Zudem wird das Service-Engineering immer bedeutsamer, um dem
Kunden neben dem Hardwareprodukt neue Services und Leistungen anzubieten, die ihm
einen noch höheren Nutzen bieten, als bislang nur durch die Hardware geschaffen wer-

den konnte. Aufgrund der steigenden Produktanforderungen, die eine Digitalisierung von Hardwareprodukten bzw. die zunehmend individuelleren Produkte mit sich bringen, sehen sich viele Hersteller nicht mehr in der Lage diese komplexen Entwicklungsschritte in Eigenentwicklung umzusetzen und suchen daher nach geeigneten Unterstützern, welche ihnen dabei helfen zeitnah in neue Kompetenzfelder vorzurücken.

1.4   Aufbau von Innovationskooperationen

Der Erhalt der Wettbewerbsfähigkeit von Unternehmen wird immer schwieriger und stellt das Management vor strategische Herausforderungen. Gründe dafür sind die immer kürzer werdenden Produktlebenszyklen, weil sich die Realisierung von neuen Produkten einerseits an die Geschwindigkeit von technologischen Errungenschaften und Weiterentwicklungen anlehnt und andererseits vom Kunden gewünscht und durch den Wettbewerb am Markt erzwungen wird. Aufgrund der Globalisierung finden sich auch immer mehr verschiedene Anbieter derselben Produktsparte auf einem Markt ein. Der abzuschöpfende Gewinn für ein Produkt oder eine Leistung muss dementsprechend in verhältnismäßig relativ kurzer Zeit erwirtschaftet werden. Um in diesem Zeitwettbewerb erfolgreich zu bestehen, soll von Unternehmen sämtlicher Wirtschaftsbranchen immerfort neues Wissen generiert werden. Eigene Forschung und Entwicklung erscheint vorteilhaft, wenn es sich um den Aufbau einer Kerntechnologie mit einer hohen Wettbewerbsrelevanz handelt. Die Realisierung von Neuerungen, insbesondere am Beispiel von technologieorientierten Unternehmen ist aber zeit- und kostenintensiv und birgt ein großes Risiko, zumal die Bemühungen nicht mit Sicherheit zum gewünschten Ergebnis führen. Als Reaktion darauf werden Kooperationsstrategien empfohlen, die Unternehmensaktivitäten beschleunigen können bei gleichzeitigen Kostensenkungspotenzialen. Eine solche Möglichkeit zur Generierung von Know-how stellen beispielsweise Innovationskooperationen dar.

Im folgenden Abschnitt soll genauer auf die spezifischen Zielsetzungen eingegangen werden, die beim Aufbau von langfristigen Innovationskooperationen und -partnerschaften eine zentrale Rolle spielen.

- Erkennen von internen Entwicklungspotenzialen und -kompetenzen als Basis für erfolgreiche Kooperationsaktivitäten
- Vernetzung und langfristige Zusammenarbeit von Unternehmen über die Unternehmensgrenzen hinaus, um komplexe Entwicklungen (auch zu Industrie 4.0 und IoT) zielgerichtet voranzutreiben
- Potenziale in der kooperativen Zusammenarbeit mit hochinnovativen Start-up-Unternehmen und Großunternehmen im Rahmen von Innovationsprojekten (Beispiel Digitalisierung)
- Identifikation richtiger Kooperationspartner

1.4.1 Innovationskooperationen als Alternative zur Eigen- oder Fremdinnovation

Unter einer Innovationskooperation versteht man eine zwischenbetriebliche Zusammenarbeit im Rahmen eines gemeinsamen Innovationsprojekts oder einer mehrere Projekte umfassenden strategischen Allianz. Sie ist damit eine Alternative zur Eigen- oder Fremdinnovation. Sie kann sowohl zwischen Wettbewerbern, Kunden und Lieferanten als auch zwischen marktfremden Unternehmen vereinbart werden (Spur 2010, S. 925).

Bei der Definition von Innovationskooperationen zeigen sich Unterschiede zur betriebswirtschaftlichen Definition einer Kooperation. Innovationskooperationen stellen eine zwischenbetriebliche Zusammenarbeit dar und binden sämtliche Marktteilnehmer mit ein – je nach Art der Innovationskooperation! Im Vergleich zu einer Kooperation im betriebswirtschaftlichen Sinn zeigt sich der Aufgabenbereich einer Innovationskooperation als wesentlich komplexer und vielschichtiger.

Bei einer gemeinschaftlichen Produktentwicklung innerhalb einer Kooperation, sind oft nur die Forschungs- und Entwicklungsabteilungen der jeweiligen Partnerunternehmen involviert. Bei Innovationskooperationen werden zusätzliche bzw. übergreifende Abteilungen und Unternehmensbereiche, wie zum Beispiel das Marketing, das Produktmanagement und die Produktion miteinbezogen.

Der Prozess für den Aufbau von Innovationskooperationen ist komplex und beginnt mit der Frage, welche Technologien und Kompetenzen vorhanden sind und welche in Zukunft benötigt werden bzw. aufgebaut werden sollen, um Produkte noch wettbewerbsfähiger und kundenorientierter zu machen. Eine umfassende Technologie- und Kompetenzanalyse ermöglicht das Ermitteln von Kompetenzlücken, die in weiterer Folge ein strategisches Aufarbeiten erlauben. Danach ist es möglich, gezielt potenzielle Kooperationspartner zu evaluieren, zu selektieren und im letzten Schritt Kooperationen zu vereinbaren und Projekte zu initiieren. Nachfolgend werden die einzelnen Schritte des Prozesses näher erklärt und beschrieben (vgl. auch Abb. 1.1).

1.4.2 Technologie und Kompetenzanalyse

Um die im Unternehmen aufzubauenden Technologiefelder und Entwicklungskompetenzen zu identifizieren, müssen zuerst die vorhandenen ermittelt werden. Die maßgeblichen Informationen dazu sind prinzipiell in den angebotenen Produkten oder Leistungen des Unternehmens wiederzufinden. Bei einer hohen Anzahl an Produktvarianten, die jedoch überwiegend dieselben Technologien beinhalten, wird die Analyse an einem anschaulichen Produktbeispiel durchgeführt, welches die meisten Technologien beinhaltet. Die daraus resultierenden einzelnen Technologiefelder dienen als Basis zur Identifikation der notwendigen Kompetenzen im Unternehmen. Für den Einsatz von Technologien benötigt es zudem Ressourcen und Fähigkeiten im Unternehmen, die beherrscht werden müssen. Nachdem die notwendigen Technologiefelder und Kompetenzen ermittelt wurden,

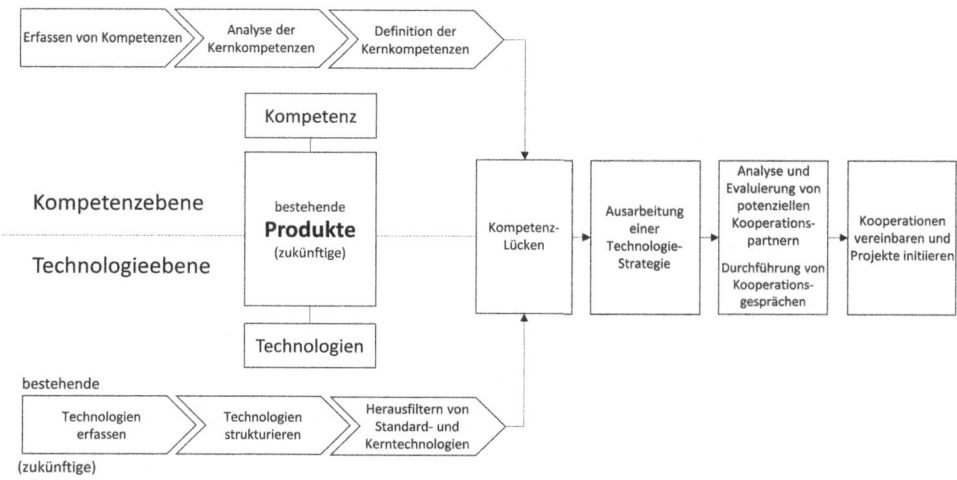

Abb. 1.1 Ablauf zum Aufsetzen von Innovationskooperationen. (Quelle: eigene Darstellung)

werden diese im Anschluss daran in größere Technologiebereiche zusammengefasst bzw. geclustert. Nachfolgend können diese Technologien bzw. -cluster um weitere zukünftig notwendig werdende Technogien (für neuartige Produkte oder Leistungen) ergänzt werden. Hierzu empfiehlt es sich, Informationen zu künftigen marktfähigen Technologien, Trends, Erfindungen, Patenten und Vorgehen der Wettbewerber für die technologische Früherkennung laufend einzuholen (vgl. Walder 2016, S. 48).

Aus der Sicht des Technologiemanagements ist jenes Wissen bedeutsam, das zur Beherrschung von Kerntechnologien notwendig ist, denn diese sind ein Teil der Kernkompetenzen und gelten als „Wurzeln der Wettbewerbsfähigkeit" des Unternehmens (Tschirky und Koruna 1998, S. 335).

Das zentrale Abstimmungsinstrument für die Bewertung der Kompetenzen und die Identifikation der Kernkompetenzen ist die „Kompetenz-Pyramide" (vgl. Abb. 1.2), welche vier Kriterien, die eine Kernkompetenz aufweisen, auf verschiedenen Ebenen zeigt. Innerhalb der Pyramide befinden sich die Kompetenzen des Unternehmens, die es braucht, um Produkte und Leistungen zu entwickeln. Die Linien zwischen den Ebenen symbolisieren einen Filter. Die Kompetenzen durchlaufen diese Filter von unten nach oben, wenn sie die vorangestellten Kriterien erfüllen. Eine Kompetenz, die alle vier Kriterien erfüllt und sich somit in der Ebene 5 befindet, zählt zu den Kernkompetenzen des Unternehmens. Als Datenbasis dienen die Ergebnisse aus der vorangegangenen Produkt- und Technologieanalyse und der Analyse von relevanten Technologietrends.

Für die Bewertung eignet sich ein Experten-Workshop mit betriebsinternen Personen, die über fundiertes Wissen zu den entsprechenden Innovationsgebieten verfügen. Die Auswahl der „richtigen" Experten und eine zielgerichtete Moderation sind entscheidend für eine objektive präzise Bewertung der Teilnehmer zu den Untersuchungsgegenständen

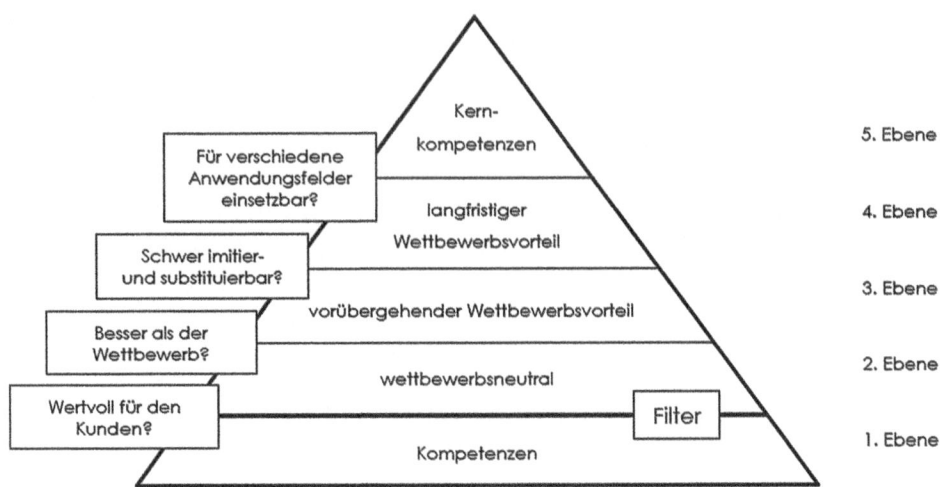

Abb. 1.2 Kompetenz-Pyramide. (Quelle: eigene Darstellung in Anlehnung an Hinterhuber 2011, S. 136 f., 130)

(vgl. Vahs 2013, S. 297). Die Fragestellung zur „Ermittlung der Technologiefelder und technologischen Entwicklungskompetenzen mit Kooperationsbedarf" soll in diesem Workshop diskutiert und schlussendlich gemeinsam beantwortet werden.

Entwicklung einer Technologiestrategie durch Identifikation von Kompetenzlücken
Das Ermitteln von bereits bestehenden (Kern)Kompetenzen und zukünftig notwendigen (Kern)Kompetenzen ergibt ein verschmelzendes und umfassendes Gesamtbild des Kompetenzportfolios, welches die Identifikation von Kompetenzlücken ermöglicht. Diese Lücken können bei den bereits bestehenden Kompetenzen, wie auch bei den zukünftig notwendigen Kompetenzen entstehen. Zum Beispiel können sich bestehende Kompetenzen zu Kernkompetenzen weiterentwickeln und dadurch eine Lücke schließen oder es müssen zukünftig neue Kernkompetenzen aufgebaut werden, weil es diese im Unternehmen noch nicht gibt, diese aber für neue Entwicklungen notwendig sind. Die Ermittlung der Kompetenzlücken hat demnach einen sehr großen Einfluss auf die Technologiestrategie des Unternehmens und die hierfür abgeleiteten Maßnahmen. Hier gilt es nun zu entscheiden, ob diese Kompetenzlücken im eigenen Unternehmen geschlossen werden sollen oder über Innovationskooperationen mit externen Partnern.

Kooperationsprozess – Analyse und Evaluierung von potenziellen Partnern
Wird eine Innovationskooperation angestrebt, so kann die Suche nach einem passenden Kooperationspartner gesteuert werden, indem diese einen definierten Suchprozess (vgl. Abb. 1.3) durchläuft.

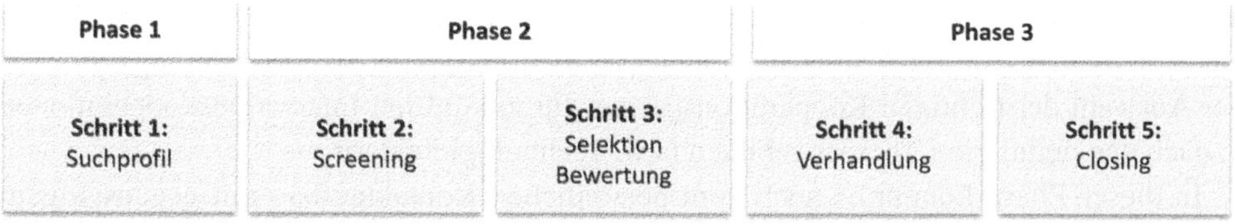

Phase 1	Phase 2		Phase 3	
Schritt 1: Suchprofil	**Schritt 2:** Screening	**Schritt 3:** Selektion Bewertung	**Schritt 4:** Verhandlung	**Schritt 5:** Closing

Abb. 1.3 Prozess zum Aufbau von industrienahen Innovationskooperationen. (Quelle: eigene Darstellung)

Der Analyse potenzieller externer Unternehmen, wie auch des eigenen Unternehmens, kommt eine tragende Rolle zu, weil ihre Kompatibilität zu den Erfolgsfaktoren einer Kooperation zählt. Es gibt Faktoren, die eine Kooperationspartnerschaft begünstigen oder negativ beeinträchtigen. Der strategischen Suche nach einem „Fit" (Übereinstimmung) der Partner kommt deshalb eine große Bedeutung zu. Im Vordergrund steht dabei die Symmetrie der Interessen (vgl. Bleicher 1991, S. 682).

Klar definierte Anforderungen sichern den richtigen Fokus für die Suche nach einer Innovationskooperation und dienen als Ausgangspunkt für alle weiteren Schritte. Im **ersten Schritt (Suchprofil)** ist es deshalb notwendig, ein Anforderungsprofil (Suchfeldsteckbrief) zu entwickeln, welches eine Reihe von relevanten Muss- und Wunschkriterien, die die zielgerichtete Suche nach einem Kooperationspartner unterstützen, beinhaltet. Die Muss-Kriterien lassen sich aus der Analysephase zum Kooperationsvorhaben ableiten und sind die Basis des Erfolgs. Die Wunschkriterien hingegen sind von der Einschätzung und den Belangen des jeweiligen Unternehmens abhängig und unterstützen die Muss-Kriterien in der Schärfe der Anforderungen.

Im **zweiten Schritt (Screening)** erfolgt ein internes und externes Screening, welches der Identifikation potenzieller Kooperationspartner zu den jeweiligen Suchprofilen dient. Mithilfe einer schnellen, vorzeitigen Bewertung wird eine Vorauswahl durchgeführt, damit nur diejenigen Unternehmen in die Bewertungsphase kommen, die auch tatsächlich interessant sind. Diese vorzeitige Selektion wird anhand von zwei bis drei wesentlichen Muss-Kriterien vorgenommen, um überhaupt in den Bewertungsprozess zu kommen. Es handelt sich dabei gewissermaßen um Basisanforderungen für einen strategischen Fit!

Im **nächsten Schritt (Selektion/Bewertung)** erfolgen dann die Selektion und die Bewertung der potenziellen Innovationspartner. Konkret erfolgt die Bewertung über einen umfangreicheren Kriterienkatalog, welcher verschiedene Punkte beinhaltet und deren Wichtigkeit über eine vom Unternehmen festgelegte Gewichtung erfolgt. Für einen transparenten und objektiven Bewertungsprozess sind viele detaillierte Unternehmensinformationen notwendig, welche jedoch oft sehr schwierig zu beschaffen sind. Aus diesem Grund ist eine vorzeitige Selektion in der Screening-Phase notwendig, weil diese in weiterer Folge eine Reduktion an Zeit und Ressourcen hervorbringt. Aus den bewerteten Unternehmen wird in weiterer Folge ein Kooperationsradar angefertigt, in dem der strategische Fit zum eigenen Unternehmen abgebildet ist. Dieses Radar liefert einen schnellen Überblick relevanter Unternehmen und dient als Orientierungshilfe bei der Auswahl der richtigen Kooperationspartner für zukünftige Innovationskooperationen je nach den definierten Themengebieten bzw. Technologiefeldern.

In dieser Phase kommt es auch zum persönlichen Kontaktaufbau mit gegenseitigem Kennenlernen, um abzuklären, ob das ausgewählte Unternehmen an einer potenziellen Kooperation interessiert ist und der „strategische Fit" zwischen den Unternehmen stimmt. Erweisen sich die ersten Gespräche als interessant bzw. erfolgversprechend, wird eine weiterführende Innovationskooperation angestrebt. Somit wird in den **letzten beiden Phasen (Verhandlungen und Closing)** der Kontakt zum zukünftigen Partner intensiviert und es erfolgt ein intensiver themenbezogener Informationsaustausch bzw. es erfolgen gemeinschaftliche Leistungen im Sinne der angestrebten Kooperation. Dieser Phase gehen sämtliche betriebswirtschaftlichen und rechtlichen Anforderungen, zum Beispiel Verschwiegenheitsvereinbarungen und Verhandlungen, voraus, die es benötigt, um an einem gemeinschaftlichen Kooperationsprojekt intensiv zusammenzuarbeiten und einen gewinnbringenden Output für alle beteiligten Parteien bzw. Stakeholder zu gewährleisten.

Zusammenfassend kann man feststellen, dass zur Realisierung von technischen Neuerungen, die überwiegend zeit- und kostenintensiv sind, und ein hohes Entwicklungsrisiko bergen, die Innovationskooperation eine sehr gute Alternative bietet. Wenngleich der Prozessablauf und der Aufgabenbereich einer Innovationskooperation als komplex und vielschichtig einzustufen ist, ist es möglich, systematisch und gezielt, potenzielle Kooperationspartner zu evaluieren, zu selektieren und im letzten Schritt Kooperationen zu vereinbaren und Projekte zu initiieren.

Literatur

Bleicher K (1991) Organisation: Strategien – Strukturen – Kulturen. 2. Aufl, Betriebswirtschaftlicher Verlag Dr. Th. Gabler GmbH, Wiesbaden

Hinterhuber H H (2011) Strategische Unternehmensführung – I. Strategisches Denken: Vision, Ziele, Strategie. 8. Aufl, Erich Schmidt Verlag, Berlin

Spur G (2010) Glossar *„Innovation als Begriff"*. Zeitschrift ZWF, Jahrgang 105, Carl Hanser Verlag, München

Tschirky H & S Koruna (1998) Technologie-Management: Idee und Praxis. Orell Füssli Verlag Industrielle Organisation, Zürich

Vahs D (2013) Innovationsmanagement – Von der Idee zur erfolgreichen Vermarktung. 4 Aufl, Schäffer-Poeschel Verlag, Stuttgart

Walder S (2016) Analyse von Kernkompetenzen und Bedarf an Technologiekooperationen. Bachelorarbeit 2, Fachhochschule Kärnten, Villach

FH-Prof. Dipl.- Ing. Dr. Erich Hartlieb
Fachprofessur für Innovations- und Technologiemanagement

Dr. Erich Hartlieb, geboren 1969, ist seit 2009 Professor für Innovations- und Technologiemanagement an der FH Kärnten und leitet seit 2013 den Studiengang Wirtschaftsingenieurwesen. Nach der HTL für Maschinenbau in Klagenfurt hat er das Studium Wirtschaftsingenieurwesen für Maschinenbau an der TU Graz absolviert und war von 1997 bis 2001 Universitätsassistent am Institut für Industriebetriebslehre und Innovationsforschung der TU Graz. Seine Dissertation hat er zum Thema Wissensmanagement verfasst, von 2001 bis 2009 war er als selbstständiger Strategie- und Innovationsberater tätig. Er ist Gründungsmitglied und Beirat des Wissensmanagement Forum Graz, Vorstandsmitglied im Forum KVP & Innovation des ÖPWZ sowie Mitorganisator und Wissenschaftlicher Beirat beim Innovationskongress. Seine aktuellen Forschungsschwerpunkte sind das Strategische Innovationsmanagement, Business Development sowie Technologiemanagement. Er hat bereits zahlreiche Fachpublikationen und Vorträge zu den Themen Innovations- und Technologiemanagement verfasst.

Thomas Kandolf, MA
Innovationsmanager

Thomas Kandolf wurde 1989 in St. Veit a. d. Glan in Österreich geboren. Nach einer technischen Ausbildung im Bereich Fertigungstechnik an der HTBLVA Ferlach folgte ein betriebswirtschaftliches Bachelorstudium im Bereich Business Management an der Fachhochschule Kärnten, welches er mit Auszeichnung im Jahre 2009 neben seiner Berufstätigkeit als Sales-Assistent bei dem Möbelkonzern IKEA abschloss. Nach dem Abschluss in Kärnten im Jahr 2012 folgte ein berufsbegleitendes Masterstudium im Bereich Innovationsmanagement an der Fachhochschule der Wirtschaft – Campus 02 in Graz. Bereits während der Hochschulausbildung sammelte der Autor umfassende praktische Erfahrungen als Researcher im Bereich Innovations- und Technologiemanagement an der Fachhochschule Kärnten, wo er mit Fachkollegen diverse Unternehmensprojekte im Bereich Innovationsmanagement und Business Development begleitete. Zudem engagierte er sich als Programmmanager

der Initiative „Start UP" an der Fachhochschule Kärnten für das Thema Entrepreneurship, coachte zahlreiche technologie-orientierte Start-up-Unternehmen und war beteiligt am Aufbau einer nachhaltigen Gründerszene. Seit 2015 arbeitet der Autor bei dem Industrieunternehmen Liebherr-Hausgeräte Lienz GmbH als Innovationsmanager, wo er für die Themen strategisches Innovationsmanagement, internationales Ideenmanagement und den Aufbau von Open-Innovation zuständig ist. Er unterstützt zudem den internen Aufbau von technologieorientierten Kooperationen im Unternehmen.

Ing. Rudolf Kanzian
Abteilungsleiter Produktkonstruktion

Rudolf Kanzian wurde 1967 in Kötschach in Österreich geboren. Seine technische Ausbildung im Bereich Maschinebau absolvierte er an der HTBLVA Klagenfurt. Seine beruflichen Stationen führten ihn zuerst zum Triebwerkshersteller MTU in München, wo er fünf Jahre in der Entwicklung von Flugzeugturbinen für den militärischen als auch zivilen Einsatz beschäftigt war. Nach einem zweijährigen Zwischenstopp bei der Firma Sange in Feldkirchen mit dem Schwerpunkt der Auslegung und der Konstruktion von Förderanlagen für die Verarbeitung von plattenähnlichen Produkten in der Holzindustrie wechselte er 1993 zum Industrieunternehmen Liebherr-Hausgeräte Lienz GmbH. Hier nahm er unterschiedliche Positionen ein. Seit 1997 ist er mit der Leitung der Produktkonstruktion betraut. Neben dieser Tätigkeit wurden verschiedenste weitere Funktionen im Entwicklungsbereich ausgefüllt. Der Aufbau von technologieorientierten Kooperationen mit anderen Unternehmen und Institutionen gehört ebenfalls zu seinem Aufgabengebiet.

Mag. (FH), Dipl.-Ing. (FH) Michael Roth
Innovationsmanagement und Innovationsmarketing

Michael Roth, geboren 1972, ist seit 2015 wissenschaftlicher Mitarbeiter am Studiengang Wirtschaftsingenieurwesen an der FH Kärnten und forscht in den Bereichen Innovationsmanagement und Entrepreneurship, wie auch im Bereich Innovationsmarketing. Nach einer abgeschlossenen Lehre als Betriebselektriker besuchte er die HTL für Elektrotechnik in Klagenfurt und absolvierte anschließend ein berufsbegleitendes technisches Studium für Elektronik am Technikum Kärnten. Während seiner langjährigen Tätigkeit im internationalen

Marketing entschloss er sich, nach einigen Zusatzausbildungen ein weiteres berufsbegleitendes Studium für internationales Marketing und Sales an der Fachhochschule Campus 02 in Graz zu absolvieren. Nach mehreren Jahren beruflicher Erfahrungen im internationalen Marketing bei weltweit agierenden Unternehmen machte er sich mit seiner Beratungsfirma im strategischen Marketing 2012 selbstständig. Michael Roth hat durch seine langjährige internationale Marketingerfahrung bei großen Unternehmen eine erweiterte Perspektive und bringt einen hohen Praxisbezug in die Forschungsschwerpunkte ein. Seine umfassende technische und wirtschaftliche Ausbildung ermöglicht es ihm, gerade für komplizierte Produkte erfolgreiche Lösungen zu entwickeln.

Strategisches Technologiemanagement für die Industrie 4.0

Von der Vision zur Implementierung

Oliver Gassmann, Christoph H. Wecht und Stephan Winterhalter

2.1 Wozu eine Innovationsstrategie?

Jedes erfolgreiche Unternehmen besitzt eine Strategie, wenn auch nicht immer explizit.[1] Auch diejenigen Elemente einer Strategie, welche Aussagen zu neuen, zukünftigen Produkten oder Dienstleistungen treffen, sind nicht immer klar formuliert und verfügbar. Deshalb erscheint für viele Mitarbeiter Innovation oftmals als chaotisch und ungeplant. Es stimmt zwar, dass die Unsicherheit im Umfeld von Innovation oft hoch ist, trotzdem können aber die Ziele und Rahmenbedingungen des Handelns beschrieben werden. „Planung ersetzt Zufall durch Irrtum" (Albert Einstein) und genau darum geht es: Für eine Innovationsstrategie müssen unter anderem Annahmen bezüglich der technologischen Machbarkeit, der Marktentwicklung, des Wettbewerberverhaltens und des Kundenverhaltens getroffen werden. Trifft eine Annahme nicht zu, kann daraus für die Zukunft

---

[1]Eine frühere Version dieses Artikels erschien als Gassmann und Wecht (2013). Wir haben ihn für diesen Beitrag aktualisiert und konkreter auf Fragestellungen zum Thema Industrie 4.0 ausgerichtet.

O. Gassmann (✉) · S. Winterhalter
Universität St. Gallen, St. Gallen, Schweiz
E-Mail: oliver.gassmann@unisg.ch

S. Winterhalter
E-Mail: stephan.winterhalter@unisg.ch

C. H. Wecht
BGW Management Advisory Group, St. Gallen, Schweiz
E-Mail: info@bgw-sg.com

© Springer Fachmedien Wiesbaden GmbH, ein Teil von Springer Nature 2018
P. Granig et al. (Hrsg.), *Mit Innovationsmanagement zu Industrie 4.0*,
https://doi.org/10.1007/978-3-658-11667-5_2

gelernt werden und Strategien müssen iterativ angepasst oder andere Szenarien berücksichtigt werden. Damit Unternehmen wachsen und langfristig erfolgreich bleiben, müssen
sie nachhaltig innovativ sein, was eine hohe organisationale Lernfähigkeit voraussetzt.

Erfolgreiche Unternehmen wie Swatch, Procter & Gamble oder General Electric
wiederholen Innovationen und betreiben diese systematisch und strategisch. Selbst das
Chaos in definierten Feldern wird vorsätzlich und konsistent betrieben. Eine Strategie
definiert die grobe Richtung, in welche sich das Unternehmen bewegt. Sie setzt Leitplanken als Orientierungsrahmen und ermöglicht eine konzeptionelle Gesamtsicht des
Unternehmens und seiner Umwelt. Für eine gemeinsame Ausrichtung aller Unternehmensaktivitäten des Technologie- und Innovationsmanagements ist eine explizite Strate-
gieformulierung wichtig.

Die wesentlichen Elemente einer Strategie sind die Betrachtung sowohl der Organisation als auch deren Umgebung, der komplexe Inhalt und ihr Einfluss auf das übergeordnete Wohlergehen des Unternehmens. Dazu beschäftigt sie sich mittels analytischer und
konzeptueller Denkprozesse auf verschiedenen Ebenen mit inhaltlichen und prozessua-
len Fragen.

2.2   Sich verändernde Rahmenbedingungen

Die Globalisierung des Wettbewerbs, welche noch in den Neunzigerjahren eine Domäne
der multinationalen Großunternehmen war, wird derzeit durch schnelle, flexible Unternehmen weiter vorangetrieben. In zahlreichen Branchen haben im letzten Jahrzehnt
Transformationsprozesse begonnen, die von dramatischer Bedeutung für das jeweilige
Kerngeschäft sein werden. Es ist wichtig, diese Transformationsprozesse und deren Auswirkungen zu verstehen, weil sie das zukünftige Umfeld bestimmen, für welches heute
die Strategie entwickelt werden muss. Für viele Unternehmen verändern sich die Spielregeln, die sie bislang eingehalten haben, wie einige Megatrends zeigen.

Globalisierung von Innovation: Bislang schien sich die F&E-Internationalisierung
auf die Triadenländer zu beschränken. Entgegen der herrschenden Lehrmeinung und
der medialen Diskussion findet aber Innovation immer stärker in Entwicklungs- und
Schwellenländern statt. Dies geschieht vor allem, um Produkte für die lokalen Bedürfnisse der aufstrebenden Mittelklasse, sogenannte Frugale Innovationen, zu entwickeln
(vgl. Zeschky et al. 2011). Ein gutes Beispiel für diese Entwicklung ist das indische
Micromax Handy, das für weniger als 40 US$ angeboten wird und Kommunikation und
Online-Services in weniger entwickelten Regionen revolutioniert. Mit zunehmender
Entwicklung der Schwellenländer verstärkt sich auch die Internationalisierung von Firmen aus eben diesen Regionen. Vor allem Firmen aus China und Indien setzen westliche
etablierte Unternehmen mit niedrigen Kosten und ausreichender Produktqualität unter
Druck. So geschehen zum Beispiel 2009, als Ericsson im Rennen um den weiteren Inf-
rastrukturausbau für 4G Netze in Schweden gegen Huawei unterlag (vgl. Gassmann und
Winterhalter 2013).

Digitalisierung: Digitale Daten sind der Sauerstoff, der neuen Welt. Unternehmen wissen heute in Echtzeit, wie ihre Produkte beim Kunden im Einsatz funktionieren und benutzt werden. Aber auch in die andere Richtung können Kunden ihr Feedback dem Unternehmen und anderen Kunden direkt mitteilen. Viele Unternehmen werden von B2B zu B2B2C und dadurch näher an den Endkunden gelangen. Smart Products können spezifischeren und dynamischen Nutzen stiften, indem sie dem Kunden sagen, was er zu tun hat oder ihm die Aufgabe gleich abnehmen (vgl. Winterhalter et al. 2015). In B2B-Sektoren leitet die Digitalisierung unter dem Stichwort „Industrie 4.0" die nächste industrielle Revolution ein. Firmen wie Siemens, Trumpf, Bosch und Bühler ermöglichen bereits heute ihren Kunden eine Remote-Diagnostik und darauf aufbauend Fernwartung, Remote-Parametrisierung und -Systemoptimierung sowie aufbauende Service-Dienstleistungen. Die Boston Consulting Group geht davon aus, dass die Industrie 4.0 durch Konnektivität und Vernetzung mit Partnern, Maschinen und Menschen Produktionssysteme bis zu 30 % schneller und 25 % effizienter werden (vgl. Rüßmann et al. 2015).

Industriekonvergenz: Branchenanalysen müssen sich immer stärker auf die Gefahr von Neueintretenden aus fremden Industrien ausrichten. Dabei darf nicht nur das unbekannte Garagenunternehmen betrachtet werden. Auch Großunternehmen können sich diversifizieren und in neue Felder vordringen. Die Verschmelzung der ehemals autonomen Sektoren Computer, Telekommunikation und Entertainment zur allumfassenden Multimediabranche zeigt anschaulich, wie Industriegrenzen zunehmend verwischen. Google hat heute eine Banklizenz, ist mit Nest im intelligenten Gebäude aktiv und betreibt selbstfahrende Fahrzeuge. Gemäß einer McKinsey Studie gehen Führungskräfte in jedem zweiten deutschen Unternehmen davon aus, dass branchenfremde Konkurrenz, beispielsweise aus dem IT-Sektor, ihr Kerngeschäft angreifen wird. In den USA gehen gar 92 % der Firmen davon aus (vgl. McKinsey 2015).

Radikale Technologien vor dem Durchbruch: Neue Technologien wie Advanced Materials, Big Data Analysis, Advanced Robotics oder auch 3-D-Printing stehen kurz davor, ganze Industriezweige zu verändern. Während zum Beispiel 3-D-Printing schon länger in der Prototypenherstellung zum Einsatz kam, wird diese Methode in Zukunft in vielen Industrien (unter anderem Medizin, Mode, aber auch in der traditionellen industriellen Fertigung) nicht nur die eigentliche Produktion verändern, sondern ganz neue Geschäftsmodelle ermöglichen (vgl. Winterhalter et al. 2014). Angrenzende digitale Technologien wie 3-D Scanning in Verbindung mit entsprechenden Smartphone Apps machen außerdem viele Anwendungen massentauglich. Dadurch werden soziale Phänomenen wie das ‚Maker Movement' oder die ‚Sharing Economy' weiter befeuert und Konsumenten entwickeln sich vom reinen Konsumenten immer mehr auch zum Produzenten physischer Produkte.

Die Bedeutung solcher Trends für das einzelne Unternehmen ist sehr unterschiedlich: Lokale Handwerker sind wahrscheinlich weniger betroffen als produzierende Unternehmen mit international handelbaren Gütern und globaler Konkurrenz. Unabhängig von den Megatrends hat jedes Unternehmen eine Strategie. Nicht alle Unternehmen haben diese jedoch explizit formuliert und gehen systematisch vor. Im Folgenden zeigen wir mit elf Schritten ein bewährtes Vorgehen zur Strategieentwicklung auf.

2.3   Elf Schritte der Strategieentwicklung

Eine Technologie- bzw. Innovationsstrategie sollte ganzheitlich aufgebaut sein. Statt einer aufwendigen, einmaligen Übung sollte die Strategieentwicklung ein gelebter, regelmäßig wiederkehrender Prozess sein, wobei der eigentliche Prozess der Strategiefindung fast so wichtig ist wie das Ziel selbst. Eine Technologie- bzw. Innovationsstrategie ist zudem nie losgelöst von der Unternehmensstrategie, sondern ein integraler Unterbestandteil derselben. Unser Verständnis eines strategischen Managements von Technologie und Innovation beginnt stets bei der Unternehmensstrategie und trägt zu deren Weiterentwicklung bei. Die Innovationsstrategie ist derjenige Teil der Unternehmensstrategie, welcher Aussagen zu Innovationstätigkeiten und damit zur Zukunftsfähigkeit der Unternehmung macht. Als wesentliche Elemente enthalten diese Ziele und Aktivitäten für die zukünftige Positionierung im Wettbewerbsumfeld und damit für die angestrebten Innovationen bei Produkten, Prozessen und Geschäftsmodellen. Der Prozess zur Aufstellung und regelmäßigen Anpassung einer Technologie- und Innovationsstrategie setzt sich aus elf zentralen Bausteinen zusammen (vgl. Abb. 2.1). Methodisch empfiehlt es sich, die einzelnen Schritte als Workshop zu organisieren, um von einer offenen, interdisziplinären Perspektive profitieren zu können.

Schritt 1: Vision
Eine Vision ist ein „dream with a deadline". Sie zeigt auf, was in einem absehbaren Zeitraum erreicht werden soll. Dabei ist sie konkret und umsetzbar. Die Kraft des normativen Managements wird häufig unterschätzt. Eine Vision koordiniert und bündelt die Energie der Mitarbeiter in eine Richtung, ohne dass hierzu ein hoher Administrations- oder Planungsaufwand notwendig ist. Gerade in frühen Innovationsstadien hat die Vision eine wichtige Bedeutung. Sie sollte in größeren Organisationen auch auf Divisions- bzw. Bereichsebene formuliert werden, um Zielsetzungen für die jeweiligen spezifischen Ausprägungen der Innovationsstrategie zu bilden.

Schritt 2: Wachstumsstoßrichtungen
Das strategische Technologie- und Innovationsmanagement muss sich an den grundsätzlichen Unternehmensstoßrichtungen für Wachstum orientieren. Dabei werden nur die Stoßrichtungen aufgezeigt, ohne dass der Lösungsraum für Innovationen zu stark eingeschränkt wird. Der Reifenhersteller Continental identifiziert zum Beispiel große Wachstumspotenziale bei intelligenten Subsystemen. Vor dem Hintergrund der zunehmenden Industriekonvergenz stehen Unternehmen in steigendem Maße vor der Herausforderung, die Wachstumsstoßrichtungen und damit auch zukünftige Kundengruppen richtig zu definieren. Wie weit erlaubt es die Kombination von neuen Technologien, Geschäftsmodellen und Kooperationen, in neue Industrien vorzudringen? In welchen Märkten will man bestehende Kernkompetenzen nutzen oder ausbauen? Die BASF sieht zum Beispiel nicht mehr nur in der klassischen Chemie großes Potenzial, sondern auch im Bereich Energie. Zum Beispiel entwickelt sie intelligente Beschichtungen, um einfallendes

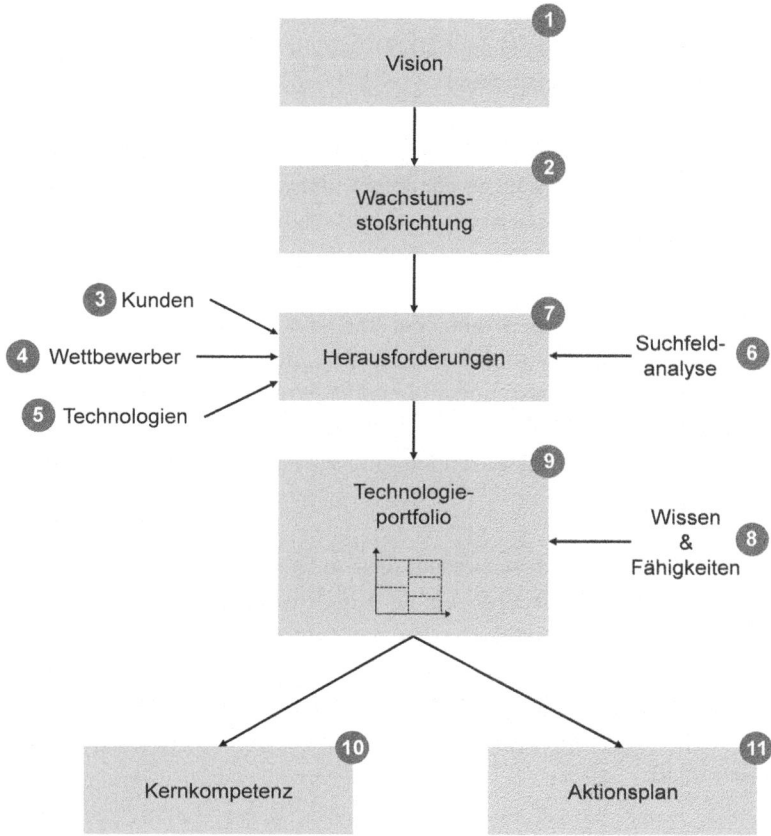

Abb. 2.1 Elf Schritte zur Innovationsstrategie. (Quelle: eigene Darstellung)

Sonnenlicht auf Fassaden in elektrische Energie umzuwandeln und dadurch Häuser zu kleinen Kraftwerken zu machen. Aktuelle Entwicklungen im Bereich Smart Home, wo sich zum Beispiel Bosch, Cisco und ABB zusammenschließen und ihre jeweiligen Kernkompetenzen einbringen, um eine systemübergreifende Plattform zu bauen, zeigen dies ebenfalls eindrücklich auf. Gleiche Fragestellungen ergeben sich auch für Managementsysteme für die Smart Factory.

Schritt 3: Kunden
Auf Basis einer Marktanalyse und/oder eines Workshops mit ausgewählten Kunden werden die Herausforderungen an das Unternehmen aus Sicht der Kunden analysiert. Dabei ist es wichtig, dass die klassische Marktforschung, die in der Regel auf dem Gesetz der großen Zahl basiert, ergänzt wird durch qualitative direkte Gespräche mit Kunden. BMW hat dies als eine Kernaufgabe des Innovationsmanagements formuliert: „Unsere Aufgabe ist es, dem Kunden etwas zu geben, was er haben möchte, von dem er aber nie

wusste, dass er es suchte, und von dem er sagt, dass er es schon immer wollte, wenn er es bekommt" (Helbig und Mockenhaupt 2009). Mögliche Methoden, um ein solches Verständnis zu entwickeln, sind beispielhaft:

- **Lead-User-Workshops,** bei denen ausgewählte Kunden mit den Entwicklern eng interagieren. Diese Kunden sind in der Regel innovationsfreudig und visionär, haben ein ausgeprägtes Problembewusstsein und sind häufig Meinungsführer oder Trendsetter. Unternehmen, die diese Methode erfolgreich eingesetzt haben, sind unter anderem Hilti, Schindler, ABB und Siemens.
- **Die anthropologische Expedition,** bei der ein Kunde in seiner Lebens- und Arbeitsumwelt beobachtet wird. Wichtig ist die weitgehend unbemerkte Beobachtung ohne Interaktionseffekt. Konsumgüterhersteller wie Henkel und Procter & Gamble arbeiten oft mit diesem Ansatz. Die amerikanische Designfirma IDEO ist bekannt für eine intensive Beobachtung des Kunden zum Zweck der raschen Entwicklung eines ersten Prototyps.

Wichtig: Es muss darauf geachtet werden, dass nicht konkrete Produktvorschläge, sondern die breiter gefassten Anforderungen aus Kundensicht betrachtet werden. Dies können generelle Trends in der Branche des Kunden sein, veränderte Wahrnehmungen, aber auch eher diffuse Anforderungen. Falls geeignet, können speziell für Konsumgüter auch Megatrends, wie sie zum Beispiel vom New Yorker Unternehmen Brainreserve identifiziert werden, als Basis herangezogen werden, etwa Cocooning, Feminisierung und Alterung der Gesellschaft.

Schritt 4: Wettbewerber

Ein entscheidender Faktor für den Unternehmenserfolg ist die richtige Positionierung innerhalb der Branche. Es reicht nicht aus, exzellente Produkte anzubieten. Nur wenn die eigenen Leistungen in der subjektiven Wahrnehmung des Kunden einen höheren Nutzen stiften bzw. ein besseres Preis-Leistungs-Verhältnis aufweisen, werden sie erfolgreich abgesetzt. Dabei müssen aber nicht nur die derzeitigen Konkurrenten analysiert, sondern vermehrt auch potenzielle Neueinsteiger der Branche beobachtet werden. In der Vergangenheit haben oft junge und branchenfremde Unternehmen mit überragender Value Proposition eine ganze Branche auf den Kopf gestellt, zum Beispiel amazon den Buchhandel oder Google das Internet. Momentan sind es zum Beispiel Start-ups aus der Sharing Economy, die etablierte Branchen durchrütteln: AirBnB attackiert die traditionelle Hotellerie, Uber Pop den Taximarkt. In der Industrie 4.0 wird sich in den nächsten Jahren zeigen, welche Firmen sich durchsetzen werden. Sind es die softwarebasierten Firmen wie SAP, Oracle, Microsoft oder Google, die ihre Betriebssysteme ausbauen und in der industriellen Fertigung zusätzliche Automatisierung ermöglichen? Oder entwickeln sich die Hersteller von Produktionsmaschinen zum Softwareexperten für industrielle Produktionssysteme? Wenn die Entwicklung ähnlich verläuft wie im Multimedia und Smart Home Bereich, könnte es auch bei der Smart Factory zu neuen Allianzen und

Ecosystemen kommen, die sich durch verschiedene Grade an Offenheit und Schnittstellenkompatibilität unterscheiden.

Eine einfache Wettbewerbsanalyse umfasst eine Darstellung der zentralen wettbewerbsrelevanten Dimensionen beispielsweise auf einer fünfstufigen Likert-Skala, bei der die eigene Position in Relation zu den wichtigsten Wettbewerbern aufgezeigt wird. Dimensionen sind beispielsweise „Kundenorientierung", „Flexibilität", „Produktqualität", „Leistungsspektrum", „Reaktionsfähigkeit", „Kostenführer". Eine bildliche Darstellung, zum Beispiel in Form von Wertekurven (vgl. Kim und Mauborgne 2005), ist in jedem Fall zu empfehlen.

Schritt 5: Technologien
Bei der Technologieanalyse werden die wichtigsten technologischen Trends erfasst. Der Konkretisierungsgrad kann dabei unterschiedlich sein. Er reicht von Megatrends, wie Miniaturisierung, Computerisierung, „Software ersetzt Mechanik", Biomechanik bis zu konkreten Trends, welche eine einzelne Technologie beschreiben, zum Beispiel Linearmotoren, RFID, 3-D-Printing, intelligente Wartung oder Remote-Diagnostik. Im Kontext von Industrie 4.0 steht vor allem Informationstechnologie im Vordergrund, die es erlaubt Daten über Maschinengrenzen hinweg zu erfassen und zu analysieren. Im Unterschied zu bestehender Software im Produktionsbereich, die sich auf Systemebene bewegt, wird bei der Industrie 4.0 eine Integration auf der Ebene der einzelnen Maschine angestrebt. Bosch Rexroth nutzt zum Beispiel auf Bauteilen angebrachte RFID-Chips, um Workstations, spezifisch für jedes neu produzierte Teil, die nächsten Arbeitsschritte automatisch mitzuteilen. ABB und Kuka, beides führende Unternehmen im Bereich von Produktionsrobotern, haben intelligente Roboter entwickelt, die miteinander kommunizieren und sich nahtlos in die Produktionsprozesse einbauen lassen.

Basis für eine solche Technologieanalyse kann ein moderiertes Brainstorming mit ausgewählten Experten sein. Es kann aber auch das Resultat einer systematischen Technologiefrühaufklärung sein; Methoden hierfür sind zum Beispiel Patent- und Zitationsanalyse bei kurzem oder Szenarioanalyse und Roadmapping bei mittel- bis langfristigem Zeithorizont.

Schritt 6: Suchfeldanalyse
Für radikale Innovationen und im Umfeld von disruptiven Entwicklungen (wie zum Beispiel Industrie 4.0) bietet sich zusätzlich eine Suchfeldanalyse an. Hier gilt es, für die generellen Wachstumsstoßrichtungen oder sonstige übergeordnete strategische Themenfelder relevante spezifische Markt- und Technologietrends zu erfassen. Diese können in Form einer Matrix aufgetragen werden, um an den Schnittstellen vielversprechende Felder zu identifizieren, in denen ein Markttrend mit einem Technologietrend so kombiniert wird, dass sich großes Innovationspotenzial ergibt. Die grundsätzlichen strategischen Stoßrichtungen sind in den meisten Fällen noch zu allgemein, um dafür direkt Ideen zu generieren. Suchfelder ermöglichen eine weitere Fokussierung und damit eine Bündelung der kreativen Ressourcen. So hat beispielsweise ein Automobilzulieferunternehmen aus

dem marktseitigen Bedürfnis der Kunden nach mehr Komfort und dem boomenden Tech-
nologiefeld der Sensorik das Suchfeld „intelligente Schaltstrategien" für die Entwicklung
von Automatikgetrieben aufgestellt. Für Produktionsmaschinenhersteller ergeben sich
zahlreiche Möglichkeiten mit Hilfe von IoT (Internet of Things), um neue Marktfelder zu
adressieren.

Schritt 7: Herausforderungen für das Unternehmen

Aus den vorherigen Analysen zu Kunden-, Markt-, Wettbewerbs- und Technologietrends
sowie gegebenenfalls einer Suchfeldanalyse werden die Herausforderungen für die Organisation abgeleitet. Um bei hoher Unsicherheit bezüglich des Eintretens und Verlaufs
eines Trends trotzdem eine ausreichende Planungsgrundlage zu schaffen, eignet sich die
Szenarioanalyse. Bei dieser werden in sich konsistente Zukunftsbilder entwickelt, welche die Basis für weitere Analysen darstellt. Wichtig ist die Darstellung der Herausforderungen aus den drei Perspektiven Kunden, Wettbewerber und Technologie. In diesem
Schritt wird geklärt, wie wichtig eine Aktivität oder Kompetenz für das Unternehmen ist.

Dabei werden die technologischen Herausforderungen, mit denen das Unternehmen
konfrontiert wird, mit Teilnehmern aus F&E, Produktion, Marketing und Topmanage-
ment erarbeitet. Basierend auf Porters System der fünf konkurrierenden Kräfte werden
alle wichtigen äußeren Einflussbereiche analysiert. Relevante Veränderungen, die voraus-
sichtlich innerhalb der nächsten fünf bis zehn Jahre auftreten, sollten in einer interdisziplinären Herangehensweise betrachtet werden, um mögliche Auswirkungen in möglichst
vielen Teilbereichen abschätzen zu können. Oftmals ist es wertstiftend, die neuesten
Informationen aus Markt- und Wettbewerbsanalysen im Vorfeld von Workshops in geeigneter Weise aufzubereiten.

Schritt 8: Wissen und Fähigkeiten

Während die Herausforderungen aus Kunden-, Wettbewerbs- und Technologieperspek-
tive die externe Perspektive widerspiegeln, weisen Wissen und Fähigkeiten auf die interne
Perspektive hin. Große Unternehmen führen hierzu oft Listen, bei denen die Schlüssel-
personen im Unternehmen mit erfolgskritischem Know-how aufgeführt sind. Die Entwicklung von unternehmensinternen Kollaborationsplattformen spielt hierbei eine immer
wichtigere Rolle und erleichtert es, innerhalb großer Unternehmen entsprechende Experten zu identifizieren. Die Software von Starmind erstellt zum Beispiel Wissensnetzwerke
in großen Firmen, mit denen nicht nur Fragen direkt an die jeweiligen Experten weiter-
geleitet werden, sondern durch Nutzerfeedbacks auch Wissenshotspots innerhalb einer
Firma identifiziert werden können. Wichtig ist es, das erfolgskritische Know-how im
Unternehmen auf mehrere Köpfe zu verteilen, damit im Fall eines ungeplanten Ausfalls
einer Person durch Kündigung, Krankheit oder Unfall keine gefährliche Lücke entsteht.

Schritt 9: Technologieportfolio

In diesem Schritt werden die technologischen Kompetenzen gesammelt, die Antworten
auf die gefundenen Herausforderungen liefern können. Die Methode wurde am Institut

für Technologiemanagement der Universität St. Gallen entwickelt und wird inzwischen seit mehreren Jahren erfolgreich in zahlreichen europäischen Unternehmen eingesetzt. Die Technologien und Fähigkeiten werden in einem Technologie- bzw. Innovationsportfolio organisiert, das der Analyse und Visualisierung strategischer Positionierungen und Stoßrichtungen dient (vgl. Abb. 2.2). Die Workshop-Teilnehmer sollen einen Konsens über die Position jeder Kompetenz in diesem Portfolio erzielen. Es ist daher sehr wichtig, die Bedeutung der beiden Dimensionen des Portfolios richtig zu verstehen.

Die vertikale Achse spiegelt die strategischen Auswirkungen einer technischen Kompetenz wider: die langfristige Bedeutung der Technologie oder der Fähigkeit sowie ihr Beitrag zur Bewältigung der Herausforderungen, die definiert wurden. Die horizontale Achse zeigt die Perspektive der internen Ressourcen: Die technologiebezogenen Fähigkeiten des Unternehmens wie Mitarbeiter, Know-how, Patente und Infrastruktur werden berücksichtigt sowie relativ zum Wettbewerb bewertet. Die Ressourcenachse repräsentiert somit die Verfügbarkeit einer Technologie für das Unternehmen und seine inneren Stärken.

Falls bei der Aufstellung des Portfolios einzelne Technologien zu abstrakt behandelt werden (zum Beispiel Softwaretechnologie), müssen sie aufgespalten und entbündelt eingeordnet werden (zum Beispiel objektorientierte Programmierung, UML, C++). Dieser Schritt stellt sicher, dass sich alle Kompetenzen im Portfolio auf der gleichen Aggregationsebene befinden. Zusätzlich müssen auch redundante Kompetenzen im Rahmen der Portfoliobereinigung eliminiert werden. Das Technologie- bzw. Innovationsportfolio lässt

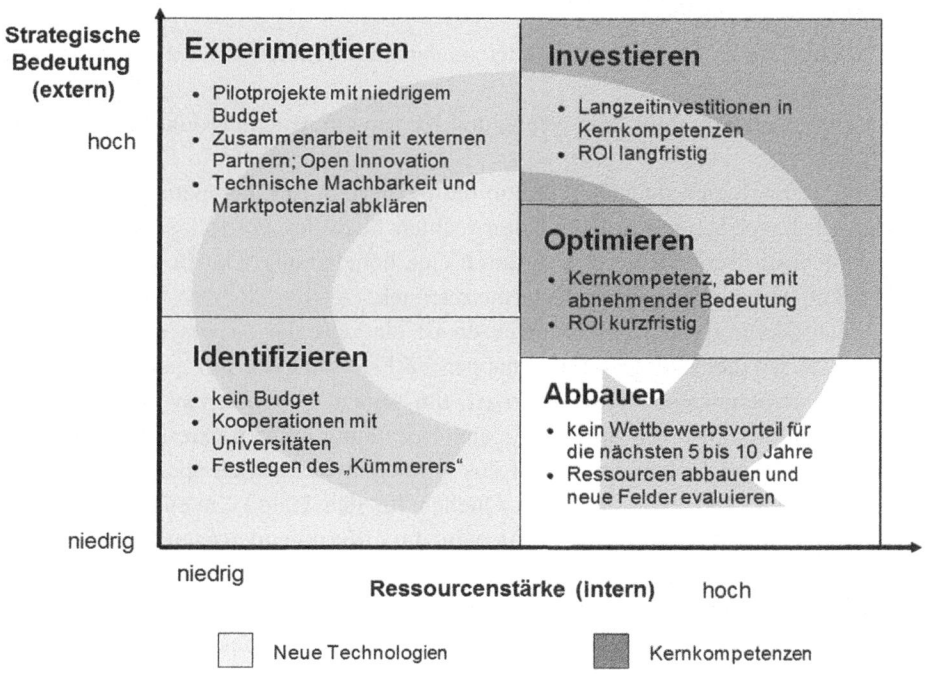

Abb. 2.2 St. Galler Technologieportfolio. (Quelle: eigene Darstellung)

sich in fünf Felder einteilen, hinter denen die folgenden Normstrategien liegen: Identifizieren, Experimentieren, Investieren, Optimieren und Abbauen. Wie durch den dahinter
liegenden Pfeil dargestellt, durchlaufen technische Kompetenzen dabei typischerweise
sequenziell im Sinne eines natürlichen Lebenszyklus die einzelnen Felder (vgl. Abb. 2.2).

In diesem Schritt wird zunächst eine erste Version des Technologieportfolios erstellt.
Dabei handelt es sich um den Status quo der technologischen Kompetenz des Unternehmens. Dieser wird dann revidiert, um die zukünftige Position darzustellen, welche in drei
bis fünf Jahren angestrebt wird. Für diese Zukunftsperspektive kann es notwendig sein,
auf Technologie- oder Produkt-Roadmaps zurückzugreifen.

Schritt 10: Kernkompetenzen
Der anspruchsvollste Schritt ist die Definition der Kernkompetenzen. Kernkompetenzen
erlauben Zugang zu neuen Märkten, schaffen Wert für Kunden und können von Wettbewerbern nicht oder nur sehr schwer imitiert werden, wodurch sie nachhaltige Wettbewerbsvorteile verschaffen (vgl. Prahalad et al. 1990). Sie lassen sich als marktorientierte
Bündel von Technologien, angereichert mit Prozessen, Fähigkeiten und Werten verstehen.

Ziel dieses Schrittes ist es also, alle Technologien und Fähigkeiten zu finden, die zu
derselben Kernkompetenz gehören, und diese im Anschluss kohärent zu beschreiben.
Dabei ist darauf zu achten, dass jede technische Kernkompetenz die folgenden Kriterien
erfüllt:

- Schafft sie Nutzen für den Kunden?
- Ist sie schwierig zu imitieren und bildet sie daher ein Hindernis für den Eintritt neuer
  Wettbewerber?
- Bietet sie Potenzial für die Anwendung und Nutzung in neuen Produkten?

Diejenigen Technologien und Fähigkeiten, die technische Kernkompetenzen definieren,
befinden sich hauptsächlich in der oberen rechten Ecke des Portfolios (vgl. Abb. 2.2),
also in denjenigen Bereichen, die sich durch eine hohe strategische Bedeutung und ein
hohes Maß an interner Ressourcenstärke auszeichnen.

Die Identifizierung von Kernkompetenzen ist ein zentraler Aspekt der Innovationsstrategie. Ziel ist die Konzentration knapper F&E-Ressourcen auf jene Bereiche, in
denen das Unternehmen gut positioniert ist, um seinen Wettbewerbsvorteil zu nutzen.
Alle anderen Aktivitäten von untergeordneter Bedeutung können extern beschafft werden. In dieser ressourcenbasierten Sicht des Unternehmens stellen spezifische Technologien und Fähigkeiten die wichtigsten Quellen für den Unternehmenserfolg dar. Die
Identifizierung, Bewirtschaftung und Nutzung ihrer Kernkompetenzen ermöglicht Firmen, sich von Wettbewerbern zu unterscheiden und sich im globalen Wettbewerb durchzusetzen. Die Ermittlung der technischen Kernkompetenzen ist die Voraussetzung für
strategische Aussagen über Technologien, Make-or-buy-Entscheidungen, organisatori-
sche Fragen und internen Ressourcenaufbau.

Schritt 11: Aktionsplan

Keine Strategie ohne Aktion. Jede Strategie muss in konkrete Handlungen münden, sonst ist sie wertlos. Basierend auf einer Analyse der Lücke zwischen den aktuellen und den zukünftigen Kernkompetenzen werden Maßnahmen definiert, um die erforderlichen Kompetenzen zu entwickeln (Technologien, Prozesse, Fähigkeiten und Wissen). Diese Maßnahmen beinhalten das Überdenken bestehender Roadmaps, eine Überarbeitung der Allokation von F&E-Ressourcen, Fragen der (Re-) Organisation der F&E sowie Pläne zum Aufbau zukünftiger Fähigkeiten und Humanressourcen. Die Analyse hat also einen konkreten Einfluss auf:

- Roadmapping und Projektselektion
- Kompetenzentwicklung und strategische Positionierung
- Investitionsplanung; Marketing- und Kommunikationsstoßrichtungen
- Ressourcenallokation inklusive Make-or-buy bzw. Keep-or-sell-Entscheidungen
- Personalentwicklung und Trainings

Kernkompetenzen müssen in einem laufenden Prozess verfeinert, aktualisiert und weiterentwickelt werden. Daher stellt der einmalige Durchlauf des vorgestellten Prozesses nur den Einstieg in ein systematisches Technologiemanagement dar. Die Umsetzung einer neuen Strategie erfordert häufig Begleitmaßnahmen auf der Verhaltensebene der Mitarbeiter. Eine Strategie, welche ritualisiert weiterentwickelt, aber nicht umgesetzt wird, ist wertlos. Es ist daher wichtig, dass geeignete Prozesse, Strukturen, Maßnahmen und vor allem die richtige Kultur entwickelt werden, um eine konsequente Umsetzung zu gewährleisten. Innovationsmanagement ist eine umfassende permanente Managementaufgabe rund um den zentralen Baustein der Innovationsstrategie samt eines daraus abgeleiteten Aktionsplans.

Der Wandel durch die Digitalisierung erfasst die Branchen in unterschiedlicher Geschwindigkeit, aber kaum eine Industrie wird ausgelassen. Die notwendige digitale Transformation darf nicht allein den IT-Verantwortlichen überlassen werden; es ist vielmehr eine Aufgabe, die das ganze Unternehmen fordert.

Literatur

Rüßmann M, Lorenz M, Gerbert P, Waldner M, Justus J, Engel P & M Harnisch (2015) Industry 4.0. The future of productivity and growth in manufacturing industries. Bcg.perspectives https://www.bcgperspectives.com/content/articles/engineered_products_project_business_industry_40_future_productivity_growth_manufacturing_industries/, abgerufen am 2.10.2017

Gassmann O & C H Wecht (2013) Technologiestrategie: Von der Vision zur Umsetzung. In: Gassmann O & P Sutter (Hrsg) Praxiswissen Innovationsmanagement: Von der Idee zum Markterfolg. 3. Aufl, S 25–37, Hanser, München

Gassmann O & S Winterhalter (2013) Chinas Innovationen: Angriff ist die beste Verteidigung. Die Volkswirtschaft, vol. 86, no. 10, pp 28–30

Helbig T & Mockenhaupt A (2009) Innovationsmanagement im technischen Vertrieb. Josef Eul Verlag GmbH, Lohmar

Kim W C & R Mauborgne (2005) Blue Ocean Strategy. Boston, MA: Harvard Business School Press

McKinsey (2015) McKinsey-Studie zu Industrie 4.0: Deutsche Unternehmen trotz wachsender Konkurrenz zuversichtlich.

Prahalad C K, Hamel G & M A Y June (1990) The Core Competence of the Corporation. Harvard Business Review, vol. 68, no. 3, pp 79–91

Winterhalter S, Wecht C H & L Krieg (2015) Keeping Reins on the Sharing Economy: Strategies and Business Models for Incumbents. Marketing Review, St Gallen, no. 4, p in press.

Winterhalter S, Wecht C H & O Gassmann (2014) Die Zukunft wird gedruckt – Aber wie wird sie verkauft? IM+io – Das Magazin für Innovation, Organisation und Management, vol. 29, no. 1, pp 50–57

Zeschky M, Widenmayer B & O Gassmann (2011) Frugal Innovation in Emerging Markets. Research-Technology Management, vol. 54, no. 4, pp 38–45, Jul. 2011

Prof. Dr. Oliver Gassmann

Professor für Innovationsmanagement an der Universität St.Gallen

Oliver Gassmann ist seit 2002 Professor für Innovationsmanagement an der Universität St. Gallen und Direktionsvorsitzender am dortigen Institut für Technologiemanagement. Er ist Gründungspartner von BGW AG und BMI-Lab, Mitglied in mehreren Aufsichts- und Verwaltungsräten von internationalen Unternehmen. Außerdem ist er Gründungsdirektor des Global Center for Entrepreneurship & Innovation sowie des Forschungslabs GLORAD in St. Gallen-Peking. Zuvor war er für die Leitung der Forschung und Vorentwicklung im Schindler-Konzern verantwortlich. Gassmann ist Autor von über 350 Fachpublikationen und international ein gefragter Keynote Speaker in Wissenschaft und Praxis.

Dr. Christoph H. Wecht

Managing Partner der BGW Management Advisory Group St.Gallen – Wien

Christoph H. Wecht ist als Berater, Coach und Vortragender für internationale Unternehmen tätig und publiziert praxisorientierte und wissenschaftliche Zeitschriftenartikel und Buchbeiträge. An der Universität St. Gallen leitet er das Kompetenzzentrum für Open Innovation am Institut für Technologiemanagement und hält einen Lehrauftrag für Technologiemanagement. Nach seinem Maschinenbaustudium arbeitete er in Österreich, Deutschland und den USA, wo er ein MBA-Studium absolvierte. Vor der Gründung der BGW AG promovierte Wecht zur frühen aktiven Kundenintegration in den Innovationsprozess.

Dr. Stephan Winterhalter
Visiting Scholar an der IESE Business School, Barcelona

Stephan Winterhalter ist Visiting Scholar an der IESE Business School in Barcelona. Zuvor war er wissenschaftlicher Mitarbeiter und Doktorand am Institut für Technologiemanagement der Universität St. Gallen. Seine Dissertation schrieb er zum Thema Low-Cost Innovationen und Geschäftsmodelle in Emerging Markets. Neben diesem Hauptforschungsschwerpunkt beschäftigt er sich unter anderem mit der Frage, wie sich neue Technologien und Trends (zum Beispiel 3-D Printing, die Sharing Economy oder Industry 4.0.) auf Strategien und Geschäftsmodelle auswirken.

Risikofreier Umstieg in Industrie 4.0 mit der Produktions- und Logistiksimulationssoftware WITNESS

3

Neue Einsatzfelder, Neue Chancen

Carsten Teichert

3.1 Maschinen übernehmen das Kommando!

Die in rasantem Tempo zunehmende Digitalisierung und Vernetzung unserer Welt wird früher oder später auch die produzierende Industrie in ungeahntem und für viele noch schwer vorstellbarem Maße revolutionieren. Getrieben wird diese Umwälzung durch die Globalisierung und durch die rasante Entwicklung der Informationstechnologie. Drei Beispiele hierfür:

- Kostete die Speicherung von einem Gigabyte Daten im Jahr 1980 noch circa 100.000 US$, so belaufen sich die Kosten heute auf circa zehn US-Cent!
- Die Anzahl der auf der Welt vorhandenen IP-netzwerkfähigen Geräte, sogenannter Smart Devices, hat sich in den letzten zehn Jahren verfünffacht (vgl. Schulz 2015).
- Es wird geschätzt, dass sich der mobile Datenverkehr bis 2019 vervierfachen wird (vgl. Broy 2010).

Smartphone, Tablet-PC und die systemübergreifende Ablage in Cloud Computing haben nicht nur zur ständigen überregionalen Erreichbarkeit geführt, sondern auch zu übergreifenden interaktiven Steuerungsmöglichkeiten. Daten sind die Rohstoffe der Zukunft und das Internet greift in alle Lebensbereiche ein. Wie immer hinkt das menschliche Auffassungsvermögen der technologischen Entwicklung hinterher. Wir beginnen gerade erst, die Auswirkungen auf unser tägliches Leben, die radikalen Marktveränderungen und die dynamischen Anpassungen unserer sozialen Strukturen zu verstehen. Die mikrotechnologische

C. Teichert (✉)
Lanner Simulation Technology GmbH, Düsseldorf, Deutschland
E-Mail: carsten.teichert@gmx.de

© Springer Fachmedien Wiesbaden GmbH, ein Teil von Springer Nature 2018
P. Granig et al. (Hrsg.), *Mit Innovationsmanagement zu Industrie 4.0,*
https://doi.org/10.1007/978-3-658-11667-5_3

Revolution wird eher früher als später alle Bereiche, also auch die industrielle Produktion, erfassen. Während sich hierfür international der Begriff „Internet of Things" durchgesetzt hat, spricht man im deutschsprachigen Raum seit einigen Jahren von „Industrie 4.0".

3.2   Neue Chancen, neue Geschäftsmodelle

Betrachtet man die industriellen Abläufe im deutschsprachigen Raum, so gilt, dass produzierende Unternehmen ihre Durchlaufzeiten drastisch reduzieren und ihre Flexibilität massiv erhöhen müssen, um dem Trend zur individualisierten Massenproduktion mit höherer Energieeffizienz folgen zu können. Auf dem Weg zur Fertigung hoher Variantenzahlen bei niedrigen Losgrößen eröffnet die mikroelektronische Revolution völlig neue und faszinierende Chancen und Geschäftsmodelle: Möglich wird dies durch cyberphysische Systeme (CPS), also durch den Verbund softwaretechnischer Komponenten mit mechanischen und elektronischen Teilen, die über das Internet kommunizieren. Als CPS tauschen intelligente Maschinen, Lagersysteme und Betriebsmittel autonom Daten miteinander aus, initiieren Fertigungsschritte und steuern sich gegenseitig. Alle beteiligten Produktionsmittel und Produkte sind miteinander vernetzt, eindeutig identifizierbar und lokalisierbar. Sie sind sich ihres Zustands bewusst, wissen, welche Schritte erforderlich sind, um den Produktionsprozess fortzusetzen, und lösen selbsttätig den nächsten Fertigungsschritt nebst logistischen Prozessen aus (vgl. ThinkCompany 2014)

Cyber-physische Systeme bieten völlig neue Chancen in vielen Lebensbereichen, etwa in der Medizin, in der Verkehrsteuerung und in der Energieversorgung. Für die produzierenden Unternehmen ist vor allem das „intelligente Produkt" interessant, das seinen kompletten Lebenszyklus kennt und über das Internet mit dynamischen Produktionslinien interagiert. Praktisch bedeutet dies, dass etwa ein Bauteil in einer komplexen Fertigung über ein integriertes CPS mit den Maschinen kommuniziert, also etwa vorab meldet, welches Bearbeitungsprogramm eingestellt werden muss, und zusätzlich seinen Materialfluss selbstständig steuert. Oder dass eine intelligente Energiesteuerung Roboter phasenweise abschaltet, um Energie zu sparen. In der Automobilherstellung befinden sich Roboter zu 30 % im Wartezustand, hier liegt also ein großes Einsparpotenzial. Oder dass ein Bauteil eines Schienenfahrzeugs während seines gesamten Lebenszyklus ständig seinen Zustand meldet, sodass sich die Vielzahl routinemäßiger Revisions- und Wartungskontrollen drastisch reduziert, die heute den Betrieb von Zügen so teuer macht. Wird ein großer Teil der Wertschöpfungskette eines Unternehmens durch kollaborative, unternehmensübergreifende Produktionsnetzwerke gesteuert, so spricht man von der „Smart Factory".

3.3   Industrie 4.0 – Wir hinken hinterher

Obwohl die Chancen und Vision von Industrie 4.0 faszinieren, wurden solche Ideen im deutschsprachigen Raum bislang aber vor allem in der Großindustrie ansatzweise umgesetzt. Ein Beleg für diesen Befund ist die Tatsache, dass (wie eine Studie des Stuttgarter Fraunhofer Instituts IAO ermittelte) in Deutschland in den letzten zwei Jahren nur 441 Patente im Sektor Industrie 4.0 angemeldet wurden. Zum Vergleich: In den USA waren es im gleichen Zeitraum 1065 und in China mehr als 2500 (Fraunhofer IAO 2015). Während die Politik erkannt hat, dass diese mangelnde Innovationsfähigkeit langfristig die Wettbewerbsfähigkeit bedroht, weil unser Wohlstand nicht auf Dienstleistungen, sondern auf der industriellen Produktion beruht, weshalb etwa die deutsche Bundesregierung Industrie 4.0 zum Teil ihrer Hightech Strategie 2020 gemacht hat (BMWi 2015), ist diese Erkenntnis in der produzierenden Industrie noch nicht überall angekommen.

Allerdings ist die Herausforderung für mittlere und kleinere Betriebe auch wesentlich größer, vor allem wenn diese keine Großserien-, sondern Klein- und Kleinstserien- sowie Einzelfertiger sind. Eine aktuelle Umfrage unter Herstellern aus dem Bereich Maschinenbau und Produzierendes Gewerbe belegt, dass diese zwar eine positive Grundstimmung zum Begriff Industrie 4.0 haben und die Chancen für die Optimierung ihrer betrieblichen Abläufe sehen, das Thema jedoch andererseits noch als nicht strategisch betrachten, was praktisch bedeutet, dass sich zwar die unmittelbar Betroffenen, also die Produktions- und Werksleiter, hierzu Gedanken machen, die Geschäftsleitungen jedoch keine größeren Mittel für die Erprobung neuer Konzepte zur Verfügung stellen. Industrie 4.0 ist derzeit noch ein Thema für Konzerne und für die traditionell innovativen Unternehmen aus dem Mittelstand. Was sind die Gründe für diese Einstellung? Es drängen sich vor allem die nachstehend vorgestellten Faktoren auf.

3.3.1   Historische Entwicklung

Nach dem Zusammenbruch des Ostblocks im Jahre 1989 haben sich sehr viele mittelständische Unternehmen in Deutschland, Österreich und der Schweiz von nationalen Anbietern zu Global Playern entwickelt und ein rasantes und bewundernswürdiges Wachstum hingelegt. Die Prozesse waren dieser Dynamik jedoch oft nicht gewachsen. Bestehende Strukturen wurden oftmals einfach in neue Organisationen kopiert. Vielfach fehlte das Bewusstsein, dass ein global agierendes Unternehmen vor anderen Anforderungen an Organisation und Strategien steht als ein klassisches Familienunternehmen. Erst langsam setzte sich in den letzten Jahren die Erkenntnis durch, dass das Geld heutzutage in den Prozessen liegt, oder anders ausgedrückt, in der Organisation der betrieblichen Abläufe.

3.3.2   Einstellung zur IT

Echte Probleme lösen die Ingenieure, nicht die IT! Diese Devise galt in vielen mittelständischen Unternehmen bis vor wenigen Jahren. Zwar wurde in den letzten Jahren in
sehr vielen Unternehmen durch die Einführung von ERP-, BDE-, MDE-Systemen eine
verlässliche Datengrundlage geschaffen, oftmals ist es jedoch sehr schwer, aus der nun-
mehrigen Fülle an Daten sichere Informationen zu gewinnen. Mit Industrie 4.0 wird
sich die Datenflut weiter vervielfachen. Die Entscheidungsfindung, die im menschlichen
Gehirn in Millisekunden abläuft, ist im Reich der Maschinen das Ergebnis einer unfass-
bar großen Rechenaufgabe, die unglaubliche Datenmengen voraussetzt, die die Maschinen verarbeiten müssen, damit sie entscheiden können, was zu tun ist. Hinzu kommen
durchaus berechtigte Sicherheitsbedenken. Unternehmen müssen ihre Betriebsgeheim-
nisse schützen und in Zeiten des NSA-Skandals ist die Frage berechtigt, ob diese auch in
einer cyber-physisch dominierten Welt noch sicher sind. Nicht umsonst gibt es auch das
Schlagwort „Wehrlos 4.0."

3.3.3   Dynamik der Globalisierung

Die Randbedingungen für die mittelständische Industrie ändern sich in rasantem Tempo.
Neue Märkte und neue Chancen bedeuten in der Werkshalle zunächst einmal immer
mehr Produkte und Varianten, die in immer kürzerer Zeit produziert werden. Hinzu kommen Faktoren wie kürzere Produktlebenszyklen, kleinere Losgrößen, steigende Anforderungen an die Qualität und der Fachkräftemangel. All dies macht es den Unternehmen
immer schwerer, ihre Produktion effizient zu planen und zu steuern, gerade wenn dies
auch noch mit teuren technischen Umrüstungen verbunden ist, während gleichzeitig
immer mehr billiger produzierende Mitbewerber auf den Markt kommen. Es ist daher
nur folgerichtig, dass sich die Beratung von Unternehmen zu einer eigenen, durchaus
lukrativen Industrie entwickelt hat.

3.4   Methoden der Prozessoptimierung

Dem Zwang zur ständigen Effizienzsteigerung in Produktion und Logistik steht ein
immer größer werdendes Angebot an Hilfsmitteln gegenüber. Wenn man in einer Such-
maschine „Prozessoptimierung" eingibt, wird man geradezu erschlagen von der Vielzahl
der angeboten Methoden. Kein Wunder, dass man hier die Übersicht verlieren kann.
Grob lässt sich dieses Angebot in vier Kategorien unterteilen.

3.4.1   Angewandte Mathematik

Die Analyse und Optimierung von Prozessen durch das Anwenden mathematischer Formeln erfreut sich nach wie vor einer gewissen Beliebtheit, vor allem im akademischen Umfeld. Egal, ob es um die Berechnung der optimalen Losgröße oder um die Dimensionierung von Lagerflächen geht, es gibt nichts, was sich nicht mit komplexesten mathematischen Formeln berechnen ließe. Allerdings ist diese Methode händisch und sehr aufwendig und ihre Ergebnisse sind für Außenstehende kaum nachzuvollziehen.

3.4.2   Managementstrategien

Die Einführung unternehmensweiter Strategien, um Prozesse effizienter zu gestalten und Kosten zu senken, ist weit verbreitet. Die häufigsten Methoden sind das Total Quality Management (TQM), der kontinuierliche Verbesserungsprozess (KVP), Six Sigma und schließlich das Lean Manufacturing, das in den letzten Jahren im deutschsprachigen Raum am häufigsten zum Einsatz gekommen sein dürfte. Managementstrategien sind sehr hilfreich, weil sie Standards definieren. Oftmals werden sie jedoch auch ideologisch eingesetzt. Nur weil etwas bei Toyota funktioniert, muss es bei der Max Mustermann GmbH noch lange nicht funktionieren.

3.4.3   Spielerische Methoden

Spielerische Methoden, wie etwa die Legosimulation, erfreuen sich ebenso einer gewissen Beliebtheit und haben auch einen sehr kommunikativen Charakter. Sie sind jedoch definitiv nur für die Abbildung einfacher Prozesse geeignet. Wenn sich hochbezahlte Manager mehrere Tage in einem Hotel isolieren, um hochkomplexe Abläufe mittels Bauklötzchen besser verstehen zu wollen, so ist dies (abgesehen vom kommunikativen Effekt) nichts anderes als Geldverschwendung.

3.4.4   Microsoft Excel

Als Nonplusultra der technischen Innovation gilt vor allem im deutschen Mittelstand vielfach noch Microsoft Excel, ein Programm, das in den Achtzigerjahren zur Tabellenkalkulation entwickelt wurde, nichtsdestotrotz mehr oder weniger flächendeckend als Planungs- und Steuerungsinstrument genutzt wird. Selbstverständlich lassen sich Prozesse in MS Excel abbilden, jedoch nur bis zu einer gewissen Komplexität. Sobald es sich um eine Vielzahl komplexer und in Abhängigkeit voneinander stehenden Randbedingungen handelt,

ist MS Excel nicht mehr geeignet. Zudem ist die Prozessoptimierung mit MS Excel fehler-
trächtig, für Außenstehende schwer nachzuvollziehen und nicht visuell.

Tatsache ist, dass sich fast alle Unternehmen heutzutage ausgiebig mit den eigenen
Prozessen beschäftigen, vielfach jedoch mit veralteten Werkzeugen. Gebraucht wird
ein Instrument, das die besten Eigenschaften aller bisher genannten Methoden der
Prozessoptimierung in sich vereint. Ein Instrument, mit dem man mit Ideen, Konzepten und Strategien in einer risiko- und kostenfreien Umgebung experimentieren kann
und das die beiden herausragenden Eigenschaften moderner Computertechnologie
(nämlich unbegrenzte Rechenleistung und atemberaubende Animationsmöglichkeiten)
in einem Werkzeug miteinander vereint.

3.5 WITNESS

WITNESS (vgl. Abb. 3.1) ist seit vielen Jahren das führende Programm zur Simulation
und Optimierung industrieller Prozesse und Anlagen. Die Prozesssimulation wurde
Anfang der Achtzigerjahre in der Automobilindustrie entwickelt. Dies waren die ersten
Serienfertiger, die sich Gedanken über eine Rationalisierung ihrer Prozesse machten.
Tatsächlich haben alle heute noch führenden Prozesssimulationssysteme ihre Wur-
zeln in der Automobilindustrie. WITNESS entstand 1978 als erste interaktive visuelle

Abb. 3.1 WITNESS Software

Simulationssoftware der Welt bei British Leyland in Birmingham, einem Mischkon-
zern, zu dem unter anderem auch Jaguar und Rover gehörten, und wird seitdem kontinuierlich weiterentwickelt. WITNESS ist eine mathematische Visualisierungssoftware,
die global und branchenübergreifend bei einer Vielzahl von Fortune 500 Unternehmen,
aber auch im Mittelstand im Einsatz ist.

WITNESS besteht aus einem Baukasten mit visuellen Objekten für die Darstellung
von Produktions- und Logistikabläufen, aus mathematischen Elementen wie Verteilun-
gen, Zufallszahlen und Algorithmen und aus über 4000 Funktionen zur einfachen Modellierung komplexer Materialfluss- und Prozesslogiken. WITNESS funktioniert tatsächlich
wie ein virtuelles Labor für Prozesse und Anlagen, in dem risikofrei jegliche Form von
Analysen und Experimenten vorgenommen werden kann. Klassische Einsatzfelder in
Montage, Fertigung und Logistik sind.

3.5.1 Prozessoptimierung

In der Prozessoptimierung (vgl. Abb. 3.2) wird die Leistung bestehender Anlagen und
Prozesse überprüft und nach Schwachstellen gesucht. Wie können Rüstzeiten und Störungen reduziert werden und was muss man ändern, um die Performance von Anlagen
möglichst ohne Investitionen in zusätzliche Betriebsmittel steigern zu können?

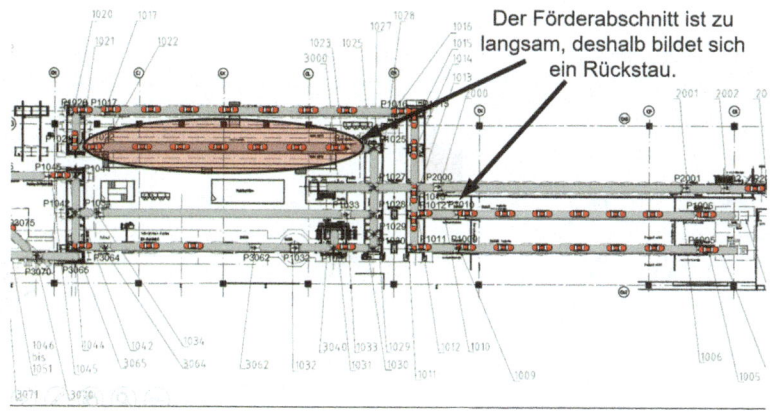

Abb. 3.2 Prozessoptimierung, Beispiel

3.5.2   Anlagen- und Fabrikplanung

Ziel der Anlagen- und Fabrikplanung (vgl. Abb. 3.3) ist es, das Risiko aus der Planung zu nehmen und Investitionskosten zu senken. Es geht um den Vergleich verschiedener Konzepte und Layouts und vor allem um Machbarkeitsstudien. Wie viele und welche Betriebsmittel werden benötigt? Wie sieht der ideale Materialfluss aus? Welches Schichtsystem ist ideal?

3.5.3   Logistik

Supply Chain Management und vor allem auch intralogistische Fragestellungen haben sich zu einem Haupteinsatzgebiet von WITNESS entwickelt (vgl. Abb. 3.4). Es geht um das Finden des optimalen Transportgeräts, um die Reduzierung von Beständen, die optimale Materialversorgung, und um die Optimierung der Verpackung.

3.5.4   Strategien

Auch strategische Fragen (vgl. Abb. 3.5) lassen sich mit WITNESS beantworten, zum Beispiel die Frage, ob es Sinn macht, alle Produkte an allen Standorten zu produzieren. Wo ist der beste geografische Ort für einen Hub? Wie kann man ein ERP-System einführen oder eine Managementstrategie ausrollen? Wie groß muss ein Distributionszentrum sein?

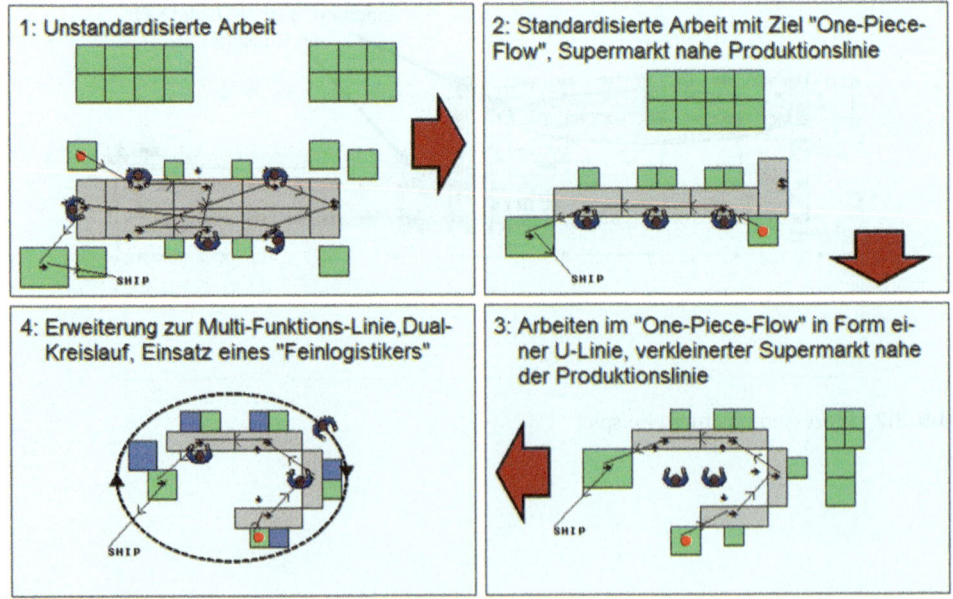

Abb. 3.3 Stufen der Arbeitsstandardisierung

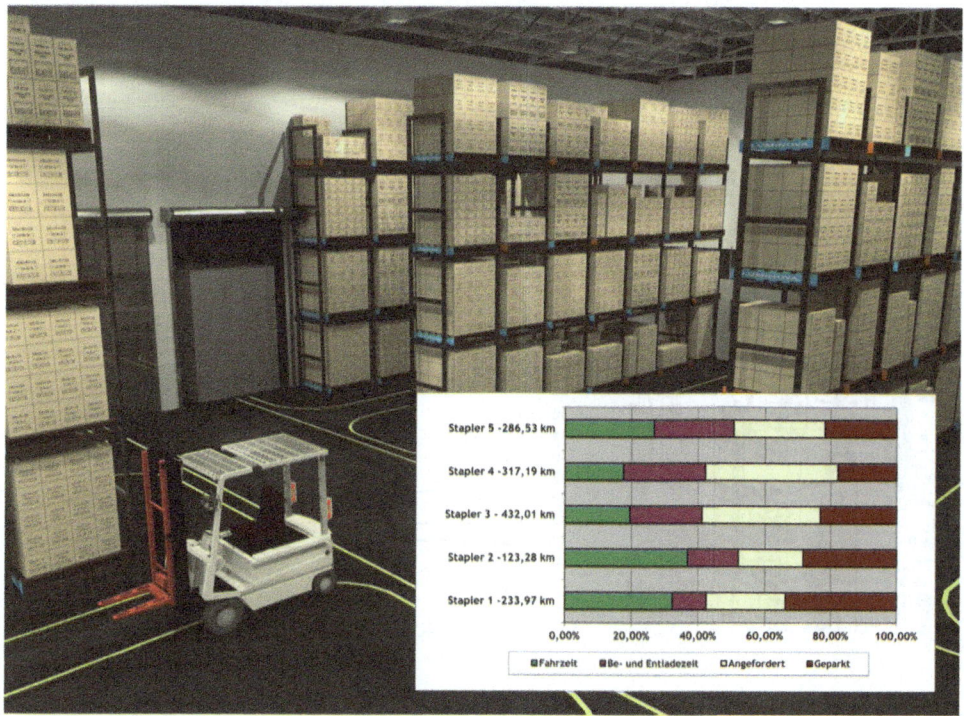

Abb. 3.4 Logistik

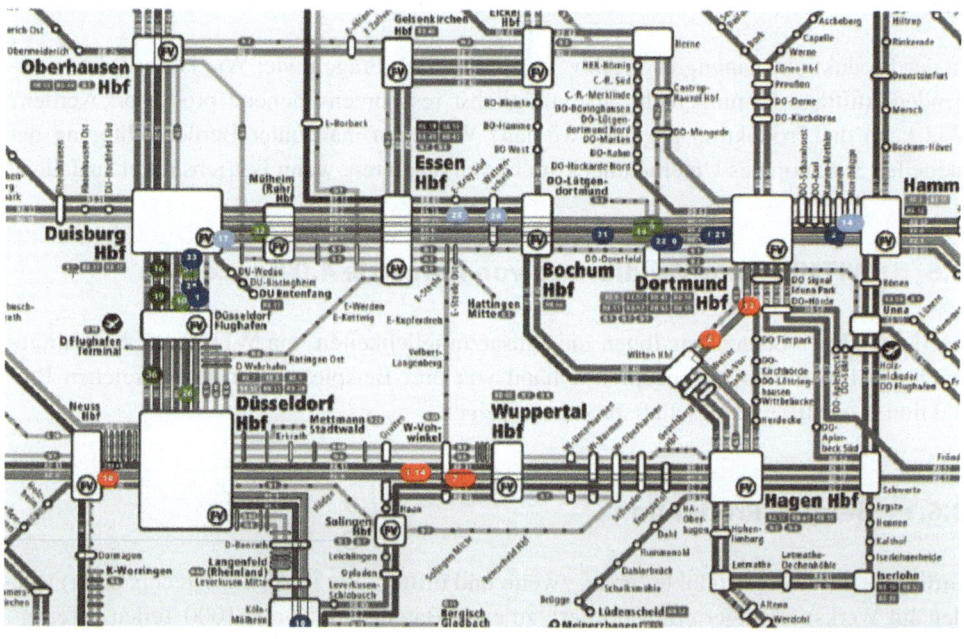

Abb. 3.5 Strategien

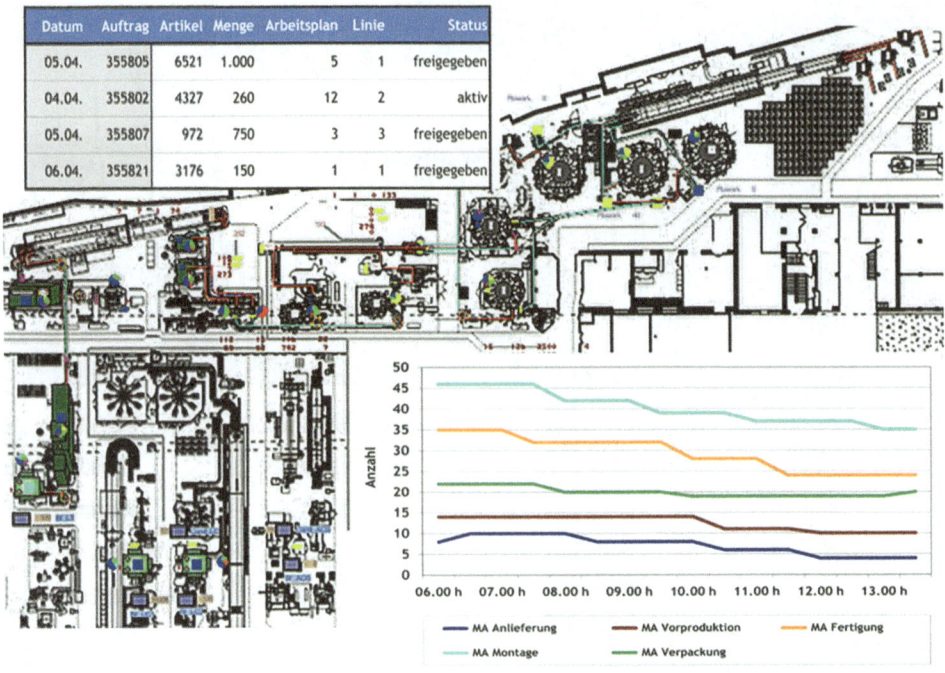

Abb. 3.6 Produktionsplanung

3.5.5 Produktionsplanung

In der Produktionsplanung (vgl. Abb. 3.6) stellen sich Fragen wie: Wie können die anstehenden Aufträge termingerecht, aber möglichst ressourcenschonend produziert werden? Wie kann die Produktion geglättet werden? Wie kann man unter Berücksichtigung der aktuellen Situation des Unternehmens am besten reagieren, wenn Betriebsmittel ausfallen?

3.6 WITNESS zur Validierung von Industrie 4.0 Konzepten

Im Folgenden möchten wir Ihnen die Einsatzmöglichkeiten von WITNESS zur Validierung von Industrie-4.0-Konzepten anhand von drei Beispielen aus den Bereichen Produktion, Logistik und Geschäftsprozessen zeigen.

3.6.1 Beispiel Produktion

Industrie 3.0: Drei Produkte (erste, zweite und dritte Zeile in Abb. 3.7 rechts oben) werden auf Werkstückträgern transportiert, zu einer Batchgröße von je 1000 Teilen gefertigt,

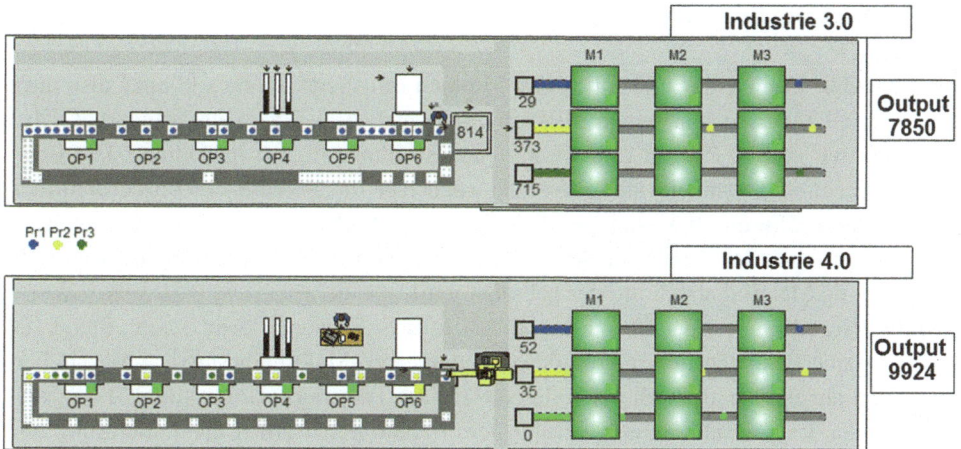

Abb. 3.7 Beispiel Produktion

um Rüstzeiten einzusparen. Das Rüsten findet zwischen den Batchläufen statt, wofür die Linie leergefahren werden muss. Durch die Kontrolle des Werkers am Ende der Linie (dieser muss auch händisch alle 60 min auf die Füllstände der Montageteile achten) entsteht eine schwankende Prozesszeit. die die Taktzeit der Linie von einer Minute überschreiten kann. Außerdem muss der Werker das jeweilige Produkt zur nachfolgenden M-Linie transportieren, wodurch sich die Wartezeit auf den Start für das neue Batch vergrößert. Die Wartezeiten in den Maschinen entstehen dadurch, dass die Zykluszeiten der Maschinen nach OP1 geringer als eine Minute sind, um Ausfälle abfangen zu können.

Industrie 4.0: Die drei Produkte (erste, zweite und dritte Zeile in Abb. 3.7 rechts unten) können chaotisch je nach Anforderung in die Produktion eingehen. Hierdurch wird die Produktionslinie variabler und es kann schneller auf erhöhten Bedarf bei verschiedenen Produkten reagiert werden. Jedes Produkt wird jetzt von den Maschinen anhand eines RFID-Chips überprüft und die jeweilige Bearbeitung durchgeführt. Daher entsteht nun an der Maschine OP4 eine Rüstzeit, die aber in Zusammenhang mit der Taktzeit kleiner ist als der Linientakt von einer Minute. Am Ende der Linie überprüfen Sensoren am Roboterarm, um welches Produkt es sich handelt, und geben dieses im Single-Piece-Flow an die richtige M-Linie weiter. Durch den Einsatz des Roboterarms entsteht eine feste Zykluszeit, der Blockadeanteil verschwindet und die gesamte Linie wird produktiver und flexibler. Der Mitarbeiter muss nun die Produkte nicht mehr händisch bewegen, prüft vom PC aus die Füllstände und kontrolliert, ob Nachfüllvorgänge richtig durchgeführt wurden. Die Warteanteile in den einzelnen OP-Maschinen bleiben fast identisch, weil sie nach wie vor zum Abfangen der Ausfälle gedacht sind.

Bewertung: Das Industrie-4.0-Konzept hat nach einer Laufzeit von einer Woche 2174 Produkte mehr gefertigt als das Industrie-3.0-Konzept. Das entspricht einer Performancesteigerung von 21 %.

3.6.2 Beispiel Logistik

Industrie 3.0: Ein Werker führt alle zehn Minuten (mit Verteilung, es können also auch neun oder elf Minuten sein) einen Milkrun durch (vgl. Abb. 3.8). Sein Wagen hat dabei eine Kapazität von 30 Plätzen für Rohlinge und 30 Plätze für Fertigprodukte. Die Bearbeitungsplätze sind manuell, also schwankt auch hier die Prozesszeit (durchschnittlich drei Minuten). Hierdurch kommt es dazu, dass der Milkrun nicht optimal ausgenutzt wird und manche Maschinen Blockadeanteile oder Warteanteile bekommen, weil nicht schnell genug Material abgeholt oder gebracht wird.

   Industrie 4.0: Die Lagerbestände werden mittels Sensoren kontrolliert. Steigt die Lagerkapazität über den in der Produktion festgelegten Maximalbestand, wird das Fertigmaterial abgeholt und durch Rohteile ersetzt. Der Transport erfolgt mittels FTS, welches von den Lagern automatisch gerufen wird. Hierdurch werden die Zulieferung und das Abholen von den nicht gleichmäßigen Prozesszeiten der Bearbeitungsstationen entkoppelt, was zu einer größeren Produktivität führt. Außerdem benötigt das FTS nur noch eine Kapazität von vier Plätzen, die für Rohteile oder Fertigprodukte genutzt werden.

   Bewertung: Das Industrie 4.0 Konzept hat nach einer Laufzeit von einer Woche 1238 Produkte mehr transportiert als das Industrie 3.0 Konzept, das entspricht einer Performancesteigerung von 6,5 %.

3.6.3 Beispiel Geschäftsprozess

Industrie 3.0: Zur Steuerung der Produktionsgeschwindigkeit von Produzent und Zulieferer werden Marktanalysen vom Verkäufer durchgeführt, die vorab die zukünftige Nachfrage bestimmen sollen (vgl. Abb. 3.9). Diese wird so an den Produzenten telefonisch bzw. per E-Mail weitergegeben. Die Marktanalyse ist jedoch kein sicherer Wert und unterliegt Abweichungen, wodurch der Produzent mal zu früh oder mal zu spät die Waren liefert. Genauso verhält es sich auch zwischen Produzent und Zulieferer. Es werden Liefertermine

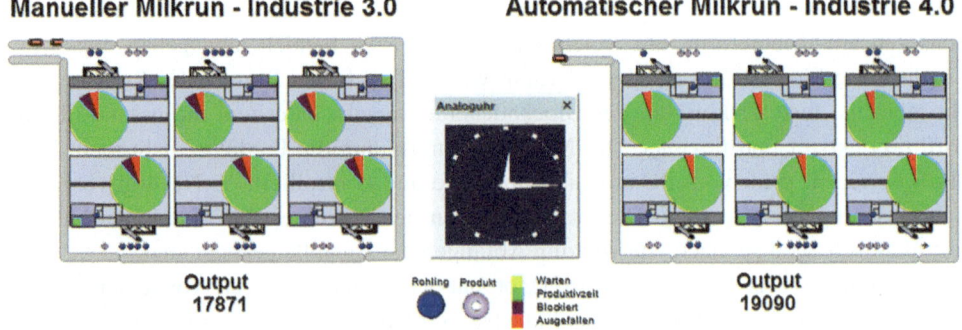

Abb. 3.8 Industrie 3.0 versus Industrie 4.0 für Beispiel Produktion

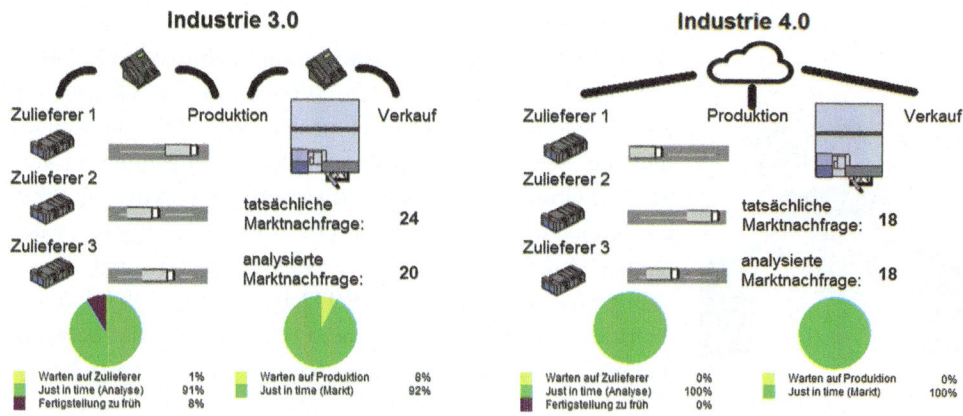

Abb. 3.9 Beispiel Geschäftsprozess

ausgehandelt und telefonisch bzw. per E-Mail miteinander vereinbart, die eventuell von dem tatsächlichen Marktbedarf abweichen und so zu hohen Lagerbeständen oder Lieferengpässen führen.

Industrie 4.0: Der tatsächliche Marktbedarf wird an die komplette Lieferkette direkt verteilt und die Produktion an diese angepasst. Dem Produzenten ist es somit möglich, „just in time" zu liefern, ohne das Fertigprodukt wegen zu früher Fertigstellung bei sich lagern zu müssen. Außerdem kann mittels zusätzlicher Sensorik der aktuelle Lagerbestand des Produzenten dem Zulieferer übermittelt werden, wodurch im Zusammenspiel mit dem Marktbedarf kleinere benötigte Lagerkapazitäten entstehen.

Literatur

BMWi (2015) Bundesministerium für Wirtschaft und Energie, Pressemitteilung 16. März 2015.

Broy M (2010) Cyber-Physical Systems. Innovation durch softwareintensive eingebettete Systeme. Springer, Berlin/Heidelberg.

Fraunhofer IAO (2015) Analyse der Entwicklung von Industrie 4.0 in China. White Paper 1: Analyse chinesischer Patentaktivitäten, Stuttgart.

Schulz T (2015) Industrie 4.0. Referenzarchitektur und Standardisierung. Vortrag an der Rheinischen Fachhochschule Köln, 18. Juni 2015.

ThinkCompany (2014) Industrie 4.0 – Trendstudie 2014 Einschätzungen und Erwartungen von Automatisierern, Maschinenbauern & produzierenden Unternehmen. Think Company und Dr. Linus Schleupner GmbH.

Dr. Carsten Teichert
Geschäftsführer, Lanner Simulation Technology GmbH

Carsten Teichert, geboren 1966, studierte Geschichte, Politik und Germanistik und promovierte 1996 in Zeitgeschichte. Seitdem ist er in verschiedenen Tätigkeiten im Vertrieb erklärungsbedürftiger Softwareprodukte aktiv, seit 2001 im Bereich Engineering. Seit 2007 ist er Geschäftsführer der Lanner Simulation Technology GmbH, die die Simulations- und Optimierungssoftware WITNESS sowie Simulationsdienstleistungen in Deutschland, Österreich und der Schweiz und seit 2015 auch in Skandinavien und Benelux vertreibt.

Kunststoff-Spritzguss-Werkzeugbau bei Inmold Technologie

4

Praxis der schrittweisen Umsetzung eines adaptiven (sich anpassenden) Verbesserungsprozesses – Paradigmenwandel in der Fertigung von disruptiven (old rules) zu Industrie 4.0 (new rules) Prozessen.

Erwin Wimmer

4.1 Einleitung

„Global Players" wie Microsoft, Apple, Samsung, amazon, SONY, BMW, Audi, Benz, und alle anderen großen Marktführer wollen und müssen in immer kürzer werdenden Abständen ihre Produkte verbessern oder neue Konsum- oder Wohlstandsgüter auf den Weltmarkt bringen. Was ist erforderlich im Werkzeugbau um diese Trends zu bewältigen?

Aufgabenstellung
Durchlaufzeiten sind für neue Produkte wichtiger geworden als die Spritzgieß-Werkzeugkosten. Eine erstklassige Qualität mit Einhaltung aller engen Toleranzen wird dabei vom Kunden vorausgesetzt.

Aufgabenlösung
Um die oben erwähnte Aufgabenstellung zu realisieren, werden anschließend die adaptiven Veränderungen im Spritzgieß-Werkzeugbau stichwortartig aufgezählt. Der Autor verwendet absichtlich Englisch für die „Globalen Schlagworte" und den „Sprachgebrauch", wie er bei Inmold Technology in dieser Weise benutzt und eingeführt wurde.

E. Wimmer (✉)
St. Valentin, Österreich
E-Mail: erwin.wimmer@inmold.com

© Springer Fachmedien Wiesbaden GmbH, ein Teil von Springer Nature 2018
P. Granig et al. (Hrsg.), *Mit Innovationsmanagement zu Industrie 4.0,*
https://doi.org/10.1007/978-3-658-11667-5_4

43

4.2   Schrittweise Umsetzung des adaptiven Verbesserungsprozesses für den Kunststoff-Spritzguss-Werkzeugbau bei Inmold Technologie

Welche Schritte müssen umgesetzt und welche Verbesserungen müssen eingeleitet werden?

4.2.1   Alle Prozesse (Vorgang, Verlauf und Arbeitsverfahren)

Alle Prozesse (Vorgang, Verlauf und Arbeitsverfahren) ab Auftragseingang bis zur Freigabe des Werkzeuges für die Massenproduktion müssen systematisch analysiert, kritisch betrachtet und adaptiv verbessert werden damit es möglich wird ein Spritzgießwerkzeug in drei bis fünf Wochen für die Erstbemusterung fertigzustellen. Jedes Werkzeug ist ein Unikat und bei jedem Werkzeug sind andere Prozesse „der Schwerpunkt".

Process

- As **FEW PEOPLE** as possible should be involved in the performance of a **PROCESS**.
- **PROCESSES** always have **MULTIPLE VERSIONS**.
- The steps in **PROCESSES** should be performed in a **NATURAL ORDER**.
- Several **JOBS** should be **COMBINED** into one.
- **WORK** should be performed where it makes the **MOST SENSE** (Checks and controls are reduced, reconciliation is minimized).

4.2.2   Fachpersonal

Das Fachpersonal für den Spritzgießwerkzeugbau ist nur bedingt auf dem Personalmarkt zu finden. Inmold Technology bevorzugt es, junge Fachkräfte, die schon ein Jahr bis drei Jahre in einer Firma im gleichen Arbeitsprozess gearbeitet haben, einzustellen, um diese dann systematisch für die eigene Fertigung „fachlich" und „mental" aufzubauen.

Basic thinking

- **CUSTOMERS pay all our salaries:** I must do what it takes to please them.
- **I BELONG to a TEAM:** WE fail or we succeed **TOGETHER**.
- **I MUST accept ownership** of problems and get them **SOLVED**.
- **I GET paid for the VALUE I create:** Showing up is no accomplishment.
- **CONSTANT LEARNING is part of my job:** Nobody knows what tomorrow holds.
- **I DO makes a difference:** EVERY JOB in this company is essential and important.

4.2.3   Flache Hierarchien

Flache Hierarchien und kleine Teams sind flexibel und anpassungsfähig.

General changes

- Organizational structures change from hierarchical to **FLAT.**
- **PEOPLES** roles change – from controlled to **EMPOWERED** – Workers make decisions.
- Focus on **MEASURES** and shift from activity to **RESULTS.**
- Manager change from supervisors to **COACHES.**
- Executive change from scorekeepers to **LEADERS.**
- Jobs change – from simple tasks to **MULTI-DIMENSIONAL WORK.**
- Work units change – from functional departments to **PROCESS TEAMS.**
- Job preparation changes from training to **EDUCATION.**
- Advancement criteria change from performance to **ABILITY.**
- Values change from protective to **PRODUCTIVE.**

4.2.4   Menschen und Kommunikation

Menschen und Kommunikation, interaktiv in allen Abteilungen bis zum Kunden, sind eine Notwendigkeit. um kurze Lieferzeiten zu ermöglichen. Überdies ist es notwendig, dass diese Menschen kompetent und bevollmächtigt sind, technische Entscheidungen zu treffen.

People in a manufacturing organization

- **ALL PEOPLE** functioning in a manufacturing organization should maintain good relationships with **CUSTOMERS.**
- **PEOPLE** functioning in a manufacturing organization have to be well trained in **COMMUNICATION.**
- **PEOPLE** functioning as a supervisor or team leader in a manufacturing organization have to be well trained in **COMMUNICATION AND PRESENTATION.**
- **PEOPLE** functioning as a manager in a manufacturing organization have to be well trained in **COMMUNICATION, PRESENTATION AND ANALYSIS.**
- PEOPLE functioning as a director in a manufacturing organization have to be well trained in **COMMUNICATION, PRESENTATION, ANALYSIS AND VISION.**
- **ALL PEOPLE** in a manufacturing organization have to be able to anticipate occurring surges and respond **IMMEDIATLY** to customer's crises.
- Manufacturing organizations become service factories when their **PEOPLE** understand customers' needs as deeply and directly as they know their own products.

- Competition is shifting away from how companies build their products, – to how well **PEOPLE** in their manufacturing organization serve **CUSTOMERS** before as well as after they have built products.
- A single **PRODUCTION** model should be so **EXPLICIT** and **TRANSPARENT** that **ALL PEOPLE** in the whole organization can easily understand what needs to be done and why.
- **PEOPLE** work together as **TEAM** to reduce late deliveries, eliminate stale product, resolve breakage problems, and meet special customer needs.
- **PEOPLE** have to speed up **COMMUNICATION** and eliminate **FUNCTIONAL BARRIERS.**
- **PEOPLE** have to deliver low-cost products fast without sacrificing superior quality or manufacturing flexibility.
- **FACTORIES** employ fewer and fewer **PEOPLE,** those who remain need to know how to deal with complex machines, software interfaces, design problems, how to track quality and how to please customers.
- **PEOPLE** now have to **MASTER** the science of manufacturing, the science of analysis, and the science of tightly defined conversion tasks.
- **PEOPLE** now have to **KNOW** how to add value by thinking more like general managers, by contributing, **AS NO MACHINE, COMPUTER OR ROBOT CAN,** by seeing the production system **WHOLE** and suggesting fresh ways to **IMPROOVE** and **CHANGE PRODUCTION.**
- **PEOPLE** should only contribute work **AS NO MACHINE, COMPUTER OR ROBOT CAN.**

4.2.5 3-D-CAD Daten

3-D CAD Daten, die durch den Kunden freigegeben und endgültig sind und an denen keine weiteren Änderungen durch den Kunden während der Werkzeugfertigung durchgeführt werden, sind ein Schlüsselfaktor für eine kurze Werkzeug Lieferzeit.

4.2.6 Engineering und Parallel Engineering

Basic Rules

- **As FEW** parts as possible should be used in a product.
- **As MUCH** as possible standard parts should be used in a product.

Sobald das Werkzeug Layout durch Inmold Technology erzeugt und vom Kunden bestätigt ist, arbeiten verschiedene Teams gleichzeitig an einem Projekt. Werkzeug 3-D CAD Daten werden generiert und parallel dazu 2-D CAD Werkzeug Zeichnungen mit Toleranzen und

allen anderen Informationen werden für die Fertigung generiert. Das CAM-Team übernimmt die Daten und generiert die Programme für die CNC Maschinen.

Gleichzeitig generiert die Erodier-Abteilung die Programme für Draht-Erodier-Ma-
schinen und Senk-Erodier-Maschinen.

Priorität in der Fertigung haben die Teile, die insgesamt die längsten Prozesszeiten
haben. Das sind normalerweise die Kavitäten der Düsenseite (wegen der komplexen
Details, optischen Hochglanzpolituren, feinen Erodier-Strukturen oder geätzte Narbun-
gen) und die Kavitäten der Auswerfer Seite (wegen Schieber, Lifter, Rippen, Sub-Ein-
sätze etc.).

4.2.7   Flexible Prozessplanung

Flexible Prozessplanung heißt, Wartezeiten zwischen den verschiedenen Prozessen, die
auf verschiedenen Maschinen abgearbeitet werden, müssen auf nahe NULL reduziert
werden. D. h. mit anderen Worten, wenn ein Teil früher als geplant auf der CNC Fräsma-
schine fertig wird, dann muss dieser Teil **UNMITTELBAR** in den nachfolgende Prozess
(zum Beispiel Senk-Erodieren, Draht-Erodieren, Polieren, Bohren der Kühlbohrungen
etc.) ein-getaktet werden.

4.2.8   Kontinuierliche Prozesszeit Minimierung

Kontinuierliche Prozesszeit Minimierung ist ein weiterer Faktor um die geforderte kurze
Durchlaufzeit zu erreichen und um wettbewerbsfähig zu bleiben. Es ist die Aufgabe jedes
einzelnen Mitarbeiters in wöchentlichen Besprechungen derzeitige IST-Zustände kritisch
zu betrachten und Prozesszeit-Minimierung in die einzelnen Prozesse einzubringen.

4.2.9   Strategische Entscheidungen

Strategische Entscheidungen sind einerseits die Entscheidungen, mit **WELCHEM** Prozess
eine gewisse Arbeit durchgeführt wird. In erster Linie sind damit die Schrupp- Prozesse
gemeint. Wie man am **EFFIZIENTESTEN** Material (Stahl, Kupfer, Grafit…) zerspant
und abträgt. Wie man kleine Einzel-Elektroden zu **EINER** Multi-Elektrode zusammenfasst
um Erodier-Zeiten und Set-Up-Zeiten zu reduzieren als auch Set-Up-Fehler zu vermeiden
und andererseits welche Geschäfts-Strategien adaptiv verbessert werden.

Business strategies

- **CRITICAL DECISIONS:** Product design, process design, facility and plant configuration, information and control systems, human resources, research and development, supplier's roles and relationships, and organization.
- Competitive **ADVANTAGE** is a constantly **MOVING TARGET.**
- Shortening the planning loop in the product development cycle and trimming process time in the factory.
- Target should be: **LOWER COST, HIGH QUALITY,** and **GREATER PRODUCT VARIETY.**
- The next generation manufacturers will compete by **PRODUCTION AND BUNDELING SERVICES WITH PRODUCTS,** anticipating and responding to a truly comprehensive range of **CUSTOMER NEEDS.**
- What drives the **OPEN SYSTEM** is **STRATEGY,** not technology.

4.2.10 High-Tech Fräs- und Metallbearbeitungswerkzeuge

High-Tech Fräs- und Metallbearbeitungswerkzeuge, die durch Werkzeughersteller ständig verbessert werden, ersetzen die zuvor benutzen Werkzeuge. Immer bessere und leistungsfähigere Beschichtungen kommen auf den Markt um Werkzeugstandzeiten zu erhöhen. Diamantbeschichtete (CVD, CBN…) Werkzeuge und Nano Kristalline Diamantbeschichtungen (CLD) sind bereits weit verbreitet. Gewindefräser mit denen man ohne Vorbohren Gewinde von M2 bis M16 in gehärtetem Stahl bis zu 66 HRC fräsen kann sind mittlerweile Stand der Technik und werden bei Inmold Technology eingesetzt.

4.2.11 Hochpräzise Metallbearbeitungsmaschinen

Hochpräzise Metallbearbeitungsmaschinen mit denen Mikro- und Nanometergenaue 3-D-Freiformflächen und feinste Details in die Werkzeugkavitäten eingebracht werden sind ein anderes adaptives Verbesserungspotenzial um die geforderten kurzen Durchlaufzeiten zu erreichen. Hochgenaue dreidimensionale Werkzeug-Trennlinien werden maschinell so genau gefertigt, dass der zeitaufwendige Prozess – „händisches zusammen Tuschieren", wie es früher mit Tuschier-Pressen notwendig war, entfällt. Qualitativ höchst anspruchsvolle optisch-polierte Oberflächen werden mit „Feinst-Bearbeitungs-Maschinen" generiert.

4.2.12 Produktions-Ökonomien

Produktions-Ökonomien werden in Zukunft zunehmend wichtige Bestandteile.

Manufacturing economies

- The new measurement of cost has to be **TIME** (time-based competition).
- The cost of a given period of TIME must be assumed to be FIXED, there are NO **VARIABLE COSTS!**
- **PLANING** and **SCHEDULING** start with **DELIVERING** to the final customer! (Delays, halts, and redundancies have to be designed into the schedules and systems!)
- Make manufacturing decisions as **BUSINESS DECISIONS!**
- **ALL MANAGERS** in a plant have to know and understand the entire process and the manufacturing system!
- In the new accounting – finished goods inventory is a sunk cost, **NOT** an asset!
- Manufacturing decisions must meet the test of **FIERCE GLOBAL COMPETITION.**
- Strategic breakpoints are **PRICE, QUALITY, DELIVERY** and **SERVICE.**
- Producing does not stop when the product leaves the factory. **DISTRIBUTION** and **SERVICE** are integral parts of the process.
- **STANDARDIZATION** with **FLEXIBILITY** at **LOW COST!**
- **MODULAR ORGANIZATION!**
- Turn **MATERIAL** into **GOODS!**
- The right merchandise with the right **QUALITY** at the right **PRICE.**
- Direct labor cost in a production now is 15 to 18 % of most manufactured goods and it will be in the future not more than 5 to 12 % (all others are support and preparation)!

4.2.13 Kunden Zufriedenstellung

Die Kunden Zufriedenstellung wird für alle Zeiten der Erfolgsfaktor Nummer 1 für jedes Unternehmen bleiben.

Customer service

- CUSTOMER SATISFACTION equals to SUCCESS.
- It costs six times more to attract a NEW CUSTOMER than it does to keep an OLD CUSTOMER.
- If you resolve a COMPLAINT on the spot – 95 % will do BUSINESS AGAIN with you.
- SEVEN of ten complaining customer will do business again if you resolve the complaint in their favor.
- Of those customers who QUIT doing business with you, 68 % do so because of an attitude of indifference by a company's specific PERSON.

4.2.14 Kontinuierliche, adaptive Verbesserungsprozesse

Kontinuierliche, adaptive Verbesserungsprozesse sind in modernen Firmen zur Notwendigkeit geworden. Alte Regeln werden überdacht und durch neue Regeln ersetzt.

Old and new rules

- Old rule: Information can appear in only one place at one time (Disruptive).
- New rules: **INFORMATION** can appear simultaneously in as many places as it is needed. **SHARED DATABASES** and **DATA CLOUDS.**
- Old rule: Only experts can perform complex work (Disruptive).
- New rules: **A GENERALIST** can do the work of an expert with the aid of specialists. **EXPERT SYSTEMS.**
- Old rule: Businesses must choose between centralization and decentralization's (Disruptive).
- New rules: BUSINESSES can simultaneously keap the benefits of **CENTRALIZA-TION** and **DECENTRALIZATION. TELECOMMUNICATION NETWORKS.**
- Old rule: Manager make all decisions (Disruptive).
- New rules: **DECISION-MAKING** is part of **EVERYONE'S JOB. DECISION SUPPORT TOOLS** as modeling software, simulation software, finite element calculation programs, mold-flow analysis, **CAM** collision check, etc. are used for supporting the engineers.
- Old rule: Plans get revised periodically (Disruptive).
- New rules: **PLANS,** projects, drawings, schedules, production, goods… get up-dated **INSTANTANEOUSLY. REAL TIME HIGH PERFORMANCE COMPUTING (HPC).**
- Old rule: You have to find out where things are (Disruptive).
- New rules: THINGS tell you where they are. **AUTOMATIC IDENTIFICATION AND TRACKING TECHNOLOGY.**
- Old rule: The best contact with a buyer is ONE personal contact (Disruptive).
- New rules: The best **CONTACT** with a potential buyer is **EFFECTIVE CONTACT. INTERACTIVE CONTACTS.**
- Old rule: Field personnel needs offices, where they can receive, store, retrieve, and transmit information (Disruptive).
- New rules: Field **PERSONNEL** can send, receive and access information's wherever they are. **WIRELESS DATA COMMUNICATION, PORTABLE COMPUTING AND DATA CLOUDS.**

Erwin Wimmer

Executive Director von Inmold Technology (Suzhou) P. R. China

Erwin Wimmer (geb. 29.09.1953) hat an der Höheren Technischen Bundes-Lehr- und Versuchsanstalt Waidhofen a. d. Ybbs im Jahre 1964 die Fachschule für Fachrichtung: Metallbearbeitung und Werkzeugbau abgeschlossen. 1977 Abschluss der Gewerbemeisterprüfung.

Beruflicher Werdegang:

1972–1973 Fa. Eisenbeiss, Enns – Austria: Designer for gear wheels and gear drives

1973–1974 Fa. Atelier (Anton Anger), Linz – Austria: Design Engineer for tools, machines, jig and fixtures for metal and plastic eyeglass manufacturing

1974–1977 Fa. Leopold Haider/HAIKU Ges.m.b.H. St. Valentin – Austria: Tool- and Moldmaker for precision plastic molds

1977–1981 Fa. Engel, Schwertberg – Austria: Design Engineer for plastic injection molding machines

1981–1988 P.T. Marlina Utama/Speranza Jaya, Jakarta – Indonesia: Technical Manager for tool- and moldmaking, mold design and plastic production

1988–1989 Fa. Hinterreiter, St. Valentin – Austria: Engineer for tool- and moldmaking and plastic production

1989–1991 Fa. Engel, Schwertberg – Austria: Department Head in tool- and moldmaking for high precision plastic molds

1991–1999 P.T. Federal Motor (HONDA Motorbikes), Jakarta – Indonesia: Engineer for tool- and moldmaking, mold design and plastic production

1999–2000 Leong Bee & Soo Bee SDN BHD, Penang – Malaysia: Operations Manager for mold bases, hot runners and precisions part manufacturing

2000–2002 ESCATEC ELECTRONICS SDN BHD, Penang – Malaysia: Divisional Manager for plastic molding and mold making

2004 – today Inmold Technology (Suzhou) – China: Executive Director – Tool- and mold making

Science and technology:

Europe patent holder for maintenance free injection and die casting molds – EU Patent No. 1092521

US patent holder for maintenance free injection and die casting molds – Patent No. US 6,474,977 B1

Europe patent holder for disposable medical syringe – EU Patent No. 0539348

US patent holder for invention of a disposable medical syringe – Patent No. 5,275,582

Australia patent holder for the invention of a disposal medical syringe – Patent No. 27192/92

Internet of Things (IoT)

Hype and Reality

5

Harald R. Raetzsch

5.1 Introduction

Everyone engaged in the field of Information technology has currently the privilege to experience one of the most interesting times. Not that the past in this fast moving and exciting domain was ever boring or dull. But what we see currently happening, the intense and wide spread adoption of so many technologies in so many areas adds a new dimension.

While in the past an invention was typically focusing on a specific discipline we now see so many things coming together, cross fertilizing each other and counter reacting – often with an increase of momentum typical for chain reactions. Measured in todays standards it took a while after someone invented the automobile until Ford combined that invention with organizational shop floor innovation to have mass production of cars. And all of this had little to no correlation with the invention of penicillin or other significant inventions or discoveries that took place at the same time. Things happened in seemingly well structured processes, different silos and mostly independent disciplines.

IoT – the Internet of Things – is part of the dramatic changes sometimes referred to as "digital transformation" or "digital disruption". It is the exact opposite of a vertical or serially structured chain of incremental changes happening in a single field of expertise.

Self driving cars are a good example to show how many different disciplines work successfully together to finally create the desired result. We need top notch sensor technology

H. R. Raetzsch (✉)
IoT40 Systems AG, Stans, Schweiz
E-Mail: raetzsch@iot40systems.com

© Springer Fachmedien Wiesbaden GmbH, ein Teil von Springer Nature 2018
P. Granig et al. (Hrsg.), *Mit Innovationsmanagement zu Industrie 4.0*,
https://doi.org/10.1007/978-3-658-11667-5_5

in various areas, image analysis and understanding, the best in mechanics and electronics, unique hardware designs and software on various levels, from firmware to digital cartography including satellite technology, machine learning and artificial intelligence (AI) as well as seamless wireless connectivity and all this works together ubiquitously. The secret is not a single invention in one field – it is the combination of everything available today in these disciplines that allows the car to drive without human intervention.

The Internet of Things (IoT) is a system of interrelated computing devices, mechanical and digital machines, objects, animals or people that are provided with unique identifiers and the ability to transfer data over a network without requiring human-to-human or human-to-computer interaction (Rouse 2016).

Kevin Ashton, cofounder and executive director of the Auto-ID Center at MIT, first mentioned the Internet of Things in a presentation he made to Procter & Gamble in 1999 (Ashton 2010). Here's how Ashton explains the potential of the Internet of Things:

"Today computers – and, therefore, the internet – are almost wholly dependent on human beings for information. Nearly all of the roughly 50 petabytes (a petabyte is 1,024 terabytes) of data available on the internet were first captured and created by human beings by typing, pressing a record button, taking a digital picture or scanning a bar code.

The problem is, people have limited time, attention and accuracy – all of which means they are not very good at capturing data about things in the real world. If we had computers that knew everything there was to know about things – using data they gathered without any help from us – we would be able to track and count everything and greatly reduce waste, loss and cost. We would know when things needed replacing, repairing or recalling and whether they were fresh or past their best."

In May 2015 Roberto Minerva, Abyi Biru, and Domenico Rotondi published a comprehensive and well structured report "Towards a Definition of the Internet of Things (IoT)" (Minerva et al. 2015).

The illustration from Roberto Minerva, Abyi Biru, and Domenico Rotondi in Fig. 5.1 (Minerva et al. 2015) is one way to show that IoT is not limited to technological aspects. While it is already very comprehensive from a technical perspective, involving a wide field of disciplines, including hardware, software, services and operations, security and data privacy, it also changes our business models and social aspects of our private and community life.

This is one of the reasons, why the hype that we currently experience, may be quite natural. There are only very few individuals on this planet who are not directly or indirectly touched by what is called The Internet of Things and digital disruption.

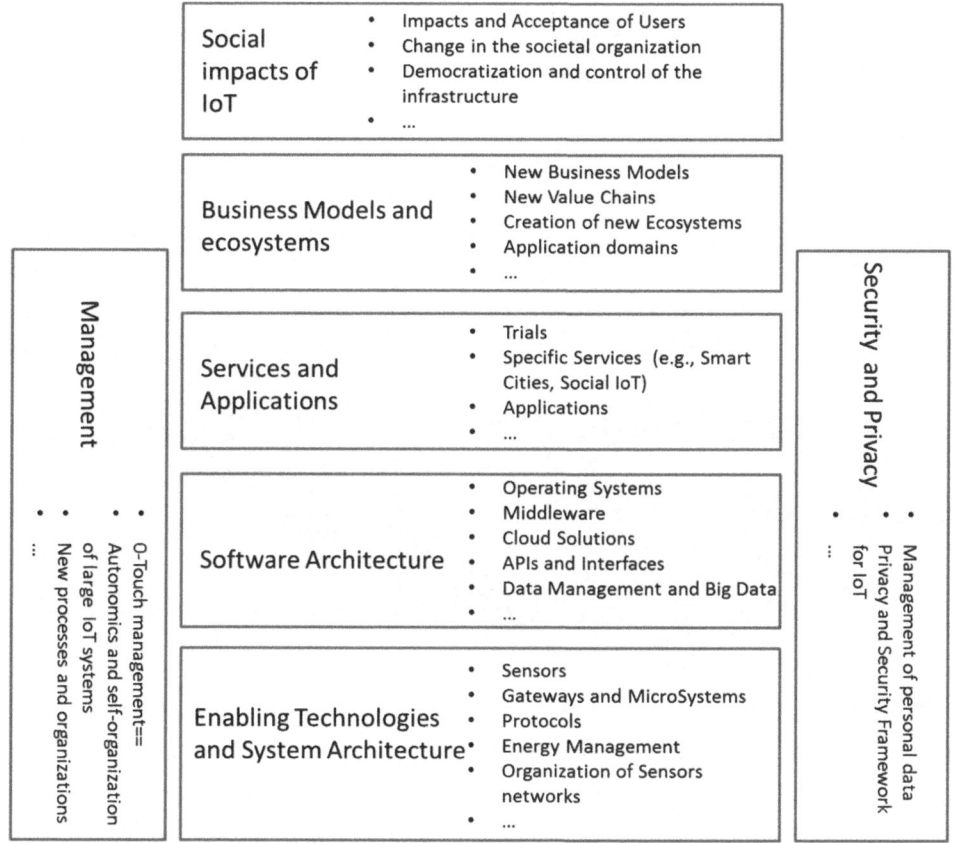

Fig. 5.1 All aspects of IoT. (Minerva et al. 2015)

5.2 Hype

The definition of hype in the Cambridge dictionary (Cambridge Dictionary 2017) is: "A situation in which something is advertised and discussed in newspapers, on television, etc. a lot in order to attract everyone's interest."

It is very obvious that The Internet of Things (IoT) and related topics, like digital transformation or the German equivalent expression "Industrie 4.0" receive massive attention in the media. Statements range between uncritical enthusiasm to serious concerns, almost religious beliefs in the good or bad outcome of this 4th industrial revolution. We all are exposed to articles and news talking about millions of unemployed people, replaced by robot factories while others speak about unprecedented opportunities providing almost unlimited attractive new job opportunities. We hear stories about millions of white color workers to be replaced by artificial intelligence as a result of the

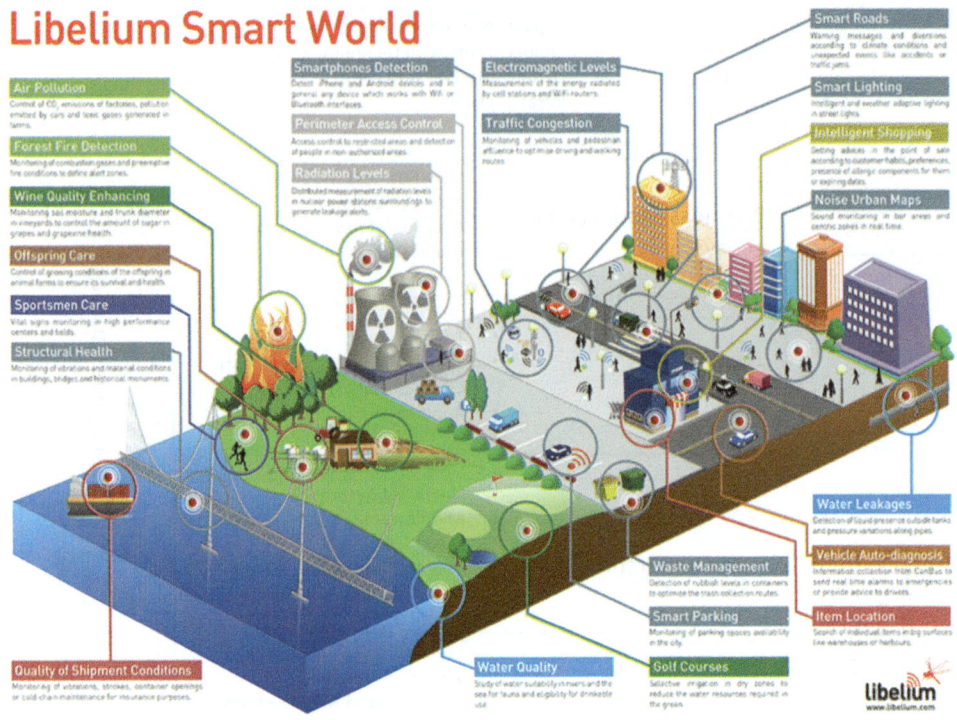

Fig. 5.2 A typical example to help understand the impact of "smart". (Libelium 2017)

digital transformation while others are enthusiastic about the new man machine collaboration model, enabling mankind to focus on the truly "human" parts of life while intelligent machines take care of dirty, repetitive and dangerous workloads. We get told that the world around us gets "smart". We live in smart homes and smart cities, use smart products that serve us in almost any part of our life.

We do not want to contribute to new or existing speculations. Our interest is to identify why all this happens and why it happens right now. We will try to use examples that are familiar to all of us and allow us to understand, why IoT is of so much interest to so many right now.

The illustration in Fig. 5.2 is one of many that helps to understand how comprehensive the impact of IoT will be and why we all are going to be affected.

5.3 Reality

Reality is always subject to perception. In our case perception is influenced by experiences made by individuals who have spent decades creating advanced and innovative IT solutions. By today's standards all of these solutions belong to the field of digital transformation and

IoT. We had the privilege to participate in the work that finally led to a digital model of the planet Earth, including data that is used today by millions as part of their Google or Virtual Earth experience. Members of the same team created a workflow product and set the standard for office management in German Government (Domea®) and for many European Telecoms. And we have been challenged to develop innovative software solutions to deal with interesting security problems in the financial industry or of Internet service providers.

Today these individuals work for IoT40 Systems, a small consulting and software development organization with offices in Switzerland and Austria and a tightly knit network of experts all over the world. IoT40 Systems has developed its own set of IoT software toolkits and owns software products which are used to create innovative solutions for customers.

As we talk about reality we like to provide down to earth experience and knowledge gathered by executing actual IoT requests. We will first talk about the four principles of IoT.

Then we want to take the perspective of three different parties we typically find when IoT is put in action. These three parties are also often viewed as the key beneficiaries of an IoT implementation. We will describe all the different aspects we have encountered as important when dealing with IoT implementation. That does not necessarily mean that a single customer has actually decided to have everything we describe in this document deployed. We try to summarize all the benefits we have seen across all our customers.

Finally we will point at several important aspects when moving forward into the future. These aspects are based on the four principles that we found to be the common ground work for all IoT projects and as a result of learning constantly from the IoT implementations, we have had the privilege to support. A few of these experiences are common to all projects, independent of the type of environment, customers, technical infrastructure and objectives.

5.3.1 IoT Principles

Based on our experience we believe that four facts interact and are collectively the reason, why IoT has become the phenomenon it is right now. Even though we have seen remarkable innovation in each individual category it is really the way how things play together.

The four areas of innovation are:

a. New Disruptive Business Models based upon networked environments
b. Ubiquitous sensor and actuator infrastructure
c. Access to "limitless" computing power and storage
d. A socio-economic environment to exploit the potentials of all systems (power grids, hospitals, banks, fleets of locomotives, cars, airplanes, aso.) for all users (operators, professionals, consumers – you and me).

It is not a single invention, neither technological nor business wise. Uber and Airbnb have become a truly disruptive force in their respective industries – not because they invented specific earth shaking technological advancements – nor because of their new business approach alone. They combine advanced computing technology (primarily cloud and the internet) to allow every single citizen to become a potential customer and they combine all state of the art technology with a new business model. This combined offer makes them so different, not a single achievement.

The same principle applies to IoT. IoT benefits from a new quality of sensors, actuators and the fact that almost every product or machine operated on this planet can be reached through and connected to a computer network. And we can afford to collect unprecedented amounts of information and store it in the cloud at almost no cost to analyze it, learn from it and adapt how we react in real time. Computing power and storage cost has become really affordable.

We do not need to look primarily at names and brands that dominate the news, like the multibillion dollar companies from Silicon Valley. We will illustrate how IoT can improve and change businesses. And it is not affecting only those typically associated with the forefront of digitization, it affects almost every business and many aspects of our private life's.

5.3.2 Perspectives and Benefits

We will use in this document experience based on the work with manufacturers of house hold appliances or companies producing furniture for super markets. We also have developed good insight by working for and with companies producing ticketing, access and revenue control systems. We know how telecom companies and public administration works and which challenges they currently face. We will describe how these manufacturers and manufacturers in general can apply IoT and the rewards by doing so.

Then we take an additional perspective. We put ourselves in the shoes of customers of such manufacturers and will explain what they will experience when using IoT enabled products. Such customers may be other companies, and one category of those are operators. Or we – the consumers – are customers receiving IoT enabled products from manufacturers or services from either the manufacturer or operator.

What we describe is however cumulative experience, meaning not everything possible to implement and all the resulting benefits have actually occurred in all the individual projects. Nevertheless we feel it is important to take the perspective of each of the beneficiaries and then describe comprehensively what IoT can do for each of them.

5.3.3 Manufacturers

When manufacturers engage in IoT there are typically two main objectives:

- to improve their production processes;
- to ensure that all products produced work reliably in the field 24 hours 7 days a week.
- There are additional objectives, like
- Reduce time and cost to maintain equipment;
- Preventive maintenance – detect potential failure before it happens;
- Predictive manufacturing – optimize products based on recorded (fault) experience;
- Deliver personalized products and services based on sensor data and records of use.

Many manufacturing companies and especially the car industry have always been on the forefront of automation. Since Henry Ford introduced mass production of cars a lot changed and we all know that just in time production and robots have replaced human workforce on factory floors. These changes happened not only to the car industry. IoT is just a natural next step for most of these manufacturers.

Production lines are an ideal terrain to benefit from IoT. Machines producing goods have been controlled by humans in the past, based on information first displayed on gauges, meters and then computer screens integrated into these systems. The availability of computer networks then allowed remote control by humans. And the integration of sensors into such machines facilitated better control. IoT now provides even more "things" that can be monitored and controlled, sensors in the machines to understand even better and faster the condition but also much better environmental control. Weather conditions may become a useful input available on the internet to help determine how optimal it is to execute certain production processes at a given time. And all the information delivered by the equipment used along the production lines as well as all information coming from the – until now – isolated business computing infrastructure (ERP, CRM, MIS, etc.) are combined to deliver a real time understanding of the performance and quality in these production processes. Immediate feedback may lead to direct and automatic control of machines or get humans involved to take a look at critical situations and decide how to proceed.

But manufacturers do also benefit from IoT when they build IoT functionality into the products they manufacture. Today we see ovens, light bulbs, ticketing machines, barriers and cameras – just to name a few products – that can be connected to a network, monitored and controlled remotely 24×7. Initially we assume that humans will exercise (remote) control. IoT really starts to pay off if monitoring and control happens automatically, executed by central software applications that will never be tired and can be made to work reliably 24×7. This is true during production of goods but obviously also after shipping IoT enabled products.

We see all these products either report proactively data about their usage intensity, state of operation, usage of supplies or this information is polled by a central software application. We can connect to all products collectively used to operate a series of parking lots across a country the same way we connect all equipment used in kitchens. We will "see" all devices, their respective operating state and can immediately and precisely react if something is wrong. Condition monitoring has become a discipline on its own.

IoT allows manufacturers to stay connected to the products they deliver and utilize sensors built into these devices to constantly receive information about their "health status" and how they are used. Obviously both, the manufacturer and buyer of a product benefit when a device reports early enough that it may be running out of supplies such as oil, gas, ink, or certain chemicals needed for the production process. It is usually much cheaper for all participants when replacements and repairs happen in time. We all benefit, if devices are maintained early enough avoiding – so far – unforeseen failure.

There is a manufacturer of products that are used on a global basis who needed to visit each product 1.9 times in average when something did not work. Typically a technician had to go there first, only to identify what exactly was wrong and quite often he did not have the expertise, tools or spare parts needed to fix the product. So there was a second visit needed.

With IoT this number of 1.9 visits in average per device per problem came down to 1.1. Let us assume there are hundreds of thousands of devices used globally with a fault rate of approximately 0.2 faults per device per year. The average cost to send a technician was in the range of US$ 800.- for personnel cost plus travel expenses per site visit. It is easy to see the dramatic cost reduction possible with IoT. Even with conservative assumptions, assuming that there are 20 thousand devices out in the field (actual numbers were much higher), we talk about 2.5 million US$ in saved costs.

And obviously manufacturers can learn a lot from the goods sold and used in the field if they are able to monitor these devices and the way how they are used. This data is today inevitable for continuous product improvement. Which results in better products or products with a better fit to usage and environmental conditions and thus less faults in the field.

5.3.4 Operators

Operators can benefit from IoT in a very similar way as manufacturers and use many of the IoT features built in by manufacturers to better meet their own objectives. The main intention of an operator is usually to have permanent oversight of the entire service chain, all people and machines involved delivering their services and obviously to continuously optimize the service they deliver.

In addition they have other objectives, like

- improving reaction times and precision of their response to unforeseeable conditions;
- to automate their service chain to save cost, become global and faster;
- balancing human and automated tasks depending on work force characteristics; and
- to create a track record of operations to learn from the field operations and constantly improve the service.

IoT provides all the ingredients needed to achieve these goals, especially if manufacturers have delivered IoT ready products that can be constantly monitored and remotely controlled. But even legacy components in a service chain may be integrated in condition monitoring networks and receive IoT capabilities to create a benefit. IoT may start with operators not having to call for service of a critical component. The manufacturer will have been informed by his device that a breakdown will happen if certain supplies are not refurbished or specific repairs take place.

Operators are however much more interested in IoT capabilities that extend their capabilities in a geographical or functional way.

This may start with the ability to operate all equipment used in parking garages, hospitals, public administration facilities or utilities providing water, gas, or electricity by the respective customers of manufacturers (called operators in this case) remotely across a country, nation or even world wide. All aspects of operations typically benefit from improved up- and reaction times and reduced cost. Initially monitoring and reaction may involve people employed centrally in operations centers looking at screens and pushing buttons. In the end all benefit if this work is augmented by software capabilities that ensure that security and liability levels are the same at 2 am and 2 pm. This is just one example how operators can benefit from IoT.

5.3.5   Consumers

So when manufacturers and operators benefit from IoT, what is in there for us – the consumers? IoT plays an important part in our life already. We often simply do not recognize it. And it has to do with the fact that we have become a IWWIWWIWI (Talk 2014; Gannes 2014) society (**I W**ant **W**hat **I W**ant **W**hen **I W**ant **I**t) expecting immediate fulfillment of all our wishes.

We use responsive and intuitive products to enjoy highly personalized services. We click an app on our phone in Chicago and our vacuum cleaner at home in Germany starts to work. We click another app and can watch our lawn mower do the job. We can see if the heating of our smart home has actually reduced the temperature und closed the blinds after we left. We might want to check if we really switched the power of our home appliances to "off".

Or think about new mobility services like Car2Go (2017) and DriveNow (2017) where technology allows to use constantly connected cars to be picked up and dropped off as you go, drive them as long as you need it and use the same app regardless of the location, maybe in Berlin, Austin, TX or Vienna to name only a few.

These services would not be possible without a manufacturer providing IoT product features and a service provider or operator then using all of these functions to tailor everything to our very individual needs. There are other, less obvious or spectacular examples to illustrate what IoT does for us as consumers.

When we had been waiting in front of a barrier that refused to open, even though we had correctly inserted a paid parking ticket all we could do in the past was push the intercom button and hope a person in a call center will be available and attend to our problem.

With IoT enabled products the parking column, a camera mounted in its vicinity or other sensors would automatically recognize that we are waiting longer than the average or predefined amount of seconds in front of the barrier. In an IoT enabled scenario software would also identify that we have inserted the ticket and might be able to do, what the call center agent did in the past, e.g. open the barrier and let us pass. Various environmental constraints may make a difference and in some cases call center agents may get involved. But then these agents will have all information at their fingertips to service us in a very individual and effective way.

5.4   Lessons Learned and Looking Forward

So when everything said about the new brave world is true and already available, what will be left to do. All the hype about IoT may leave the impression that nothing is left to do – and maybe there is no human labor needed to do it. The other question is: where are the caveats and which critical issues are there to work on in the immediate future?

Working with many customers the experts in IoT first of all had to recognize that a simple formula is needed to allow everyone to understand what IoT really is about and how all this business and technological innovation maps to their very needs. IoT40 calls the governing principle of IoT: Connect – Detect – Act.

We connect to software applications or hardware devices, detect if something needs to be done and then act to ensure that we deliver best possible service, prevent damage or simply inform someone about the situation.

This formula has proven to be easy to understand for anybody interested in digitizing their business. IoT40 also had to develop a procedure that guides interested parties through a simple process which delivers a working IoT solution at the end of a very short time period. This 3-2-1-Go procedure allows to identify if and which part of a business can be digitized in 3 days, then IoT40 delivers in 2 weeks an implementation plan for a first deployment of IoT innovation followed by a 1 month period to actually introducing it into daily operations. In some cases products, platforms and technology from IoT40 may be used, in other cases platforms of other IT providers will be the choice. This is a pragmatic decision by a customer supported by IoT40.

We do not mean to advertise IoT40 services or products here but want the reader to understand in which eco system our experts are operating, where the observations were made and suggestions discussed in this chapter come from.

We have learned that there are at least four extremely important issues to be aware of:

- Standards
- Security
- Dealing with Knowledge and Code, and finally and in our opinion most importantly
- Integration of us human beings in the world of IoT.

5.4.1 Standards

Standards are a key element when implementing IoT or digitizing businesses. Unfortunately there is not a single standard to do the job. A simple search reveals that almost every organization in this field has already published standards (Keränen and Bormann 2016; Postcapes 2017; Omg 2017; IEEE 2017; ETSI 2017), IEEE, OMG, ETSI and so many others. There is even a brand new forum – the Open Fog Computing Consortium (Openfogconsortium 2017) that is clearly focused on IoT. All of them have done excellent work.

However, when confronted with reality we find that only the minor part of the installed base really consists of devices and (software) applications that adhere to such standards. We see some very old long-term established technology in the field that may not even be networked yet or is using protocols to communicate that are vendor specific and proprietary. Trying to benefit from IoT requires us to incorporate a variety of sensors and actuators and those not conforming to standards may deliver the most valuable information to "detect" and "act".

The same applies when we need to integrate between already existing systems to create the optimal feedback loop to benefit from immediate action upon recognizing certain conditions. So many homes have heating systems that come with their own IoT features, can be monitored and controlled remotely and their performance may be defined to depend on parameters like temperature/weather conditions, occupancy a. s. o. But is it easy to connect these systems to the shades, water sprinklers or swimming pool pump? Usually not!

Many systems today are individually smart, but collectively quite limited, and not really cooperative. There are standards, but so many products ignore them or sport their own flavor.

Some of the systems that should cooperate have been used already for a long time and may be quite comprehensive, like MES, ERP or CRM systems. These systems may also exist in an organization in their own life space, well separated from the outside world. It is not uncommon to see a division between commercial IT systems and the ones used on the factory floor. To gain full benefit from IoT we want to initiate and execute automatically an order process as a consequence of detecting a worn out spare part and for that we need systems in both worlds to integrate. Ordering, payment and monitoring delivery of such a part is often taking place in the commercially oriented part of an organization while the "detection" of the optimal time to replace a part comes from factory floor IT components.

IoT requires us ideally connecting all involved parts and parties, independent how old, where they come from, who owns and operates them. This is per se not an easy task.

The lessons learned are:

- We have to break up silos and isolated environments to generate an open networked and connected data sharing eco-system that enables and equally benefits from giving and receiving information on a constant 24/7/365 timeline;

- It is not enough to focus on a single standard and hope it will cover everything. There cannot be a single standard, especially when an IoT solution crosses boundaries between different organizations or maybe even companies;
- We need experts that ideally know a lot about many existing standards or have the capability and network to obtain such knowledge fast and efficiently when needed;
- We must constantly remind ourselves to be pragmatic in our choices;
- It is extremely important to understand that things will change and even a standard chosen today may cease to exist or loose importance tomorrow in this fast moving world.

5.4.2 Security

This subject may be the most important one from a technical point of view. And being precise we really need to distinguish between at least two different issues here:

- One is about computer and network security;
- the other one is about data privacy and protection.

When the vision is to actually connect each individual part of a global process or service chain, be it technical components or human beings, we must make sure that even the weakest part is properly protected against misuse. Manufacturers and operators are subject to regulation and competition. This helps at least to ensure that their products and services live up to security standards. But even assuming manufacturers and operators do their best, this is not enough to guarantee sound and safe operation of an IoT solution.

When consumers start to buy IoT enabled components at supermarkets for their smart home we can not expect them all to be experts in computer networking. This imposes increased responsibility on manufacturers and operators/service providers. But one of the lessons we learned is that it is not sufficient to expect that these two parties alone will take care and there is a tendency that we forget that consumers also have a responsibility.

Obviously there is always the typical tradeoff between ease of use and comfort on one side and complexity introduced by sophisticated security features on the other side. Again, a pragmatic choice is important – but there are also some very basic and simple things that we as consumers must never forget:

- We are at least responsible to the point that we use what is provided by manufacturers and operators to protect ourselves and
- We must never forget common sense. Being self responsible and street wise becomes a very important ingredient in the new IoT world.

It is interesting that no one ever thinks of leaving the door to their home wide open while away for an extended period of time and at the same time use weak or even no passwords at all and switch of (or forget to switch on) security features provided for a good reason on their gadgets and equipment. While no one ever thinks of putting an ad into the newspapers with a scanned copy of their passport and their identity credentials there are still too many who store such information totally unprotected on their devices connected to a network or in the cloud.

Security really starts with the very simple things and reminding ourselves that we – each individual – have a responsibility. There is a lot to read on the web (GSMA 2017), and enough of that is simple to digest and easy to understand. When we buy a car, audio or video equipment, toys or when we book the next holidays some of us do pretty extensive research before we engage. It is hard to understand why we do not invest at least the same level of energy before we digitize our entire business or create a smart home.

5.4.3 Dealing with Knowledge and Code

This is a more technical issue but nevertheless important to understand for everyone. One could say the old software paradigm was to identify a problem and then someone would write some code, called an application by users that would do the job.

In the world of IoT and especially looking forward this paradigm produces expensive and prohibitive results. We all learned in the early days of IT that it is better to keep data and function clearly separated. We invented all types of data base systems and storage mechanisms and wrote code in various computer languages to implement function.

One of IoT40s learning's is that a similar separation applies to knowledge and code in the world of IoT and we see several advantages of keeping these two key ingredients clearly separated. If not for any other reason than being prepared for the use of artificial intelligence as integral part of IoT solutions and because we see signs of a convergence of IoT and AI in several areas.

There are a few easy to understand reasons that suggest not to hard code an IoT application:

1. Knowledge used to drive an IoT application has a different change cycle than the code forming the IoT system. While businesses change and have to adapt in relatively short intervals like seconds, minutes, hours or days code, especially code forming larger systems with high expectations on reliability and security change in a different frequency. Despite all efforts of agile software engineering we are not down to days or even less when we develop code. Sprints are rather in the range of days to weeks.
2. Knowledge may not be limited to detect technical facts. In many cases business knowledge decides which are the next steps to be taken in an IoT application after detecting a certain condition. We also learned that business rules governing what is detected or how we act in an IoT application come from a much wider audience. It does not take someone knowledgeable in scrum methodology, Java and SQL to define the rules that will change pricing of articles in an ecommerce or physical sales

environment or to determine upon which conditions certain spare parts shall be auto-matically replaced.

3. And it is unrealistic to assume that a customer wants its entire business knowledge encoded as part of an IoT application. The implications are obvious. The user of the IoT application either will become dependent on the vendor delivering the solution or has to build the skills needed to master all code changes. The latter usually implies that a customer must also obtain the IP rights to change its application on code level.

4. Needless to say that the result, i.e. different applications for different users and custo-mers are neither ideal for vendors nor users when it comes to scaling such a solution and adapting it to ever changing (business) needs.

Due to the highly integrative aspects of IoT solutions and the required flexibility for change over time IoT solutions should have an extremely well structured and modular architecture. The illustration in Fig. 5.3 outlines how such an architecture could look like. Again, this is just meant to serve as an example.

We learned that it pays off for all types of sensors and actuators to be connected through a specific component that is totally independent from the rest of the system but in itself extremely modular. This component has to accommodate any type of connec-tion, be it through a standardized interface or proprietary in nature. The same applies to actuators. As described in the next section we also learned to integrate human beings in any type of IoT process or application. And last but not least all knowledge is intentio-nally kept separate. Knowledge may be described in different ways (e.g. as rules, pro-cess definitions or language like syntax) and that description as well as the knowledge typically changes over time. Some changes may be due to feedback loops and actually include self learning mechanisms.

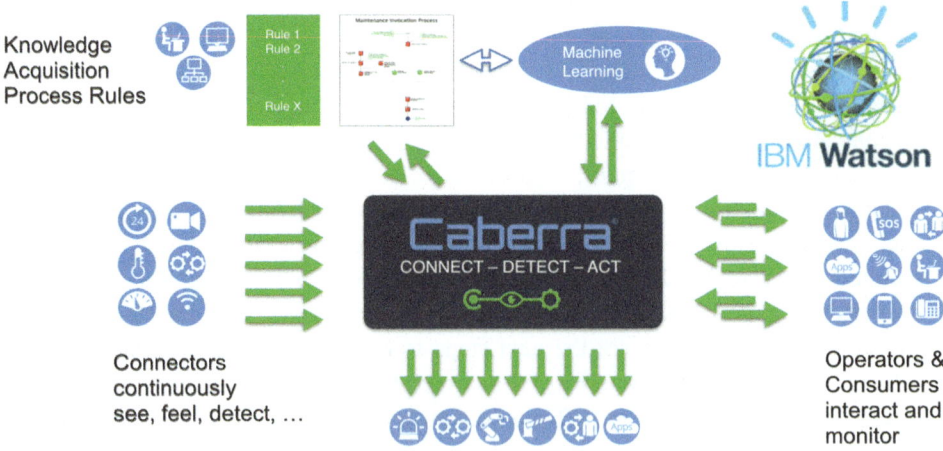

Fig. 5.3 Possible Architecture of an IoT Solution

We also found it to be important that knowledge is continuously acquired during the operation of the solution and our ability to store huge amounts of operational data. Such data may lead to direct incremental process improvement but we also may choose to interface to specific data analytics or artificial intelligence tools, like Google Deep Mind (Deepmind 2017) or IBM Watson (IBM 2017).

5.4.4   Integration of Humans

There are many applications where machines actually replace humans. Industry 4.0 is often understood to have robots do all the work on factory floors instead humans. Our experience indicates that a fully automated scenario of machines is easier to build and manage. Szenarios where human beings and machines have to seamlessly work together are characterized by very high complexity, where our know how has to develop to an other level, maybe also becomes a field of research of its own.

There are more and more cases where digitization does not only mean radical replacement of human work. First of all we learned that digital conversion of businesses is often an incremental, step by step process. Reasons are manifold:

1. Legislation and compliance rules may require that certain operative steps are still carried out by a responsible person and thus cannot be automated the same way as the rest of the process. Seen from a different perspective human beings need to be integrated in a digital business the same way as any other sensor or actuator;
2. Critical steps in a process chain may still require human judgment that can at least at the moment not be delegated to a machine. Especially when it comes to decisions made by humans based on multiple sensory input (e.g. see, hear, smell and feel) machines may not be in some cases up to delivering the reliability that a truly experienced human specialist may deliver;
3. We find very often the combination of humans with their specific sensory talents and machine sensors to be an extremely powerful instrument. A typical example is when in the past a human expert always had to take a look at a critical part of a machine and decide based on sight and experience if it is time for replacement. Machine sensors or even time intervals were not used. The entire process was manual.
4. Now we can use the sensor information provided by the machine and it may suggest in combination with other data, like intensity of use that the critical part of that machine is soon to be replaced. But the final decision still requires a visual check and final approval of a human expert. This step can however also be supported by the IoT application. The IoT solution will create video and high resolution photo material and send it to the expert. This allows one expert to supervise a higher number of sites and machines without the need to travel. Ideally replacement of the spare part is a fully automated or at least well monitored process, especially if that part is expensive.

5. Another example of human machine collaboration is when we use video (including machine vision) to detect certain indications, like a person of specific age and gender approaching an area in a store or a critical area on the factory floor. Other sensors (e.g. infrared, motion detection, presence of a mobile phone) may be used by the IoT system to further improve the "detect" results. Then actions are automatically invoked to involve the human being, e.g. display personalized messages, high light certain products, or start a conversation to convey certain messages.

6. In the end we often find trust to be an important issue. Typically people do have initially issues when a process gets automated overnight. Many prefer a step-by-step approach, where part of the process is initially automated, the rest is still carried out by humans. However the percentage of automation shall grow over time as trust increases. This requires an IoT system where such changes do not require programming and can be done by the users of the system without support from specialists. This is again a requirement to keep knowledge and code clearly separated and allows any kind of mixture between human and machine action.

5.5   What is Next?

Being part of this tornado of changes it is hard to imagine how all of this will work out. Recognizing the fantastic growth of users in the internet, especially social media and ecommerce we must admit that we – the consumers – are an important driver ourselves. Manufacturers of smart phones have sold quantities of their devices, setting one record after the other each quarter. These devices in our hands were important. They created the installed base of millions of windows into cloud services. And whatever service we put into the cloud, it can be accessed by basically everyone. But we are not innocent! We are the buyers spending the money and have made these "things" a part of our life!

The future will extend that phenomenon from "everyone" to "everything"!

Devices become smart and offer smarter interfaces for humans, like voice, gesture and maybe soon a direct connection to our own nervous system. We see already that implants or prosthesis communicate directly by using small electrical currents produced by our body. Progress in this area will continue and helps to connect directly and without loss of translation between different systems. A similar development can be seen at the other end of the spectrum, when augmented reality systems help to bridge the gap between human perception and the physical world.

Systems integration will have a wholly different meaning in a few years!

On the other hand we see data analytics and artificial intelligence finally crossing the chasm (More 1991, 1999, 2002). Big data and machine learning have become a natural part of the scenario in many areas. While we used computing power in the past for number crunching we now see systems providing cognitive computing power.

It is already hard to distinguish sometimes where the boundaries actually are and which individual systems are involved when products like Amazon's Alexa (Wikipedia 2017) become part of our households. Powerful backend technology using networks so effectively that the services they deliver start to accompany every step of our life in combination or supporting to bridging the gap between humans and the environment we live in are a reality for early adopters. But having their interfaces woven into every fabric of our day to day life it is easy to imagine that we will soon see them also crossing the chasm.

References

Ashton K (2010) That 'Internet of Things' Thing – In the real world, things matter more than ideas. Erstellt am 3.7.2010, http://www.itrco.jp/libraries/RFIDjournal-That%20Internet%20 of%20Things%20Thing.pdf, abgerufen am 2.8.2017

Cambridge Dictionary (2017) Meaning of "hype" in the English Dictionary. http://dictionary.cambridge.org/dictionary/english/hype, abgerufen am 2.8.2017

Car2go (2017) https://www.car2go.com/US/en/, abgerufen am 2.8.2017

Deepmind (2017) https://deepmind.com, abgerufen am 2.8.2017

DriveNow (2017) https://www.drive-now.com/de, abgerufen am 2.8.2017

ETSI (2017) Internet of Things http://www.etsi.org/technologies-clusters/technologies/internet-of-things, abgerufen am 2.8.2017

Gannes L (2014) I Want What I Want When I Want It (Book Excerpt). August 5th, 2014 https://www.recode.net/2014/8/5/11629514/i-want-what-i-want-when-i-want-it-book-excerpt, abgerufen am 2.8.2017

GSMA (2017) GSMA IoT Security Guidelines. https://www.gsma.com/iot/future-iot-networks/iot-security-guidelines/, abgerufen am 2.8.2017

IBM (2017) https://www.ibm.com/watson/, abgerufen am 2.8.2017

IEEE (2017) Internet of Things. IEEE standards enabling products with real-world applications. IEEE Standards Association, http://standards.ieee.org/innovate/iot/stds.html, abgerufen am 2.8.2017

Keränen A & C Bormann (2016) Internet of Things: Standards and Guidance from the IETF, IETF Journal, April 2016, http://www.internetsociety.org/publications/ietf-journal-april-2016/internet-things-standards-and-guidance-ietf, abgerufen am 2.8.2017

Libelium (2017) http://www.libelium.com, abgerufen am 2.8.2017

Minerva R, Biru A & D Rotondi (2015) Towards a definition of the Internet of Things (IoT). Revision 1, 27.5.2015, Telecom Italia S.p.A., IEEE Internet Initiative, http://iot.ieee.org/images/files/pdf/IEEE_IoT_Towards_Definition_Internet_of_Things_Revision1_27MAY15.pdf, abgerufen am 2.8.2017

More G. A. (1991, 1999 & 2002) Crossing the Chasm: Marketing and Selling High Tech Products to Mainstream Customers. HarperCollins books, Perfect Bound™, ISBN 0-06662-002-3, http://soloway.pbworks.com/w/file/fetch/46715502/Crossing-The-Chasm.pdf, abgerufen am 2.8.2017

Omg (2017) IIoT Standards http://www.omg.org/hot-topics/iot-standards.htm, abgerufen am 2.8.2017

Openfogconsortium (2017) Enabling Advanced IoT, 5G, AI With Fog Computing https://www.openfogconsortium.org, abgerufen am 2.8.2017

Postcapes (2017) IoT Standards and Protocols – An overview of protocols involved in Internet of Things devices and applications. Help clarify with IoT layer technology stack and head-to-head comparisons. https://www.postscapes.com/internet-of-things-protocols/, abgerufen am 2.8.2017

Rouse M (2016) Definition – Internet of Things (IoT). Last updated July 2016, http://internetofthingsagenda.techtarget.com/definition/Internet-of-Things-IoT, abgerufen am 2.8.2017

Talk M (2014) THE "IWWIWWIWI" MENTALITY. Posted November 11th, 2014, http://www.
    themarsagency.com/the-iwwiwwiwi-mentality/, abgerufen am 2.8.2017
Wikipedia (2017) Amazon Alexa. https://en.wikipedia.org/wiki/Amazon_Alexa, abgerufen am
    2.8.2017

Dipl. Ing. Dr. techn. Harald R. Raetzsch
CEO IoT40 Systems AG

Harald Raetzsch (geboren 1956) ist Vorstand, Gründer und Angel Investor in einigen ausgewählten Hightech Unternehmen, die sich mit der Digitalisierung von Geschäftsprozessen, dem Internet der Dinge und Industrie 4.0 auseinandersetzen bzw. Produkte dafür herstellen. Dr. Raetzsch war vorher als CTO mehrerer Software-Unternehmen in der Schweiz, Österreich, Deutschland und USA tätig (SKIDATA/Kudelski Group, MBB/EADS/Airbus, update.com, Celeris/Swisscom). Er war Gründer der CSE, einer Unternehmensgruppe, die auf Entwicklung, Produktion und Vertrieb von Workflow-Lösungen für Regierungsstellen und die Telekom-Industrie spezialisiert ist. Das CSE Produkt Domea® ist bis heute der Standard für Vorgangsbearbeitung in allen öffentlichen Ämtern und Ministerien Deutschlands. Als stellvertretender Direktor des Instituts für Bildverarbeitung der Technischen Universität Graz und nachfolgend als Director R&D einer Tochterfirma von MBB (heute Airbus) schuf Dr. Raetzsch in den Achtzigerjahren Software für Flugnavigation und Simulation. Diese Entwicklungen führten in weiterer Folge zu jenen Daten die heute die Basis für Google und Virtual Earth bilden. Neben seiner Tätigkeit ist Dr. Raetzsch durch mehrere Mandate in Silicon Valley Firmen eng mit der internationalen Software Industrie vernetzt. Er ist Mitglied namhafter Fachverbände und Mitbegründer und gewählter Fellow der WfMC (Workflow Management Coalition). Er war Initiator und Gründer der TTA Group zur Standardisierung der drive- und fly-by-wire Technologie der TTTech AG und gibt sein Wissen als Lektor an verschiedenen Universitäten in Österreich und Nordamerika weiter.

Digitale Disruption verstehen, entwickeln und umsetzen

6

Kurt Matzler, Stephan Friedrich von den Eichen und Markus Anschober

6.1 Einleitung

Disruption scheint wohl das Managementwort des Jahres zu sein (Meck und Weiguny 2015). Keine Vorstandssitzung kommt ohne diesen Begriff aus. Start-ups werden im Silicon Valley gegründet (und nicht nur dort), mit dem Ziel, ganze Branchen zu zerstören. Der ehemalige CISCO-Chef John Chambers prognostiziert, dass 40 % der heutigen Unternehmen aufgrund der Digitalisierung in zehn Jahren verschwunden oder bedeutungslos sein werden – trotz aller Renovierungsbemühungen. Europa hinkt hinterher. Eine Mc-Kinsey-Studie behauptet, dass bislang nur zwölf Prozent des Digitalisierungspotenzials genutzt werden, in den USA sind es 18 % (Bughin et al. 2016)! Die erste Runde der digitalen Transformation ging offensichtlich an das Silicon Valley. Mit atemberaubender Geschwindigkeit verändern neue Technologien das gesamte Wirtschaftsgefüge, die Gesellschaft und die Art, wie wir leben, arbeiten und konsumieren. Die digitale Transformation übertrifft alles Dagewesene an Entwicklungen hinsichtlich Schnelligkeit, Reichweite und systemischer Wirkung. Dazu eröffnet die Kombinatorik einzelner Technologien ungeahnte neue Möglichkeiten: Cloud-Technologien, künstliche Intelligenz, Rechnerleistung, Robotik, 3-D-Druck, Sensorik, Big Data, Vernetzung usw. und

K. Matzler (✉)
Universität Innsbruck, Innsbruck, Österreich
E-Mail: kurt.matzler@uibk.ac.at

S. F. von den Eichen · M. Anschober
Innovative Management Partner (IMP), München, Deutschland

M. Anschober
E-Mail: m.anschober@imp.at

© Springer Fachmedien Wiesbaden GmbH, ein Teil von Springer Nature 2018
P. Granig et al. (Hrsg.), *Mit Innovationsmanagement zu Industrie 4.0*,
https://doi.org/10.1007/978-3-658-11667-5_6

deren Kombinationen führen in vielen Branchen zu vollkommen neuartigen Produkten, Dienstleistungen und Geschäftsmodellen. Die Herausforderungen sind gewaltig. Viele der digitalen Veränderungen sind disruptiv. Sie verändern Branchen grundlegend. Neue Geschäftsmodelle lösen alte ab – in immer kürzeren Zeitabständen. Viele Unternehmen haben damit ihre Schwierigkeiten. Sie unterschätzen die Dynamik, reagieren zu langsam. Und sie halten an ihren bestehenden Geschäftsmodellen fest. In der Regel sind es Neueinsteiger und Start-ups, deren disruptive Geschäftsmodelle Branchen verändern oder gar überflüssig machen. Die digitale Transformation erfordert es, das gesamte Geschäftsmodell neu zu denken. Noch nie haben sich so viele Innovationschancen für neue Produkte und vor allem für neue Geschäftsmodelle ergeben. Und noch nie war es so einfach, mit anderen Unternehmen und Partnern aus der ganzen Welt zu kooperieren, gemeinsam Neues zu schaffen und dabei auch große etablierte Unternehmen auszuhebeln.

6.2   Ebenen der Digitalisierung

Die Digitalisierung wirkt dabei auf drei unterschiedlichen Ebenen (vgl. Abb. 6.1):

1. Digitalisierung von Produkten und Dienstleistungen
2. Digitalisierung von Prozessen und Entscheidungen
3. Digitalisierung von Geschäftsmodellen.

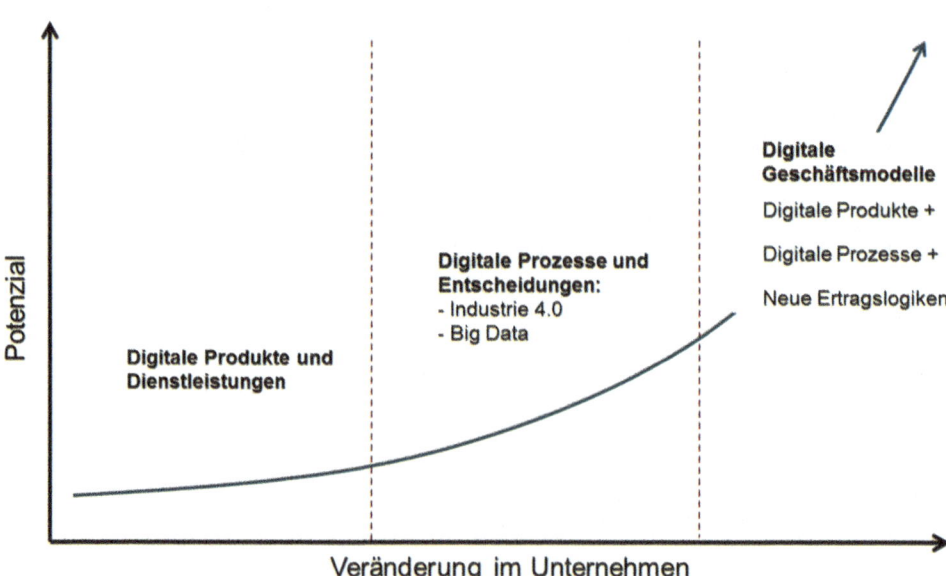

Abb. 6.1 Drei Ebenen der Digitalisierung. (Quelle: Matzler et al. 2016)

Die Treiber für diese Entwicklungen sind das Internet der Dinge, Big Data, Robotik, 3-D-Druck, soziale Netzwerke, das mobile Internet und Cloud-Computing.

Wenden wir uns zunächst der Digitalisierung von Produkten und Dienstleistungen zu. Sie hat schon längst in vielen Branchen Einzug gehalten. Der Staubsaugerroboter, der Rasenmäherroboter oder digitale Fahrrad-Rollentrainer sind Beispiele dafür. Selbst triviale Produkte wie ein Fußball werden digital. Adidas stellte zum Beispiel vor kurzem einen Smart Ball vor: Ein integrierter Sensor erfasst Daten und liefert Feedback über Schussstärke, Flugbahn, Drall, Geschwindigkeit usw. über eine begleitende App. Daraus lassen sich Tipps zur Verbesserung von Schusstechnik und Ballkontakt ableiten. Die Statistik kann protokolliert werden, Verbesserungen können verfolgt und die Erfolge können mit Freunden geteilt werden (Adidas 2017). Nike macht mit Nike+ etwas ganz Ähnliches. Mit Sensoren ausgestattete Laufschuhe sammeln Daten und verbunden mit dem Web, mit Apps für Tablets und Smartphone, Trainingsprogrammen und sozialen Netzwerken können die Laufstrecken und Zeiten analysiert werden. Es kann Motivationsfeedback gegeben werden, Nutzer können mit Freunden, mit anderen Sportlern und Trainern verlinkt werden. Sie können individualisierte Trainingsprogramme erhalten und Fortschritte messen (Arons et al. 2014). Gleichzeitig sammelt Nike interessante Daten über den Nutzer, die für das gesamte Marketing nützlich sind: Wann Nutzer laufen, wie oft sie laufen, wie lange sie laufen und was die Lieblingslieder sind, die sie dabei hören (Westerman et al. 2014). Eine Studie von Millward Brown (2017) zeigt, dass das Produkt- und Markenerlebnis dadurch vollkommen neu inszeniert werden kann.

Die Digitalisierung von Produkten bringt also Differenzierungspotenziale, allerdings nur kurzfristig. Die Ausstattung mit Sensoren ist relativ einfach und kostengünstig und erfordert meist keine dramatischen Änderungen innerhalb des Unternehmens. Der Einbau von Aktuatoren in Produkten erfordert schon etwas mehr an Veränderung, wird aber auch langfristig nicht zu deutlichen Wettbewerbsvorteilen führen. Rasant fallende Preise für Sensoren und Aktuatoren werden den Durchdringungsgrad mit digitalen Produkten enorm beschleunigen. Ein Beschleunigungssensor kostete beim Start der ersten iPhone Generation im Jahre 2007 noch sieben Dollar, heute liegen wir bei weniger als 50 Cents (Zeit 2016). Digitale Produkte werden in Zukunft zu Commodities, die Wertschöpfung wird irgendwo anders liegen: in den digitalen Geschäftsmodellen. Das macht etablierte Automobilhersteller ziemlich nervös. Sie wissen, wenn es ihnen nicht gelingt, neue Geschäftsmodelle rund um das digitale Auto zu bauen, werden sie zu Produzenten von Hardware degradiert und die Wertschöpfung wird bei denen liegen, die wissen, was sie mit Daten anstellen und verdienen können, bei Apple und Google beispielsweise. Die Wertschöpfung wird also nicht beim physischen Produkt liegen, sondern in der Verbindung zwischen analoger und digitaler Welt. Die Digitalisierung der Produkte ist damit eine notwendige, aber keine hinreichende Bedingung für die Wettbewerbsfähigkeit in der Zukunft.

Die nächste Ebene der Digitalisierung stellt die Automatisierung von Prozessen und Entscheidungen dar. Industrie 4.0, Big Data, Algorithmen und künstliche Intelligenz sind hier die Schlagworte. Industrie 4.0 bedeutet dabei „eine Vernetzung von autonomen, sich situativ selbst steuernden, sich selbst konfigurierenden, wissensbasierten, sensorgestützten und räumlich verteilten Produktionsressourcen (Produktionsmaschinen, Roboter, Förder- und Lagersysteme, Betriebsmittel) inklusive deren Planungs- und Steuerungssysteme" (Kagermann et al. 2013). Eine BCG-Studie (Rüßmann et al. 2015) schätzt, dass

- Industrie 4.0 zu 30 % schnelleren und 25 % effizienteren Produktionssystemen führen wird,
- dass etwa 20 Jahre bis zur vollkommenen Digitalisierung vergehen werden,
- dass aber die nächsten fünf bis zehn Jahre über Gewinner und Verlierer entscheiden werden.

Die Digitalisierung wird uns helfen, die Wettbewerbsfähigkeit zu erhalten. Die Digitalisierung wird uns auch helfen, Produktionen wieder zurück nach Europa zu holen. Effizienzsteigerung und Kostensenkung sind aber rein defensive Maßnahmen. Sie werden notwendig, aber nicht hinreichend für die Wettbewerbsfähigkeit der Zukunft sein. Entscheidend wird es sein, ob es uns gelingt, neue Geschäftsmodelle und damit neue Wege zur Schaffung von Kundennutzen und zur Monetarisierung dieses Kundennutzens zu finden. Daher greifen die Digitalisierung der Produkte und die Digitalisierung von Prozessen zu kurz. Unternehmen müssen sich viel intensiver mit der Frage auseinandersetzen, welche neuen Geschäftsmodelle durch die Digitalisierung möglich sind. Es geht darum, digitale Produkte mit digitalen Prozessen und neuen Ertragslogiken zu verknüpfen.

Abb. 6.2 stellt die sechs unterschiedlichen Wertschöpfungsstufen dar, die durch Digitalisierung entstehen. Am Beispiel von Nest, dem amerikanischen Hersteller von digitalen Thermostaten und Rauchmeldern, der von Google gekauft wurde, lässt sich die Logik der Wertschöpfungsstufen und des Geschäftsmodells nachvollziehen.

Noch vor fünf Jahren hätte wohl kaum ein Energieversorger vermutet, dass Google in diesem Markt mitmischen würde. Auch als Google 2,3 Mrd. US$ für die Akquisition von Nest auf den Tisch legte, war nur den wenigsten klar, was Google damit bezweckte und wie das künftige Geschäftsmodell aussehen sollte.

Hier zeigen wir, wie mit einem neuen Geschäftsmodell Wert geschaffen und monetarisiert wird (vgl. Iansiti und Lakhani 2014):

1. **Ebene: Das physische Ding bzw. der Prozess**
   Die erste Ebene der Wertschöpfungslogik bildet das physische Ding bzw. der Prozess. Im Falle von Nest sind das die Thermostate. Analoge Thermostate sind einfach, die gewünschte Temperatur wird über ein Stellrad eingestellt. Der Nutzen für den Kunden ist die Temperaturregelung.
2. **Ebene: Sensor und Aktuator**
   Physische Objekte werden mit Sensoren und Aktuatoren ausgestattet. Im Falle der Thermostate von Nest können wir von „Smart Appliances" sprechen. Die Thermostate sind lernfähig. Sensorgesteuert, programmierbar und Wi-Fi-unterstützt passen sie

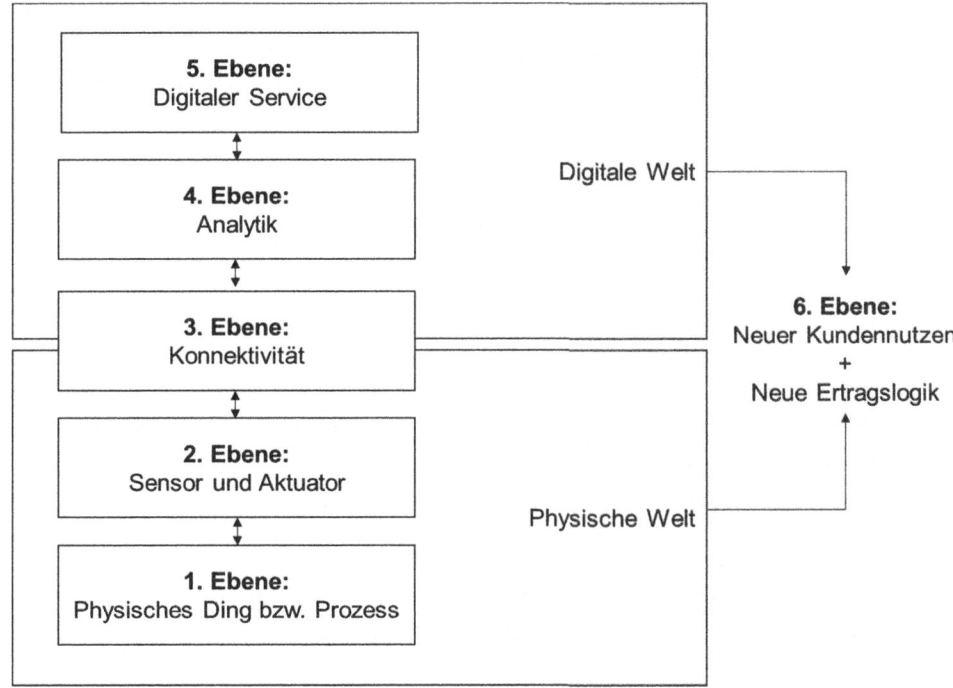

Abb. 6.2 Wertschöpfungsstufen in der Digitalisierung. (Quelle: eigene Darstellung in Anlehnung an Fleisch et al. 2014)

die Raumtemperatur den Außentemperaturen und den Verbrauchergewohnheiten (beispielsweise, ob Sie zu Hause sind oder nicht) an.

3. **Ebene: Konnektivität**

   Sind die physischen Objekte mit IP-fähigen Sensoren ausgestattet, können sie mit anderen Objekten kommunizieren bzw. Daten mitteilen. Nest sammelt über den Thermostat laufend Daten, die ausgewertet und genutzt werden können.

4. **Ebene: Analytik**

   Über die Sammlung, Speicherung und Auswertung von Sensordaten lassen sich nun wertvolle Informationen gewinnen, die in Dienstleistungen mit Mehrwert transformiert werden können; bei Nest beispielsweise Daten über Verbrauchsgewohnheiten, die für Verbrauchsprognosen verwendet werden können oder den Energieverbrauch optimieren.

5. **Ebene: Digitale Dienstleistungen**

   Nun lassen sich auf Basis der Analytik digitale Dienstleistungen schnüren. Beispielsweise weiß Google ohnehin ziemlich genau, ob ein Nutzer von Google Now zu Hause ist oder eben nicht. Damit lassen sich unnötige Heizkosten deutlich senken. Werden die Cloud-Daten nun auch mit anderen Branchen verknüpft, ergeben sich viele neue

Geschäftsmöglichkeiten (Harvard Business Manager 2017). Waschmaschinen und Whirlpools können über Internet so gesteuert werden, dass sie bei gerade niedrigen Strompreisen und Stromnetzauslastungen aktiv werden. Über Jawbone, einen Anbieter von Wearables, weiß man, wann der Kunde aufgewacht ist und die Temperatur entsprechend geregelt werden soll oder ob das Fernsehgerät ausgeschaltet werden soll, weil der Kunde eingeschlafen ist.

6. **Ebene: Neuer Kundennutzen und neue Ertragslogik**
   Schließlich entsteht ein neues Geschäftsmodell: neue Wertangebote und neue Ertragslogiken. Es wird der gesamte Prozess der Temperatursteuerung digitalisiert. Sein Geld verdient Nest über die designschönen Thermostate, die wesentlich teurer sind als Vergleichsgeräte. Geld kann Nest auch über die Energieversorger verdienen, weil die Energieverbrauchsmuster zu Einsparungen führen, die sich Google mit ihnen teilt: Zehn bis 15 % sollen die Energieeinsparungen betragen. Auch wenn Nest den erhofften Erfolg noch nicht brachte (derzeit haben nur sechs Prozent der amerikanischen Haushalte Smart-Home-Devices und in fünf Jahren wahrscheinlich erst 15 %) (Forrester Research 2016), so zeigt dieses Beispiel dennoch die Logik und das Potenzial digitaler Geschäftsmodelle.

Die Digitalisierung wirkt also auf drei Ebenen: auf die Produktebene, auf die Prozessebene und auf die Ebene des Geschäftsmodells. Vor allem die Verfügbarkeit von Daten und der daraus ableitbaren Dienstleistungen werden zu vielen neuen Geschäftsmodellen führen. Die Daten sind das Gold der Zukunft. Ein Unternehmen ist gut beraten, sich zu überlegen, welche neuen Möglichkeiten sich in den einzelnen Wertschöpfungsstufen (vgl. Abb. 6.2) ergeben und folgende Fragen zu beantworten:

– Welchen Mehrwert bzw. Kundennutzen liefert das Produkt oder der Prozess?
– Welche sinnvollen Daten lassen sich durch Sensoren generieren?
– Wie können diese Daten in Echtzeit gesammelt und mit anderen Daten verknüpft werden?
– Welche Muster und Erkenntnisse lassen sich durch die Verknüpfung finden?
– Welchen Mehrwert bzw. Kundennutzen bieten diese Daten?
– Wie kann dieser Mehrwert monetarisiert werden?

6.3 Handlungsempfehlungen

Dass die digitale Transformation einiges ändern wird, dürfte uns mittlerweile klar sein. Dass Unternehmen aufgefordert sind, die Entwicklungen ernst zu nehmen, auch. Ebenso sollte uns allen bewusst sein, dass wir nicht sehr viel Zeit haben, zu reagieren. Eine BCG-Studie (vgl. Rüßmann et al. 2015) schätzt beispielsweise, dass bis zur vollkommenen Digitalisierung im Sinne von Industrie 4.0 leicht 20 Jahre ins Land ziehen können. Diese Studie kommt allerdings auch zum Schluss, dass die nächsten fünf bis zehn Jahre über Gewinner und Verlierer entscheiden werden.

Hier geben wir nun ein paar Handlungsempfehlungen, die Unternehmen helfen sollten, sich erfolgreich auf die digitale Transformation einzustellen:

1. **Das Kundenproblem verstehen.** Ein erfolgreiches Digitalisierungsprojekt beginnt beim Kunden. Was ist der „Job to be done"? Welches Problem des Kunden lösen wir und wie können wir das digital noch besser machen? Diese Frage stellte sich zum Beispiel Putzmeister, der deutsche Hersteller von Betonpumpen (vgl. Presseportal 2016). Keine große Marktstudie, sondern einige tief gehende Gespräche mit den Kunden, den Baufirmen, um deren Problemen auf den Grund zu gehen. Dabei ergaben sich drei „Painpoints": Kunden müssen die Betonpumpen mühsam quer durch Deutschland zur Baustelle karren, sinkende Qualifikation der Mitarbeiter, die die Maschinen nicht mehr richtig servicieren können, kleine Baufirmen scheuen die Investition von zigtausenden Euros. Putzmeister entwickelt nun ein einfaches digitales Geschäftsmodell. PUMPNOW ist eine digitale Plattform für die flexible Vermietung der Maschinen. Der Kunde kauft nicht mehr, sondern zahlt für die Nutzung. Transport, Service und Wartung entfallen.

2. **Das richtige Bewusstsein entwickeln.** Nach wie vor sind sich viele Unternehmen der disruptiven Gefahren gar nicht bewusst! „Wie würde Silicon Valley mein Geschäft zerstören, wen es das wollte?", lautet die zentrale Frage. Viele Vorstandchefs reisen zurzeit ins Silicon Valley, um sich dieser Frage zu stellen. So auch Gisbert Rühl, CEO von Klöckner, Europas größtem Stahlhändler (vgl. Keese 2014). Nach einigen Firmenbesuchen und Gesprächen mit Internet-Gründern war die Antwort klar: Eine elektronische Plattform könnte den Todesstoß geben, ein Amazon der Stahlindustrie! Denken in Risiken kann zunächst sehr hilfreich sein. Es macht sensibel für die Gefahren, zeigt disruptive Bedrohungen auf und mobilisiert. Wer in Risiken denkt, muss aus der Komfortzone. Das größte Risiko, um mit Marc Zuckerberg zu sprechen, ist es, kein Risiko einzugehen: „Disrupt or be disrupted!" Um sich selbst zu erneuern (und zwar rechtzeitig), müssen Unternehmen Bereitschaft zeigen, sich selbst zu zerstören, zumindest gedanklich, bevor es andere dann physisch tun. Das schließt die Bereitschaft mit ein, eigene Produkte, eigene Dienstleistungen oder gar das eigene Geschäftsmodell zu kannibalisieren. Eine Reise ins Silicon Valley ist dabei gar nicht unbedingt nötig. Hier haben wir mit dem „Nightmare Competitor"-Ansatz gute Erfahrungen gemacht. Setzen Sie sich mit einem fiktiven Wettbewerber auseinander, der sich bestens mit der Zukunft arrangiert, alle Hebel der Digitalisierung in der Hand hat, das Geschäft nach ganz neuen Regeln betreibt und Ihnen so wirklich gefährlich werden kann. Diese Auseinandersetzung hilft, die Energie der kreativen Verzweiflung zu bündeln, zeigt Gefährdungspotenziale auf, hilft aber vor allem, rechtzeitig neue Geschäftslogiken zu finden. Ein Blick von außen nach innen, das heißt die Einbindung Externer, ist dabei nicht nur hilfreich, sondern dringend zu empfehlen.

3. **In gesamten Geschäftsmodellen denken.** Wer nicht in ganzen Geschäftsmodellen denkt, produziert Insellösungen! Es reicht nicht, nur einzelne Dimensionen zu verändern. Industrie 4.0 wird Unternehmen effizienter machen. Eine Studie der BCG

prognostiziert, dass Produktionssysteme bis zu 30 % schneller und 25 % effizienter werden (Rüßmann et al. 2015). Das sind deutliche Kostenvorteile und sie sind auch wichtig. Sie werden dazu beitragen, dass Unternehmen wettbewerbsfähig bleiben und sie werden auch dazu beitragen, dass Teile der Produktion von Niedriglohnländern wieder zurück in Industrieländer verlagert werden – was bereits in vollem Gange ist. Diese Denkweise konzentriert sich zu stark auf Effizienzgewinne. Digitalisierung ist aber sehr viel mehr. Das Thema lediglich auf Effizienzsteigerung zu reduzieren, halten wir für einen Fehler. Die Effizienzgewinne nehmen uns in eine kreative Pflicht. Um das Beschäftigungsvakuum zu füllen, das durch Automatisierung, Robotik, künstliche Intelligenz usw. entstehen wird, müssen wir mehr über neue digitale Produkte und Dienstleistungen und neue Geschäftsmodelle nachdenken. Am Ende geht es um das (Er-)Finden neuer Wachstumsräume und das Kreieren digitaler Geschäftsmodelle. Nur so können wir Wachstum erzielen. Die Fragen, die Sie sich dabei stellen, sind: Welche neuen Zielgruppen und welche neuen einzigartigen Nutzenversprechungen ermöglichen die digitalen Technologien und Entwicklungen? Welche neuen Produkte und Dienstleistungen ermöglichen die Digitalisierung? Wie verändern digitale Technologien meine Wertschöpfungslogiken und Prozesse? Welche neuen Vermarktungslogiken entstehen durch Digitalisierung? Wer aber bei der Digitalisierung noch ganz am Beginn steht, sollte seine Organisation nicht überfordern. Es gilt die 80/20-Regel. Identifizieren Sie jene Prozesse oder Bereiche, in denen Sie mit geringem Mitteleinsatz die größte Wirkung erzielen. Die Kundenschnittstelle bietet sich geradezu an. Beginnen Sie mit kleinen Projekten, die Ihnen „Quick Wins" erlauben, verlieren Sie aber nicht das ganze Bild aus den Augen.

4. **Den Strategieprozess öffnen.** Niemand kann heute sagen, woher die nächste große Idee kommen wird. Daher müssen Unternehmen sich in ihren Strategieprozessen (bis zu einem gewissen Grad) öffnen. Die Schwarmintelligenz innerhalb und außerhalb des Unternehmens gilt es zu nutzen. Das Rad muss niemand neu erfinden. Schließlich sind 90 % der Geschäftsmodellinnovationen nichts Anderes als das Übertragen oder Re-Kombinieren von Mustern aus anderen Branchen (vgl. Gassmann et al. 2013). Große Ideen entstehen durch „Cross-Fertilization". Meist dann, wenn man die Grenzen der eigenen Branche, der eigenen Expertise oder der eigenen Disziplin verlässt. Dabei ist es oft keineswegs nötig, die eigene Kernkompetenz zu verlassen. Vielmehr geht es darum, diese mit anderen Technologien, anderem Wissen usw. zu verbinden.

5. **Schnellboote entwickeln statt Tanker umbauen.** Die meisten Unternehmen haben die größten Schwierigkeiten, wenn sie versuchen, neue digitale Geschäftsmodelle von innen heraus zu entwickeln – vor allem, wenn sie disruptiv sind. Sofort wird das Immunsystem des Unternehmens aktiviert. Die Angst vor der eigenen Kannibalisierung verhindert vieles. Die etablierten Strukturen und Prozesse lassen Flexibilität, Geschwindigkeit und Risiko nicht zu. Daher lohnt es sich oft, außerhalb der Unternehmensgrenzen zu beginnen. Der Stahlhändler Klöckner hat mit Klöckner.i ein eigenes Start-up in Berlin gegründet. Innerhalb der bestehenden Organisation räumt man dem Neuen kaum Umsetzungschancen ein. Dazu Gisbert Rühl in einem

Handelsblatt-Interview: „Ich würde es immer wieder über eine separate Einheit machen. Mit Leuten von außen, die zunächst unabhängig arbeiten. In einem zweiten Schritt müssen Sie dafür sorgen, dass eine solche Einheit auf die übrige Organisation ausstrahlt und sich nicht als unabhängiger Satellit am Rande des Konzern-Orbits bewegt. Was wir versuchen, ist, die Start-up-Mentalität zu übertragen …".

6. **Mit Start-ups kooperieren.** Das Engagement in Start-ups kann durchaus ein Weg sein, um in der Digitalisierung Fuß zu fassen. Start-ups funktionieren anders als etablierte Unternehmen. Sie folgen bedingungslos einer Idee, sind agil, zeigen Risikobereitschaft, bergen oftmals große Wachstumsaussichten. Das alles sind Eigenschaften, die etablierten Großunternehmen vielfach fehlen. Umgekehrt haben große Unternehmen Ressourcen, besondere Fähigkeiten, Stabilität, Macht, einen Markt und entsprechende Routinen, um Geschäftsmodelle effizient zu betreiben. Gelingt ein Zusammenwirken, können sich etablierte Unternehmen und Start-ups angesichts der komplementären Profile gut ergänzen. Mit Kooperationsprojekten erhoffen sich daher viele Unternehmen Zugang zu neuen Ideen und Zugang zu neuen Produkten, Einblick in die Szene rund um Gründer, Innovationen und Unternehmertum, von Start-ups und deren „way of business" zu lernen und schließlich Investitionschancen. Mit Corporate Venturing, Corporate Accelerator-Programmen oder Coporate Incubation stellen sich vor allem große Unternehmen neu auf, um mehr Zugänge zur digitalen Szene zu bekommen (vgl. Weiblen und Chesbrough 2015).

7. **Eine Fehlerkultur entwickeln.** Schließlich brauchen Unternehmen eine neue Kultur, um die Innovationsfähigkeit zu entfesseln. Wir brauchen „große Anreize für erfolgreiche Innovationen und kleine Strafen für Fehler" (nach Gerard Tellis). In den meisten Unternehmen finden wir genau das Gegenteil. A. G. Lafley, ehemaliger CEO von Procter & Gamble und Open-Innovation-Pionier, beschreibt seine Sicht zur Fehlerkultur so: „You learn far more from your failures than you do from your successes … what we're trying to do now is fail a lot faster, fail a lot cheaper, so we can fail more and get onto the next idea or the next innovation that may become a commercial success. But failure is incredibly important, and learning from failure is very important." (vgl. Anthony 2014).

Der holländische Schachmeister Jan Hein Donner wurde einmal gefragt, was seine Strategie wäre, wenn er gegen IBM Deep Blue antreten müsste (Anm.: 1996 wurde Gary Kasparov von IBM Deep Blue geschlagen). Er dachte kurz nach und sagte: „Ich würde einen Hammer mitbringen …". So kann man mit der digitalen Transformation natürlich auch umgehen. Kurzfristig mag es vielleicht helfen, langfristig sicher nicht. Mittlerweile weiß man aber auch, dass der beste Schachspieler weder der Mensch noch der Computer ist. Es ist die Zusammenarbeit zwischen Mensch und Maschine.

Dieser Beitrag basiert auf dem Buch „Digital Disruption – Wie Sie Ihr Unternehmen auf das digitale Zeitalter vorbereiten" von Kurt Matzler et al. (2016) im Vahlen Verlag München.

Literatur

Adidas (2017) http://www.adidas.de/micoach-smart-ball/G83963.html, abgerufen am 27.9.2017

Anthony S D (2014) The first mile: a launch manual for getting great ideas into the market. Harvard Business Press.

Arons M d S, van den Driest F & K Weed (2014) The ultimate marketing machine. Harvard Business Review, 92(7), S. 54–63

Brown M (2017) Marketing 2020 – Organizing for Growth – an Introduction. https://www.millwardbrown.com/docs/default-source/optimor-downloads/marketing-2020.pdf, abgerufen am 27.9.2017

Bughin J, Hazan E, labaye E, Manyika J, Dahlström P, Ramaswamy S & C Cochin de Billy (2016) Digital Europe: Realizing the continent's potential. McKinsey Global Institute

Fleisch E, Weinberger M & F Wortmann F (2014) Geschäftsmodelle im Internet der Dinge. HMD Praxis der Wirtschaftsinformatik, 51(6), S. 812–826, https://doi.org/10.1365/s40702-014-0083-3

Forrester Research (2016) zitiert in: The Economist, The Internet of Things, 2016, http://www.economist.com/news/business/21700380-connected-homes-will-take-longer-materialise-expected-where-smart, abgerufen am 27.9.2017

Gassmann O, Frankenberger K & M Csik (2013) Geschäftsmodelle entwickeln: 55 innovative Konzepte mit dem St. Galler Business Model Navigator. Carl Hanser Verlag GmbH Co KG

Harvard Business Manager (2017) http://www.harvardbusinessmanager.de/blogs/internet-4-0-was-fuer-google-den-wert-von-nest-ausmacht-a-1012129.html, abgerufen am 27.9.2017

Iansiti M & K R Lakhani (2014) Digital Ubiquity: How Connections, Sensors, and Data Are Revolutionizing Business. Harvard Business Review, 92(11), S. 91–99

Kagermann H, Wahlster W & J Helbig (2013) Umsetzungsempfehlungen für das Zukunftsprojekt Industrie 4.0. Abschlussbericht des Arbeitskreises Industrie. Forschungsunion, Acatech, April 2013 https://www.bmbf.de/files/Umsetzungsempfehlungen_Industrie4_0.pdf, abgerufen am 2.10.2017

Keese C (2014) Silicon Valley: Was aus dem mächtigsten Tal der Welt auf uns zukommt. Albrecht Knaus Verlag

Matzler K, Bailom F, von den Eichen S F & M Anschober (2016) Digital Disruption. Wie Sie Ihr Unternehmen auf das digitale Zeitalter vorbereiten. Vahlen Verlag, München

Meck G & B Weiguny (2015) Disruption, Baby, Disruption. Frankfurter Allgemeine Zeitung, 27.12.2015

Presseportal (2016) Baumaschinen der Zukunft: Putzmeister entwickelt gemeinsam mit etventure digitale Geschäftsmodelle. Eventure GmbH, http://www.presseportal.de/pm/105382/3430373 15.9.2016 – 09:59, abgerufen am 29.7.2017

Rüßmann M, Lorenz M, Gerbert P, Waldner M, Justus J, Engel P & M Harnisch (2015) Industry 4.0. The future of productivity and growth in manufacturing industries. Bcg.perspectives https://www.bcgperspectives.com/content/articles/engineered_products_project_business_industry_40_future_productivity_growth_manufacturing_industries/, abgerufen am 2.10.2017

Weiblen T & H W Chesbrough (2015) Engaging with startups to enhance corporate innovation. California Management Review, 57(2), S. 66–90

Westerman G, Bonnet D & A McAfee (2014) Leading digital: Turning technology into business transformation. Harvard Business Press

Zeit (2016) Elektronik: IT-Branche: Schnelle Digitalisierung aller Lebensbereiche. Zeit Online, http://www.zeit.de/news/2016-01/05/elektronik-it-branche-schnelle-digitalisierung-aller-lebens-bereiche-05185603 5. Januar 2016, 18:56 Uhr, abgerufen am 29.7.2017

Univ.-Prof. Dr. Kurt Matzler
Professor an der Freien Universität Bozen und Gastprofessor an der Universität Innsbruck

Kurt Matzler ist Professor an der Freien Universität Bozen und Gastprofessor an der Universität Innsbruck. Er ist wissenschaftlicher Leiter des Executive MBA am MCI in Innsbruck und Gesellschafter von IMP, einem internationalen Consulting-Unternehmen. Kurt Matzler ist Autor von mehr als 300 wissenschaftlichen Artikeln und mehreren Büchern, darunter Ko-Autor der deutschen Ausgabe des Innovator's Dilemma, einem der sechs wichtigsten Managementbücher überhaupt (Economist). Sein neuestes Buch „Digital Disruption" ist vor kurzem im Vahlen Verlag erschienen. Kurt Matzler beschäftigt sich mit den Themen Innovation, Leadership und Strategie. Google Scholar listet ihn unter die Top 20 Strategieprofessoren Europas und unter die Top 50 der Welt. Kurt Matzler ist zweifacher Finisher des Race Across America in einem Rotary Vierer-Team, mit diesem Projekt konnten insgesamt über 800.000 US\$ an Spendengeldern zur Ausrottung der Kinderlähmung generiert werden.

Prof. Dr. Stephan Friedrich von den Eichen
Honorarprofessor BWL, Bremen

Prof. Dr. Stephan Friedrich von den Eichen, Studium Wi.-Ing. und BWL an den Universitäten Karlsruhe und Mannheim; Promotion im Bereich strategische Unternehmensführung; Forschungsaufenthalte an den Universitäten St. Gallen, Innsbruck und an der University of California, Berkeley.

25 Jahre Managementberatung; unter anderem Partner und Leiter Geschäftsbereich „Strategy & Organization" bei Arthur D. Little sowie Partner und Mitglied der Geschäftsleitung am Malik Management Zentrum, St. Gallen. Verleihung Thought Leadership Award; Begleitung namhafter nationaler und internationaler Unternehmen in Strategie-, Organisations- und insbes. Innovationsprojekten.

Als geschäftsführender Gesellschafter und Sprecher der Geschäftsführung der Managementberatung IMP (Innovative Management Partner) hat er IMP als Co-Innovator geprägt. IMP blickt heute auf eine stattliche Anzahl an Disruptionen, die man gemeinsam mit mittelständischen Unternehmen, aber auch mit multinationalen Konzernen erfolgreich in den Markt getragen hat.

15 Jahre Lehrtätigkeit an Universitäten und in ausgewählten MBA-Programmen; vielschichtige Transferleistungen zwischen Managementforschung und Unternehmens-praxis, unter anderem Buch- und Aufsatzpublikationen

Honorarprofessor für BWL, insbesondere Organisations-, Management- und Geschäftsmodell-Innovationen, Universität Bremen.

Mag. Markus Anschober
Geschäftsführer IMP

Markus Anschober ist Geschäftsführer der IMP (Innovative Management Partner) in Österreich und Managing Partner der IMP-Gruppe. Seine Forschungs- und Beratungsschwerpunkte liegen in den Bereichen Strategie, Geschäftsmodellentwicklung sowie Innovation. Er ist Mitautor zahlreicher Publikationen in den Themengebieten, unter anderem des Buches „Digital Disruption", das vor kurzem im Vahlen Verlag erschienen ist.

Industrie 4.0 – Evaluierung der Relevanz für Unternehmen mit physischen Angeboten

7

Peter Affenzeller, Erich Hartlieb und Roland Willmann

7.1 Einleitung

Um die Auswirkung von Industrie 4.0 plakativ zu machen wird das anschauliche Beispiel eines Fotokalenders (individualisierter Kalender) herangezogen.

Vielleicht gehören Sie auch zu jenen Menschen, die gern etwas Persönliches verschenken. Gerade zu Weihnachten und dem angrenzenden Jahreswechsel bietet sich ein selbst gestalteter Kalender mit Fotos an. Früher haben Sie dafür einen Bastelkalender als Grundgerüst, entwickelte Fotos im passenden Format und Klebemittel benötigt. Das war durchaus mit Koordinationsaufwand verbunden, um sicherzustellen, dass man die Fotos rechtzeitig zum Entwickeln gibt, man in der Vorweihnachtszeit auch noch den Freiraum findet, die Fotos mit dem hoffentlich vorhandenen oder beschafften Klebemittel fertigzustellen, um diese, wie geplant, als Geschenk unter den Weihnachtsbaum legen zu können. Das Erstellen eines selbsterstellten Kalenders hat sich fundamental verändert. Heute können Sie online Ihren Grundkalender mit zum Beispiel Hintergrundfarbe und -mustern festlegen, laden Ihre Fotos hoch, die Sie bearbeiten und positionieren, erstellen und positionieren Text. Vor dem Versenden prüfen Sie Ihre Arbeit und wählen dann aus den vorhandenen Liefer-/Abholmöglichkeiten aus. Ihr Kalender wird produziert und geliefert.

P. Affenzeller (✉)
FH Kufstein, Kufstein, Österreich
E-Mail: Peter.Affenzeller@fh-kufstein.ac.at

E. Hartlieb · R. Willmann
FH Kärnten, Villach, Österreich
E-Mail: E.Hartlieb@fh-kaernten.at

R. Willmann
E-Mail: r.willmann@fh-kaernten.at

© Springer Fachmedien Wiesbaden GmbH, ein Teil von Springer Nature 2018
P. Granig et al. (Hrsg.), *Mit Innovationsmanagement zu Industrie 4.0*,
https://doi.org/10.1007/978-3-658-11667-5_7

Eine Vielzahl an Veränderungen hat in diesem überschaubaren Beispiel zu diesem neuen System geführt, doch der Haupttreiber dafür ist einfach festzumachen: die Digitalisierung. Sie erlaubt es durch die Umsetzung in Anwendungsbereichen wie Fotografie, Druck, Übertragung und Speicherung/Aufbereitung von Daten. Beachtenswert ist dabei, dass der digitale Übergang und die Weiterentwicklung der einzelnen Komponenten des heutigen Systems unabhängig voneinander stattgefunden haben. So gab und gibt es verschiedene Übergangsphasen, wo die Fotos bereits mit einer Digitalkamera gemacht wurden, mangels anderer Möglichkeiten diese für den Fotokalender jedoch dann im Geschäft entwickelt wurden. Eine andere Phase war die Nutzung einer am eigenen Computer zu installierenden Software und die Abgabe einer als Ergebnis der Arbeit mit der Software gebrannten CD. Die technische Möglichkeit der Vernetzung und Übertragung von Daten erlaubt schließlich die Schaffung des oben angeführten Systems.

Für den Kunden, der über das notwendige Wissen und die erforderliche Infrastruktur verfügt, und bereit ist, die neue Möglichkeit wie beschrieben zu nutzen, entsteht eine Vielzahl von Vorteilen: alles aus einer Hand und damit Einsparung/umfangreiche Reduzierung des Koordinationsaufwands, Reduzierung des Arbeitsaufwandes, mehr Möglichkeiten/Freiheitsgrade für die konkrete Ausgestaltung und spätere Festlegung des Freeze Points, Echtzeitprüfung des Ergebnisses und damit Qualitätsverbesserung, erhöhte Planbarkeit, Skalierbarkeit und damit (dramatische) Arbeitsersparnis.

Für das Anbieterunternehmen bedeutet es einen neuen Produktionsprozess und die Nutzung einer Marktchance, für die Unternehmen der ursprünglichen Wertschöpfungskette eine Gefahr, weil die angebotenen Produkte eine Substitution erfahren. Diese Substitution findet vermutlich zunächst langsam statt, weil die Nutzung dieser technischen Möglichkeiten nicht von allen potenziellen Kunden aus verschiedenen Gründen angenommen wird. Möglicherweise führt die umfangreiche Bewerbung von Fotokalendern für die Anbieter von Bastelkalendern in einem ersten Schritt sogar zu einer Erhöhung des Absatzes, weil Kunden, die keinen Fotokalender bestellen können oder wollen, auf einen Bastelkalender zurückgreifen. Als ein Indikator dafür kann die Bestsellerliste von Amazon herangezogen werden, die einen Bastelkalender auf der Bestsellerliste Bücher 2015 auf Platz 39 führt (vgl. Amazon 2015).

7.2 Definition und Bedeutung von Industrie 4.0

Wie im Beispiel des Fotokalenders in der Einleitung aufgezeigt, sind Digitalisierung und Vernetzung die Treiber und Befähiger für die Ausgestaltung eines neuen Systems. Dieses System zeichnet sich durch Individualisierung bei gleichzeitig effizienter Produktion durch neue Prozesse und Technologien aus. Die Produktion subsumiert dabei alle Kernprozesse des Unternehmens. Eine wirtschaftliche Darstellung der Losgröße 1 wird ermöglicht, mit Auswirkungen auch auf die Branche und deren Wettbewerbskräfte.

Dieser Inhalt stimmt nach Ansicht der Autoren mit der Begrifflichkeit von Industrie 4.0 überein. Damit wird jedoch auch schnell verständlich, warum die Wahl des Begriffes Industrie 4.0 zwar nachvollziehbar, jedoch gerade mit der nun vorhandenen öffentlichen

Wahrnehmung als unglücklich bezeichnet werden muss. Der Begriff wird in der öffentlichen Meinung mit maschinen- und anlagenlastigen Großunternehmen assoziiert. Tatsächlich geht es im Kern von Industrie 4.0 um Digitalisierung und Vernetzung (auch zwischen physischer und digitaler Welt). Damit ist dieses Thema nicht nur für Großunternehmen, sondern für alle Unternehmen von Relevanz. Industrie 4.0 betrifft nicht nur die Industrie oder Produktionsbetriebe, sondern auch die Landwirtschaft und den Dienstleistungssektor. Industrie 4.0 wird nicht nur die Produktion betreffen, sondern wird sich entlang aller Kernprozesse von der Entwicklung bis zum After-Sales auswirken.

Es ist die Einschätzung der Autoren, dass Unternehmen mit physischen Angeboten nur in Ausnahmefällen nicht vom Themenkomplex Industrie 4.0 betroffen sein werden, auch wenn für die einzelnen Unternehmen zum Beispiel in Abhängigkeit von der Branchenzugehörigkeit, der Wertschöpfungskettenposition und der technischen Ausgangssituation unterschiedliche Zeitleisten und Handlungsbedarfe entstehen. Industrie 4.0 bietet kurioserweise gerade bei kleinen und mittelständischen Unternehmen, die heute noch auf einem niedrigen Digitalisierungs- und Vernetzungsniveau aufsetzen, ein deutlich höheres Potenzial im Vergleich zu Großbetrieben.

Betrachtet man Digitalisierung und Vernetzung als eine Art „Ursuppe", so muss man sich eingestehen, dass die Möglichkeiten und damit die Auswirkungen auf die Geschäftswelt heute weder vollumfänglich begreifbar sind, noch viele der Potenziale entlang des Weges heute vollumfänglich erkannt werden können.

Auch fällt in dieser Betrachtung auf, dass die Fokussierung auf die Produktion und etwaige damit verbundene Dienstleistungen die Möglichkeiten der Digitalisierung und Vernetzung nur ungenügend beschreiben. Wie in Abb. 7.1 ersichtlich, ergeben sich neben der Produktion von Produkten auch neue Möglichkeiten hinsichtlich der Gestaltung von Produkten, welche in der öffentlichen Diskussion rund um Industrie 4.0 derzeit zu kurz kommt.

Im Folgenden werden die einzelnen Quadranten näher beschrieben.

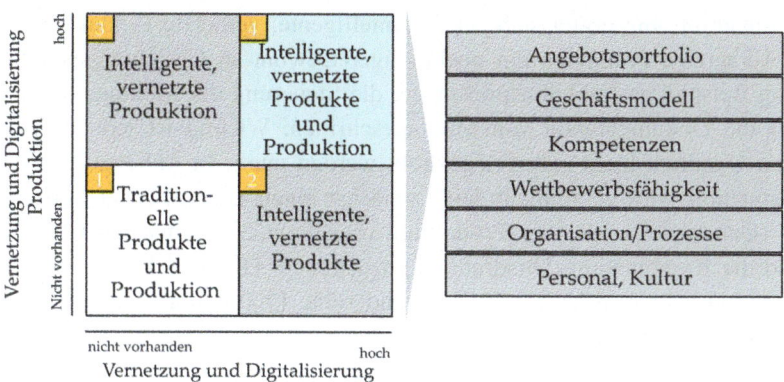

Abb. 7.1 Möglicher Fokus mit Industrie 4.0 und Ebenen der Auswirkung für das einzelne Unternehmen

7.2.1 Intelligente, vernetzte Produkte

Intelligente, vernetzte Produkte sind die Erweiterung von heute physischen Produkten, welche durch Digitalisierung und Vernetzung neue Funktionalitäten und damit Nutzen bereitstellen können. Eine einfache Ausprägung ist die Steuerung des Rasenmähroboters über ein Smartphone. Wichtig ist zu bedenken, dass diese intelligenten, vernetzten Produkte nicht nur Nutzen für die Kunden, sondern auch für die Anbieter bereitstellen. Informationen aus der Vernetzung können die Basis für neue Geschäftsmodelle, Dienstleistungen (Wartung, Reparatur) und das Lernen als Ausgangspunkt für weitere Innovationen sein. Intelligente, vernetzte Produkte werden insbesondere die Branchengrenzen und damit die Wettbewerbssituation verändern (vgl. Porter und Heppelmann 2014).

7.2.2 Intelligente, vernetzte Produktion

Die intelligente, vernetzte Produktion entspricht dem in der Öffentlichkeit diskutierten Bild einer Produktion, welche durch die Nutzung der technischen Möglichkeiten individualisierte Produkte, bei gleichzeitiger wettbewerbsfähigen Kosten, erstellen kann und die sich durch eine Selbststeuerung auszeichnet. Durch die Digitalisierung eröffnet dabei insbesondere die additive Fertigung neue Freiheitsgrade hinsichtlich der Gestaltung und Kostensituation. Aus diesem Grund erfährt die additive Fertigung (3-D-Druck, gedruckte elektronische Schaltungen) aktuell eine rasche Entwicklung. Im Bereich der Produktion ist jedoch die Frage von Standards mit Blick auf eine umfangreiche Vernetzung ein noch nicht gelöstes Thema.

7.2.3 Intelligente, vernetzte Produkte und Produktion

Als Zusammenführung ergibt sich für die intelligente, vernetzte Produktion von intelligenten, vernetzten Produkten ein nochmaliger Gewinn an Gestaltungspotenzial. Man denke zum Beispiel an Funktionsprüfungen, die Steuerung der Montage durch das Produkt oder die Dokumentation von Montageschritten. Wichtig ist jedoch festzuhalten, dass dieser Quadrant nicht sofort angestrebt werden muss. In Abhängigkeit der Unternehmenssituation wird es sinnvoll sein, zunächst einen ersten Schritt hinsichtlich des Produkts (Quadrant 2) oder der Produktion (Quadrant 3) zu machen und erst darauf aufbauend die Kombination (Quadrant 4) anzustreben. Dieser Schritt ist vor dem Hintergrund zu betrachten, dass das Produkt und seine Produktion zusammenhängen und gegenseitige Vernetzungen besitzen.

7.2.4 Ebenen der Auswirkung für das einzelne Unternehmen

Die Entscheidung hinsichtlich einer Entwicklungsrichtung hat vielseitige Einflüsse auf das Unternehmen. Diese sind in Abb. 7.1 auf der rechten Seite dargestellt. Überspitzt beschrieben führt die Fokussierung auf intelligente, vernetzte Produkte, aus Kundensicht, zu einer Veränderung des Angebots und trägt damit zur Differenzierung bei, während die Fokussierung auf die intelligente, vernetzte Produktion zu einem günstigeren Preis führt. Somit sind beide Fokussierungen geeignet, die Wettbewerbsfähigkeit zu steigern, wenngleich mit unterschiedlichen Aspekten. Die Aufstellung in Abb. 7.2 zeigt einen Vergleich der Auswirkungen einer Fokussierung auf die identifizierten Wirkebenen.

7.3 Evaluierung für die Ableitung von Handlungsbedarf

Wie ausgeführt, ist diesem Beitrag die Prämisse unterstellt, dass Industrie 4.0 für alle Unternehmen Chancen im Sinne eines „Play-to-win"-Ansatzes bietet. Im Folgenden wird Industrie 4.0 aus der Perspektive des „Play-not-to-lose"-Ansatzes betrachtet. Dies ist hilfreich, weil viele Unternehmen das Thema als Hype wahrnehmen. Eine bewusste Diskussion über Industrie 4.0 und darauf aufbauend eine bewusste Entscheidung hinsichtlich der Relevanz und die Identifizierung sich daraus ergebender Handlungsbedarfe wird unterlassen. Dieser Situation soll durch ein kurzes Fragenset entgegengewirkt werden. Die vorher aufgezeigte Entwicklung wird dabei auf einfache Weise abgebildet. Damit wird ein besonderes Augenmerk auf die Wettbewerbsfähigkeit von Unternehmen gelegt, die sich noch keine Überlegungen hinsichtlich der Relevanz und damit Handlungsbedarfen gemacht haben.

Je nach möglicher Fokussierung entweder auf a) das Produkt oder b) die Produktion wurden für die Empfehlung einer Grundausrichtung jeweils sechs Fragen erarbeitet. Diese sind auf einer Skala von 1 (nicht zutreffend) bis 5 (stark zutreffend) zu beantworten und danach ist der arithmetische Mittelwert zu bilden. Die Fragestellungen

Wirkebenen	Intelligente, vernetzte Produkte	Intelligente, vernetzte Produktion
Angebotsportfolio	ja, Änderung	nein
Geschäftsmodell	ja, aber nicht zwingend	nein
Kompetenzen	ja, erforderlich	ja, erforderlich
Wettbewerbsfähigkeit	ja, Differenzierung möglich	ja, Verbesserung Kostensituation
Organisation/Prozesse	ja	ja
Personal/Kultur	ja	ja

Abb. 7.2 Auswirkung der gewählten Fokussierung auf Wirkebenen

sind systematisch, für jede der Dimensionen, nach den Kriterien 1) Mitbewerber, 2) Nutzen, 3) Branchentrend, 4) Individualisierung, 5) Ergänzung der bestehenden Infrastruktur und 6) Akzeptanzentwicklung gegliedert.

7.3.1 Bewertung Handlungsbedarf intelligenter, vernetzter Produkte

(1a) Gibt es Mitbewerber, die bereits intelligente, vernetzte Produkte anbieten oder angekündigt haben?

(2a) Kann der Nutzen für den Kunden (Differenzierung, Effizienzerhöhung) durch die Vernetzung von Produkten signifikant gesteigert werden?

(3a) Gibt es in Ihrer oder angrenzenden Branche Unternehmen, die intelligente, vernetzte Produkte anbieten oder angekündigt haben, wobei im Rahmen einer Systembetrachtung auch die Einbindung Ihres Produktes in einen Verbund nutzenstiftend ist?

(4a) Können intelligente, vernetzte Produkte in Ihrer Branche die Individualisierung verstärken und damit neue Kundengruppen anziehen oder die Kaufentscheidung bei bisherigen Kundengruppen zu deren Gunsten verändern?

(5a) Können intelligente, vernetzte Produkte in Ihrer Branche heute zumindest teilweise vorhandene zusätzliche Angebote (Produkte oder Dienstleistungen) ersetzen bzw. integrieren?

(6a) Kann die Akzeptanz intelligenter, vernetzter Produkte für die nächsten fünf bis acht Jahre durch die Überwindung von vorhandenen Hürden (zum Beispiel Nutzung, Infrastruktur, Datenschutz) als verlässlich angenommen werden?

7.3.2 Bewertung Handlungsbedarf intelligenter, vernetzter Produktion

(1b) Gibt es Mitbewerber, die bereits eine smarte, vernetzte Produktion besitzen oder angekündigt haben?

(2b) Kann durch eine intelligente, vernetzte Produktion die Effizienz in der eigenen Produktion im Vergleich zum Status quo signifikant erhöht werden (zum Beispiel Ausschuss, Kapitalbindung, Durchlaufzeiten, Flexibilisierung)?

(3b) Haben wesentliche Industriekunden die Einführung einer intelligenten, vernetzten Produktion bereits umgesetzt oder angekündigt und ist dabei die Einbindung von Lieferanten geplant?

(4b) Kann durch eine intelligente, vernetzte Produktion die Individualisierung der Produkte und damit die Effektivität der Produktion verbessert werden? Besteht überhaupt Bedarf nach diesem hohen Grad der Individualisierung?

Abb. 7.3 Evaluierung der
Fragenergebnisse

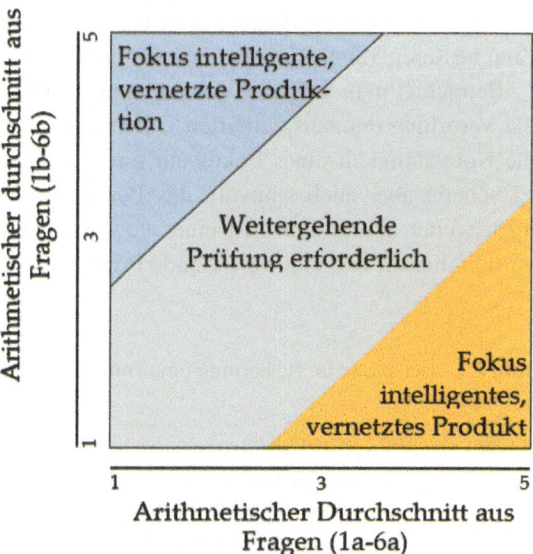

(5b) Ermöglichen technische Hilfsmittel (zum Beispiel neue Technologien, Produktions-IT im Haus oder Produktions-IT über Cloud-Dienstleister) und das vorhandene Budget die Umsetzung von Maßnahmen, welche zu einer intelligenten, vernetzten Produktion führen (zum Beispiel der Integration von Vertriebs-, Entwicklungs- und Produktionsdaten)?

(6b) Kann die Akzeptanz von Technologien zur Umsetzung intelligenter, vernetzter Produktion für die nächsten fünf bis acht Jahre, durch die Überwindung von vorhandenen Hürden (zum Beispiel Qualifikation des Personals, Infrastruktur, Datenschutz, Datensicherheit, Sicherheit von geistigem Eigentum) als verlässlich angenommen werden?

Die Auswertung der Fragenbeantwortung gibt einen Anhaltspunkt hinsichtlich einer Priorisierung des Vorgehens bezüglich intelligenter, vernetzter Produkte oder intelligenter, vernetzter Produktion (vgl. Abb. 7.3). Dieser Anhaltspunkt ist jedoch vor dem Hintergrund der spezifischen Unternehmenssituation nochmals zu prüfen. Dies gilt auch für den Indifferenzbereich (grau eingefärbt), der bereits aufgrund der Fragenbeantwortung keine Normempfehlung zulässt.

7.4 Anwendungsbeispiele aus der Industrie

Ein mittelständisches Unternehmen aus dem Segment der Klimatechnik stellt Aggregate, Klappen und Verrohrungen für Be- und Entlüftung im privaten Bereich und für die Industrie her. Die Abnehmer sind Installationsunternehmen. Auch die Inbetriebnahme der Anlagen sowie deren Wartung werden teilweise vom Unternehmen durchgeführt.

Den Fragenkatalog beantwortet das Unternehmen wie in Tab. 7.1 zusammengefasst. Zum besseren Verständnis werden zur jeder Bewertung auch Begründungen hinterlegt.

Betrachtet man aufgrund der errechneten Mittelwerte beider Dimensionen (a) und (b) die Verortung des beispielhaften Unternehmens in Abb. 7.3, so erkennt man tendenziell die Notwendigkeit eines Fokus auf ein intelligentes, vernetztes Produkt (vgl. Abb. 7.4). Es scheint aber auch sinnvoll, das Potenzial einer intelligenten, vernetzten Produktion noch weiter auszuloten. Mit einer gewissen Indikation des Fokus in Richtung Produkt wird in diesem Fall eine vertiefende Prüfung vorgenommen.

Tab. 7.1 Beispielhafte Bewertung eines mittelständischen Unternehmens im Bereich Lüftung und Klimatechnik

Frage	Antwort	Begründung	Mittelwert
1a	4	Ja, es gibt deutlich mehr Mitbewerber, die hier bereits weiter entwickelt sind also solche, die uns in der Entwicklung nachstehen	
2a	5	Jedenfalls durch höhere Qualität der Lüftung. Durch die Optimierung der Steuerung aufgrund von Erfahrungen aus der Nutzung	
3a	5	Die Individualisierung der Produkte ist bereits heute eine Notwendigkeit, weil fast jedes Produkt eine Einzelanfertigung ist	
4a	3	Vor allem die zusätzliche Vernetzung von Produkten wird die zukünftige Kaufentscheidung beeinflussen	
5a	4	Die separate Lüftungswartung kann optimal, weil anlassbezogen als Dienstleistung des Herstellers bereitgestellt werden	
6a	5	Die übertragenen Daten sind unsensibel in Bezug auf die Privatsphäre der Kunden	~4
1b	3	Teilweise sind Mitbewerber in diesem Bereich schon weiter entwickelt	
2b	4	Es könnten dadurch noch deutliche Effizienzsteigerungen erzielt werden	
3b	2	Installationsunternehmen haben bereits teilweise auf elektronische Bestellverfahren umgestellt, welche mit den Planungssystemen integriert sind	
4b	2	Es sind noch geringfügige Verbesserungen bezüglich der Individualisierung denkbar, jedoch ist die Produktion bereits heute schon auf individuelle Einzelfertigung eingerichtet	
5b	3	Es gibt die Technologien, jedoch erfordert der finanzielle Aufwand bei gegebenem Kostendruck in der Branche die Optimierung des Budgets auf das Wesentliche hin	
6b	3	Die Altersstruktur des Personals wird teilweise zu Akzeptanzproblemen bei der Nutzung der Technologien führen	~3

Abb. 7.4 Verortung des beispielhaften mittelständischen Unternehmens aufgrund der Bewertung in Tab. 7.1

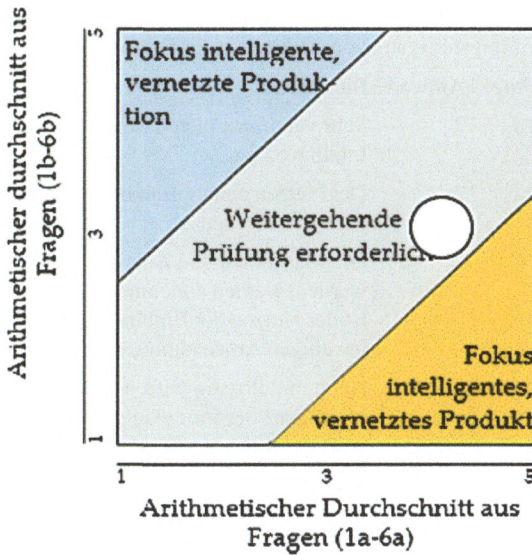

Auch das zweite exemplarische Unternehmen ist dem Mittelstand zuzuordnen. Es handelt sich um einen Auftragsfertiger für Einzelteil- und Kleinserienfertigung in Aluminium oder Kunststoff. Die Kunden sind Präzisionsfertigungen in verschiedenen Hochtechnologiebranchen. In Tab. 7.2 sind die Bewertungsergebnisse zusammengefasst. Die Verortung dieses Unternehmens ist aus Abb. 7.5 ersichtlich.

Es ist aufgrund der Verortung in Abb. 7.5 offensichtlich, dass dieses zweite Referenzunternehmen seinen Fokus deutlich auf eine intelligente und vernetzte Produktion legen sollte. Dieses Ergebnis ist auch durch die geringere Komplexität der Produkte erklärbar. Die erstellten Produkte müssen hohe Genauigkeitsanforderungen bei durchaus komplexen Formen erfüllen, bestehen jedoch aus sehr wenigen Einzelteilen.

Es ist auch nicht ausgeschlossen, dass sich die Verortung im Verlauf der Unternehmensentwicklung verändert. Für das zweite Referenzunternehmen können sich etwa mittelfristig Ausnahmefälle zu Regelfällen entwickeln. Dadurch müssten mittelfristig die Fragen 2a, 3a und 4a höher bewertet werden. Dasselbe gilt für die Frage 6a nach der Überwindung von Hürden. Andererseits sinken mittelfristig die Bewertungen für die meisten Fragen der Dimension (b) Produkt, sobald kurzfristig entsprechende Maßnahmen in diesem Bereich zum Erfolg geführt haben. Das deutliche Verbesserungspotenzial zur Beantwortung der Frage 4b wird beispielsweise nach der Wirkung der ersten Maßnahmen mittelfristig eventuell nicht mehr so deutlich sein.

Tab. 7.2 Beispielhafte Bewertung eines mittelständischen Unternehmens im Bereich der Auftragsfertigung von Kleinteilen für Präzisionsmaschinen und -anlagen

Frage	Antwort	Begründung	Mittelwert
1a	2	Sehr vereinzelt bieten Mitbewerber ihre Produkte mit zusätzlicher Intelligenz an	
2a	2	Der Nutzen einer zusätzlich Vernetzung und Intelligenz ist sehr vom spezifischen Anwendungsfall abhängig	
3a	2	Die Maschinen und Anlagen, in die unsere Produkte verbaut werden, werden zunehmend intelligent und vernetzt. Trotzdem ist der Nutzen der Einbindung unserer Produkte abhängig vom jeweiligen Anwendungsfall	
4a	2	Auch mittelfristig wird der Nutzen der Vernetzung und der Intelligenz der Produkte vom konkreten Fall abhängen. Primär wird die Kaufentscheidung auch weiterhin aufgrund bestehender Kriterien erfolgen	
5a	3	Im Einzelfall können Aktivitäten der Wartung und Instandhaltung dadurch optimiert werden	
6a	3	Es könnte sich um sensible Daten unserer Kunden handeln, weshalb Hürden bezüglich des Datenschutzes und des Schutzes geistigen Eigentums erheblich sind	~2
1b	4	Teilweise sind Mitbewerber in diesem Bereich schon weiter entwickelt.	
2b	4	Es könnten dadurch noch deutliche Effizienzsteigerungen erzielt werden	
3b	4	Unsere Industriekunden haben ihren internen Instandhaltungsprozess bereits weitgehend auf elektronische Bestellverfahren umgestellt, welche auch mit deren CAD-Systemen integriert sind	
4b	4	Es besteht noch deutliches Verbesserungspotenzial. Durch die Integration von CAD-Daten mit den Möglichkeiten unserer Produktion (Design for Manufacturing) ließe sich die Lieferzeit individueller Produkte noch deutlich reduzieren (Reduktion des Produktanlaufes)	
5b	3	Es gibt die Technologien, jedoch erfordert der finanzielle Aufwand bei gegebenem Kostendruck in der Branche die Konzentration des Budgets auf das Wesentliche	
6b	3	Die Altersstruktur des Personals wird teilweise zu Akzeptanzproblemen bei der Nutzung der Technologien führen	~4

Abb. 7.5 Verortung des beispielhaften mittelständischen Unternehmens aufgrund der Bewertung in Tab. 7.2

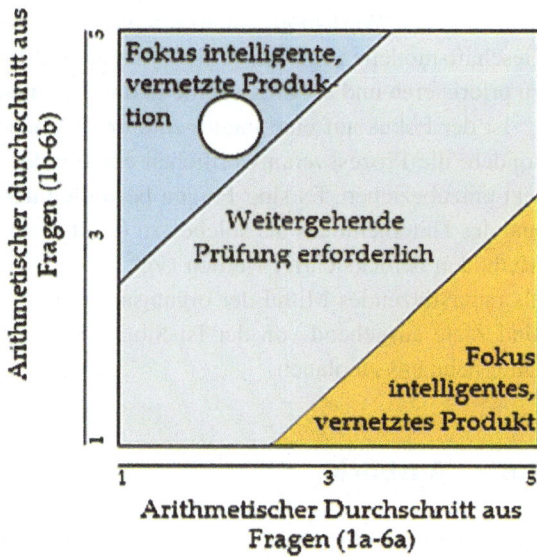

Arithmetischer Durchschnitt aus Fragen (1b-6b)

Fokus intelligente, vernetzte Produktion

Weitergehende Prüfung erforderlich

Fokus intelligentes, vernetztes Produkt

Arithmetischer Durchschnitt aus Fragen (1a-6a)

7.5 Praxistipps

Zur Beantwortung des Fragebogens sollten einige Rahmenbedingungen berücksichtigt werden. So sollte die Bewertung jeder Frage nicht durch eine einzelne Person, sondern durch ein multi-disziplinäres Team aus dem Bereich der Produktentwicklung, des Marketing und Vertriebs, Informationstechnologie sowie der Produktion durchgeführt werden. Im Rahmen eines kompakten Workshops lässt sich diese Aufgabenstellung umsetzen.

Aufgrund der Kompaktheit des Fragenkataloges ist der Aufwand eines multi-disziplinären Workshops auch für kleine und mittelständische Unternehmen vertretbar. Es ist durchaus sinnvoll, diesen Workshop ohne die Teilnahme des übergeordneten Managements durchzuführen, um damit den Prozess der Bewertungsfindung zwischen den Teilnehmerinnen und Teilnehmern unbeeinflusst zu lassen.

Dieser Fragebogen bildet die erste Stufe zur Fokussierung von Maßnahmen zur Digitalisierung von Produkten und Produktion (Kernprozesse), um diese intelligent zur machen bzw. intern und extern zu vernetzen. Er bietet die Möglichkeit der Orientierung in Richtung produktbezogener oder kernprozessbezogener Maßnahmen.

Unabhängig von der Verortung des eigenen Unternehmens ist in der Folge eine noch detailliertere Betrachtung erforderlich. Geht der Fokus in Richtung intelligenter und vernetzter Produkte, so müssen konkrete Ziele im Detail als nächster Schritt erarbeitet werden. Ein strukturierter, multi-disziplinärer und durch Experten moderierter Innovationsworkshop kann hier der Ausgangspunkt sein. Das Spektrum der Ergebnisse eines solchen Workshops kann von Produktinnovationen bis hin zu möglichen neuen Geschäftsmodellen reichen (vgl. Nyuis et al. 2008). Diese Ergebnisse sind in der Folge zu priorisieren und als Programme in die Unternehmensstrategie aufzunehmen.

Ist der Fokus auf eine intelligente und vernetzte Produktion gerichtet, so sind insbesondere die Prozessverantwortlichen entlang der Kernprozesse in ein Entwicklungsprojekt einzubeziehen. Es sind Fragen bezüglich der Wandlungsfähigkeit der Kernprozesse und des Unternehmens als solches zu beantworten. Dabei sollten entsprechend bekannte Methoden berücksichtigt werden (vgl. VDI 2016). Maßnahmen zur Digitalisierung sind als unterstützendes Mittel der organisatorischen Maßnahmen wahrzunehmen. Auch hier sind Ziele ausgehend von der Ist-Situation zu priorisieren und im Strategieprozess des Unternehmens zu planen.

7.6   Ausblick

Die detaillierte Erhebung der Soll-Ist-Abweichung bezüglich der Produkte und der Produktion wird durch diesen Fragenkatalog nicht erreicht. Zu diesem Zweck wird aktuell ein Werkzeug zur quantitativen Bewertung eines Unternehmens getestet. Dieses Werkzeug dient zur Ergänzung und gezielten Aufbereitung von Workshops, wie sie in Abschn. 7.5 beschrieben wurden. Die Beschreibung dieses Werkzeuges wird Teil einer separaten Publikation der Autoren.

Literatur

Amazon (2015) https://www.amazon.de/gp/bestsellers/2015/books#2, abgerufen am 27.9.2017
Nyuis P, Reinhart G & E Abele (2008) Wandlungsfähige Produktionssysteme – Heute die Industrie von morgen gestalten, Projektabschlussbericht im Rahmenkonzept „Forschung für die Produktion von morgen", gefördert vom BMBF und betreut vom PTKA, https://www.ifa.uni-hannover.de/fileadmin/IFA/02_Forschung/WPS/Buch_WPS.pdf, abgerufen am 27.9.2017
Porter M E & J E Heppelmann (2014) Wie smarte Produkte den Wettbewerb verändern. In: Harvard Business Manager, Dezember 2014
VDI (2016) Digitale Chancen und Bedrohungen – Geschäftsmodelle für Industrie 4.0. Statusreport. VDI/VDE-Gesellschaft Mess- und Automatisierungstechnik. Mai 2016 https://www.vdi.de/fileadmin/vdi_de/redakteur_dateien/gma_dateien/END_6329_PUB_GMA_Statusreport_-_Digitale_Chancen_-_Geschaeftsmodelle_fuer_I4.0_ANSICHT.pdf, abgerufen am 27.9.2017

Asc. Prof. (FH) Dr. Peter Affenzeller
Leiter des Studiengangs Wirtschaftsingenieurwesen an der Fachhochschule Kufstein Tirol

Peter Affenzeller studierte Wirtschaftsingenieurwesen – Maschinenbau an der TU Graz. Er war Universitätsassistent am Institut für Betriebswirtschaftslehre und Betriebssoziologie der TU Graz mit den Schwerpunkten technologieorientiertes Marketing und Controlling. Danach war er zehneinhalb Jahre als Projektleiter und zuletzt Partner für zwei internationale Unternehmensberatungen in Europa und Asien mit dem Fokus Produktentstehung tätig. Schwerpunkte seiner Beratungstätigkeit waren Design, Steuerung und Management von Innovations- und Entwicklungsprojekten, Produktarchitekturen/Variantenmanagement, Cost Management und die Markteinführung/Vermarktung. Seit April 2014 ist Herr Affenzeller Studiengangsleiter für Wirtschaftsingenieurwesen an der Fachhochschule Kufstein Tirol und beschäftigt sich dort mit den frühen Phasen der Produktentstehung wie der Produktplanung und -konzipierung sowie Ansätzen wie Design-to-Value, Design-to-Cost, Produktarchitekturen/Variantenmanagement, Rapid Prototyping und Geschäftsmodellen.

FH-Prof. Dipl.-Ing. Dr. Erich Hartlieb
Leiter des Studiengangs Wirtschaftsingenieurwesen und Professor für Innovations- und Technologiemanagement an der FH Kärnten

Dr. Erich Hartlieb, geb. 1969, ist seit 2009 Professor für Innovations- und Technologiemanagement an der FH Kärnten und leitet seit 2013 den Studiengang Wirtschaftsingenieurwesen. Nach der HTL für Maschinenbau in Klagenfurt hat er das Studium Wirtschaftsingenieurwesen für Maschinenbau an der TU Graz absolviert und war von 1997 bis 2001 Universitätsassistent am Institut für Industriebetriebslehre und Innovationsforschung der TU Graz. Seine Dissertation hat er zum Thema Wissensmanagement verfasst, von 2001 bis 2009 war er als selbstständiger Strategie- und Innovationsberater tätig. Er ist Gründungsmitglied und Beirat des Wissensmanagement Forum Graz, Vorstandsmitglied im Forum KVP & Innovation des ÖPWZ sowie Mitorganisator und wissenschaftlicher Beirat beim Innovationskongress. Seine aktuellen Forschungsschwerpunkte sind das strategische Innovationsmanagement,

Business Development sowie Technologiemanagement. Er
hat bereits zahlreiche Fachpublikationen und Vorträge zu den
Themen Innovations- und Technologiemanagement verfasst.

FH-Prof. Dipl.-Ing. Dr. techn. Roland Willmann
Professor für Industrial Management an der FH Kärnten
Roland Willmann, geb. 1966, ist seit 2016 Professor für
Industrial Management an der FH Kärnten. Nach der HTL
für Bautechnik in Villach absolvierte er das Studium der
Informatik an der Technischen Universität in Wien. Nach
einigen Praxisjahren als Softwareentwickler betreut er seit
1993 in Europa, USA und Südostasien verschiedene Projekte
der intelligenten Produktion in der Halbleiterindustrie, der
Fotovoltaikfertigung sowie der stahlverarbeitenden Industrie als Projektleiter, Prozessanalyst oder Produktmanager.
Seine Dissertation über „Ontology matchmaking of product
ramp-up knowledge in manufacturing industries" verfasste
Herr Willmann an der Technischen Universität in Wien. Seit
2006 trägt er regelmäßig bei der Advanced Process Control
and Manufacturing Konferenz, der Industrial Informatics
Konferenz oder der iKNOW Konferenz vor. Seit 2016 betreut
Herr Willmann seitens der FH Kärnten fachlich die Industrie 4.0 ERFA Gruppe der Industriellen Vereinigung Kärnten.
Seine aktuellen Forschungsschwerpunkte sind das Wissensmanagement in einer digitalisierten Wertschöpfungskette,
die horizontale Integration von Produktionsmaschinen sowie
Maßnahmen zur Digitalisierung von kleinen und mittelständischen Unternehmen.

Trendantizipierende Geschäftsmodellinnovation

8

Strategisches Innovationsmanagement in volatilen Märkten

Peter Granig, Vera Ratheiser und Erich Gaggl

8.1 Einleitung

Bereits vor mehr als einem Jahrhundert hat sich der österreichisch-amerikanische Ökonom Joseph Schumpeter mit den Begriffen „Innovation", „Wagniskapital" bzw. „Firmenstrategie" intensiv auseinandergesetzt und dabei die Bedeutung von weltweiten konjunkturellen Aufschwüngen in Folge von technischen und gesellschaftlichen Entwicklungen erforscht. Im Sinne der von Schumpeter geprägten schöpferischen Zerstörung muss das Gute dem Besseren weichen (vgl. Otter 2013; vgl. Hanusch und Pyka 2007; vgl. Hanusch 1999; vgl. Kleinknecht 1990; vgl. Schumpeter 1961), und so verändern sich gerade gegenwärtig ganze Geschäftsmodelle und Branchen. In diesem Transformationsprozess kommt unternehmerischem Handeln im Sinne von Nutzen stiften und Antizipieren von Trends eine zentrale Bedeutung zu. Gemäß dem diesjährigen Motto „Brücken bauen" beschäftigt sich dieser Beitrag mit dem Bauen von Brücken in die Zukunft und stellt ein Modell zur Analyse der Zukunftsfähigkeit von Geschäftsmodellen dar.

P. Granig (✉) · E. Gaggl
FH Kärnten, Feldkirchen, Österreich
E-Mail: P.Granig@fh-kaernten.at

E. Gaggl
E-Mail: E.Gaggl@fh-kaernten.at

V. Ratheiser
FH Kärnten, Villach, Österreich
E-Mail: v.ratheiser@fh-kaernten.at

© Springer Fachmedien Wiesbaden GmbH, ein Teil von Springer Nature 2018
P. Granig et al. (Hrsg.), *Mit Innovationsmanagement zu Industrie 4.0*,
https://doi.org/10.1007/978-3-658-11667-5_8

8.2   Problemstellung

Durch die rasante Entwicklung unserer Gesellschaft und mannigfache Trends werden bestehende Geschäftsmodelle von Unternehmen durch sogenannte disruptive Innovationen ersetzt bzw. verdrängt. Bisher wird in der Innovationsforschung meist das Gesamtgeschäftsmodell analysiert und ansatzweise Auswirkungen von Trends und sonstigen Entwicklungen auf dieses und damit das Gesamtunternehmen reflektiert. Eine Betrachtung der einzelnen Bausteine eines Geschäftsmodelles und der Auswirkungen von Trends auf diese gibt eine wesentlich differenziertere Information für das Unternehmen und hilft bereits, sich im Vorfeld auf anstehende Änderungen einzustellen, zum Beispiel auf die gesellschaftlichen Entwicklungen und deren Auswirkungen auf das Unternehmen. Ohne Reflektion der Auswirkung von Trends auf die einzelnen Bausteine eines Geschäftsmodelles kann es sehr schnell zu einer existenzgefährdenden Veränderung von einzelnen Bausteinen des Geschäftsmodells und damit zu seiner Dysfunktionalität und in weiterer Folge zum Verlust der Erfolgsbasis des Unternehmens kommen.

8.3   Forschungsziel

Im gegenständlichen Beitrag wird ein methodischer Zugang vorgestellt, der die Auswirkungen von Trends und Entwicklungen auf die einzelnen Bausteine eines Geschäftsmodelles frühzeitig sichtbar macht und gezieltes Gegensteuern ermöglicht:

- Durch Spezifizierung auf die einzelnen Bausteine des Geschäftsmodelles sollen deren Auswirkungen auf das gesamte Geschäftsmodell rechtzeitig erkannt werden.
- Durch frühzeitiges Erkennen (Analyse) und rasches Agieren kann sich das Unternehmen auf Trends rechtzeitig einstellen, diese antizipieren und neue Erfolgspotenziale aufbauen.
- Durch diese Vorgangsweise werden eine Absicherung der gegenwärtigen und ein Ausbau der zukünftigen Marktstellung erreicht.

8.4   Analyse und Auswahl von Geschäftsmodelltypen

Nachdem in einem ersten Schritt unterschiedliche in der Literatur bekannte Geschäftsmodelltypen auf ihre Eignung für das gegenständliche Forschungsziel analysiert wurden, soll das für diesen Forschungszweck geeignetste Modell ausgewählt und im Folgendem kurz beschrieben werden. Im konkreten Fall wurde der Businessmodel-Canvas nach Osterwalder und Pigneur ausgewählt. Das Business-Model Canvas nach Osterwalder und Pigneur wurde 2011 entwickelt und besteht aus den neun Bausteinen Kundensegmente, Wertangebote, Kanäle, Kundenbeziehungen, Einnahmequellen, Schlüsselressourcen,

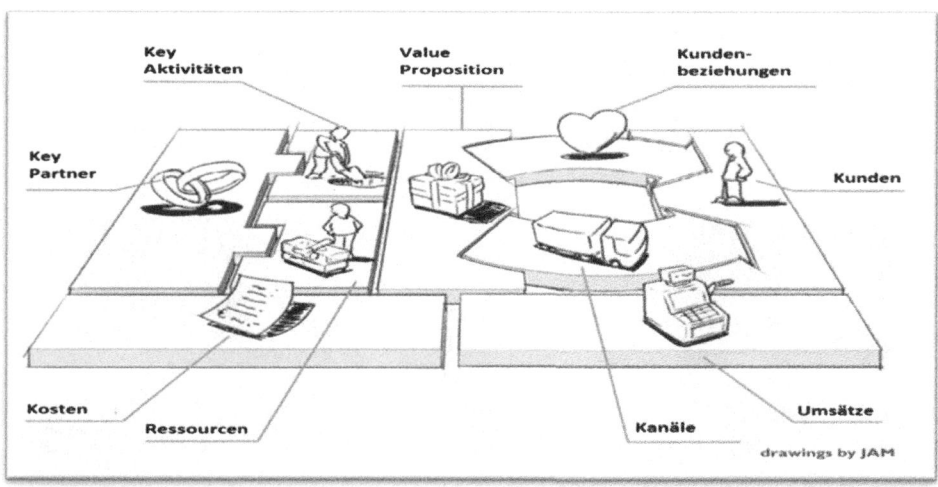

Abb. 8.1 Business-Model Canvas nach Osterwalder und Pigneur. (Quelle: Fritz-Morgenthal 2014)

Schlüsselaktivitäten, Schlüsselpartnerschaften sowie Kostenstruktur (vgl. Osterwalder und Pigneur 2011).

Osterwalder und Pigneur sehen den Kundennutzen im Zentrum dieses Geschäftsmodells. Darum fokussieren sie auf der Unternehmensseite „Schlüsselressourcen", „Schlüsselaktivitäten", „Schlüsselpartner" und „Kostenstruktur" sowie auf der Marktseite „Kundenbeziehungen", „Kommunikations-/Distributionskanäle", „zu bearbeitete Kundesegmente" und „Einnahmequellen". Dieses Geschäftsmodell wurde mit 470 Experten entwickelt, in über 45 Ländern getestet sowie in der Praxis vielfach angewendet, unter anderem bei Unternehmen wie IBM, Ericsson und Deloitte (vgl. Osterwalder und Pigneur 2011, S. 19). Der Ansatz erfreut sich großer Beliebtheit, weil das Geschäftsmodell gut aufgeschlüsselt, übersichtlich, verständlich und unkompliziert auf jedes Unternehmen anzuwenden ist. Abb. 8.1 zeigt die zuvor genannten Elemente, auch Bausteine genannt, des Geschäftsmodelles und ihren Zusammenhang.

8.5 Auswirkungen von Trends und Entwicklungen

In einem weiteren Schritt werden die kurz-, mittel- und langfristigen Zielsetzungen von Unternehmen sowie die Vernetzung zu Trends und Entwicklungen überblicksmäßig dargestellt. Zudem wird auf aktuelle Trends und Entwicklungen eingegangen, die Auswirkungen auf einzelne Bausteine des Geschäftsmodells und in weiterer Folge auf ein gesamtes Geschäftsmodell haben. Abb. 8.2 stellt diesen Zusammenhang dar.

Abb. 8.2 zeigt unter anderem auch die unterschiedliche Einsetzbarkeit von Forecast und Foresight sowie den hauptsächlich langfristigen Fokus der Zukunftsforschung. Ziel

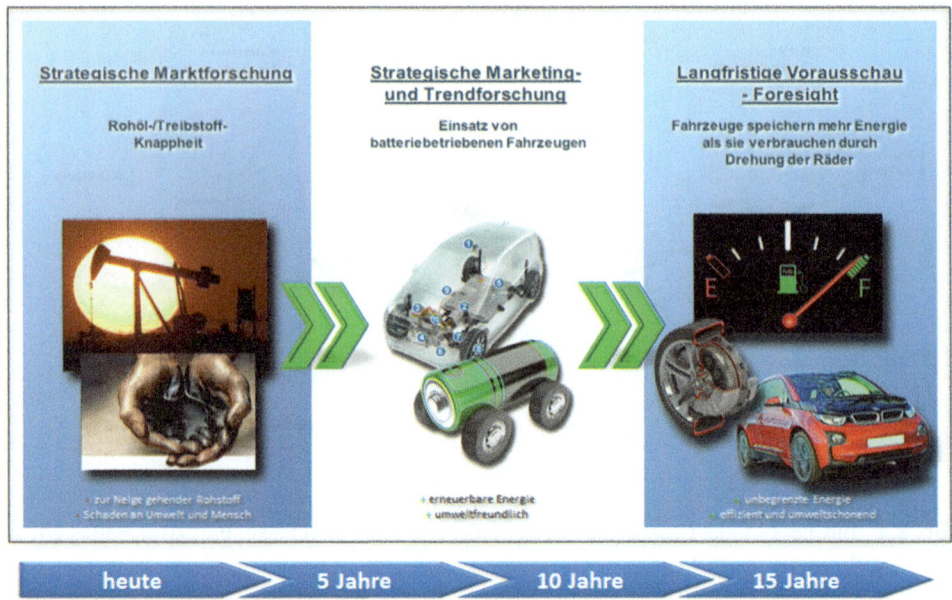

Abb. 8.2 Einsatzfelder und Nutzen der Trendantizipation. (Quelle: eigene Darstellung)

ist es, ausgehend von der Gegenwart, mittels Einsatz spezieller Methoden bzw. Instrumente, die erwartete Zukunft in den Kategorien kurz-, mittel- oder langfristig durch
anerkannte innovative Instrumentarien zu prognostizieren. Mit diesem Wissen werden
Erkenntnisse gewonnen und die zur Umsetzung nötigen Maßnahmen für die Gegenwart
abgeleitet. Das Unternehmen kann mit diesem Vorgehen zukünftige Trends und Entwicklungen frühzeitig erkennen und entsprechende Maßnahmen einleiten, um auf diese
Trends entsprechend vorbereitet zu sein und Wettbewerbsvorteile zu generieren.

8.6   Aktuelle Megatrends

Megatrends müssen nicht „vorausgesagt" werden, denn sie existieren bereits und verdeut-
lichen Veränderungen, die uns signifikant beeinflussen und noch lange prägen werden.
Megatrends können als „Tiefenströmungen des Wandels" bezeichnet werden.

   Als Entwicklungskonstanten der globalen Gesellschaft schließen sie mehrere Jahrzehnte ein. Ein Megatrend wirkt sich sowohl auf jeden einzelnen Menschen als auch auf
alle Ebenen der Gesellschaft aus: Wirtschaft und Politik sowie Wissenschaft, Technik und
Kultur. Megatrends verändern und wandeln die Welt – wenn auch langsam, dafür aber
grundlegend und langfristig. Daher ist es von entscheidender Bedeutung zu wissen, welche
Chancen und Risiken in diesen Trendentwicklungen liegen (vgl. Zukunftsinstitut 2015).

Megatrends haben eine Halbwertszeit von mindestens 50 Jahren, erweisen sich weitgehend als rückschlagsresistent und wirken sich in allen menschlichen Lebensbereichen aus (vgl. Horx 2015). Megatrends unterscheiden sich von anderen Trends in dreifacher Hinsicht:

- Zeithorizont: Sie sind über einen Zeitraum von Jahrzehnten zu beobachten. Die in der Gegenwart existierenden quantitativen, empirisch eindeutigen Indikatoren können mit hoher Wahrscheinlichkeit ein Bild der Zukunft in mindestens 15 Jahre projizieren.
- Reichweite: Megatrends wirken sich auf alle Weltreligionen und alle Akteure, wie Regierungen, Individuen und ihr Konsumverhalten aus, ebenso auf Unternehmen und ihre Strategien.
- Wirkungsstärke: Megatrends haben tief greifende, mehrdimensionale Auswirkungen auf alle gesellschaftlichen Teilsysteme – politisch, sozial und wirtschaftlich. Die spezifischen Ausprägungen variieren von Region zu Region (vgl. Jannek 2015, S. 1).

Es gibt viele Megatrends, die sich gegenseitig beeinflussen und damit die Komplexität der Auswirkungen erhöhten. Im Folgenden sind exemplarisch wichtige Megatrends kurz dargestellt (vgl. Abb. 8.3).

Individualisierung: Biografien sind heutzutage von neuen Brüchen, Umwegen und Neuanfängen gekennzeichnet. Sie sind sozusagen zu „Multigrafien" geworden. Die Gesellschaft schenkt uns immer mehr individuelle Freiheiten. Gleichzeitig befinden wir uns unter einem stärkeren Entscheidungsdruck. Dadurch ist ein Wertewandel zu beobachten. Mit ihm ändern sich das Konsumverhalten und die Wirtschaft (vgl. Zukunftsinstitut 2015). Auch der Zukunftsforscher Matthias Horx bestätigt, dass sich in allen entwickelten Wohlstandsgesellschaften die „Kultur der Wahl" durchsetzt, in welcher der/die Einzelne mehr Lebensentscheidungen autonom trifft und hinsichtlich Partnerschaft, Beruf, Bildung, Wohnort eigenständig handelt. Diese Entwicklung wird, wie Horx erläutert, als „Zerfall von Moral" missdeutet. Für ihn handelt es sich um neue Sozialtechniken in einer Gesellschaft höherer Differenzierung (vgl. Horx 2015).

Female Shift/Gender Shift: Der Megatrend „Gender Shift" beschreibt einen grundsätzlichen Wandel unserer Welt, die mehrheitlich von Männern dominiert wird: Die massiven Umbrüche, die im Berufs- und Privatleben von Männern und Frauen zu beobachten sind, bringen große Chancen mit sich. Sowohl Männer als auch Frauen schaffen sich ihre Lebensbalance nicht nur in beruflicher Verwirklichung. Sie kreieren für sich auch neue Beziehungs- und Familienmodelle (vgl. Zukunftsinstitut 2015).

Silver Society: Die weltweit steigende Lebenserwartung lässt uns nicht nur älter werden, sondern auch in einer anderen Art und Weise altern. Zum Älterwerden gesellt sich das „Downaging". Die einstigen „Senioren" treten aus traditionellen Altersrollen heraus. Statt sich in den Ruhestand zu begeben, nehmen betagtere Personen ganz selbstverständlich weiter aktiv am Gesellschaftsleben teil (vgl. Zukunftsinstitut 2015).

Demografischer Wandel: Er zeigt sich insbesondere durch das Wachstum der Weltbevölkerung, die Alterung der Bevölkerung, die Schrumpfung der Bevölkerung im

Abb. 8.3 Auszug aus Megatrend-Map 2.0 lt. Zukunftsinstitut (2015)

Westen, die anwachsenden Migrationsströme sowie die demografischen Verwerfungen (vgl. Jannek 2015, S. 4).

Bildung-Wissenskultur: Digitale Medien schaffen einen immer leichteren Zugang zu einem größer werdenden Wissensvolumen. In der neuen globalen Kreativ-Ökonomie zeigt sich, dass Bildung ein Schlüssel zu einer Zukunft voller Hoffnung ist. Die Förderung von individuellen Talenten und leidenschaftlicher Neugier werden als Voraussetzungen für Innovationen und sozialen Aufstieg gesehen (vgl. Zukunftsinstitut 2015).

Gesundheit: Gesundheit bedeutet nicht mehr allein die Abwesenheit von Krankheit. Die Medizin entwickelt sich daher vom spezialisierten Reparaturbetrieb in einen gewaltigen Sektor für ein besseres Wohlbefinden. Es geht um ein aktives Lebensgefühl, um das persönliche Empowerment. Der Gesundheitsmarkt wächst in Zukunft zu einem Kernsektor der kommenden Ökonomie heran. Um den erweiterten Gesundheitsbegriff etablieren sich neue Märkte, wie Fitness, Mindness und Selfness (vgl. Horx 2015; Zukunftsinstitut 2015).

Neo-Ökologie: „Umweltschutz, Ressourcenschonung, Corporate Social Responsibility: Der Megatrend Neo-Ökologie verschiebt die Koordinaten des Wirtschaftssystems in Richtung einer neuen Businessmoral, die Märkte und Konsumverhalten radikal verändert. Wachstum wird künftig als eine neue Mischung bestehend aus Ökonomie, Ökologie und gesellschaftlichem Engagement verstanden." (Zukunftsinstitut 2015).

Connectivity-Konnektivität: Dies bedeutet, dass sich die Menschen in Netzwerken neu organisieren werden. Nicht nur die Menschen, auch Maschinen kommunizieren inzwischen über das „Internet der Dinge". Der wahre Wandel ist hier jedoch im Sozialen zu suchen: Die Unternehmen und administrativen Strukturen werden in der neuen Kultur der Transparenz nach außen hin geöffnet (vgl. Zukunftsinstitut 2015).

Globalisierung: Die Globalisierung, das heißt die weltweite Vernetzung, fordert das 21. Jahrhundert besonders heraus. Trotz vieler negativer Überzeugungen und Prognosen haben sich viele globale Trends in den letzten Jahrzehnten zum Positiven entwickelt. Dank der Internationalisierung der Märkte können nun auch Schwellenländer am Welthandel, am Wohlstand und am wirtschaftlichen Wachstum partizipieren (vgl. Zukunftsinstitut 2015).

Urbanisierung: Wir befinden uns erst am Anfang einer neuen Dimension der Urbanisierung: Städte erfahren eine Erneuerung als Lebens- und Kulturform. Die Städte der Zukunft werden vielseitiger, lebenswerter, vernetzter und in jeder Hinsicht „grüner" sein als wir es lange Zeit gewohnt waren. Vor allem aber wird ein Wandel im Verhältnis und Bewusstsein der Menschen zu ihren Städten beobachtbar sein (vgl. Zukunftsinstitut 2015). Neue Wohn-, Lebens- sowie Partizipationsformen werden sich in den Städten entwickeln. Es wird ein starkes Wachstum von Megacities zu beobachten sein. Dadurch wird es in ländlichen Regionen zunehmend zu strukturellen Problemen kommen (vgl. Jannek 2015, S. 38).

8.7 Methodische Vorgangsweise

Im Folgenden wird die methodische Vorgangsweise zur trendgebundenen Geschäftsmodellinnovation in sechs Phasen beschrieben. Häufig gelingt es, Trends und Entwicklungen subjektiv oder auch objektiv wahrzunehmen. Aus diesen jedoch neue Geschäftsideen/Anwendungen für Unternehmen zu generieren und diese in Form von Geschäftsmodellinnovation in Unternehmen umzusetzen, ist für den unternehmerischen Erfolg relevant. Das vorliegende, selbst entwickelte Konzept der „trendgebundenen Geschäftsmodellinnovation" unterteilt genau diesen Prozess, ausgehend von der Trendanalyse, über die Implementierung von Geschäftsmodellinnovationen bis hin zur Ergebnissteuerung und ständigen Rückkoppelungsschleifen, in die anstehend dargestellten sechs Phasen (vgl. Abb. 8.4):

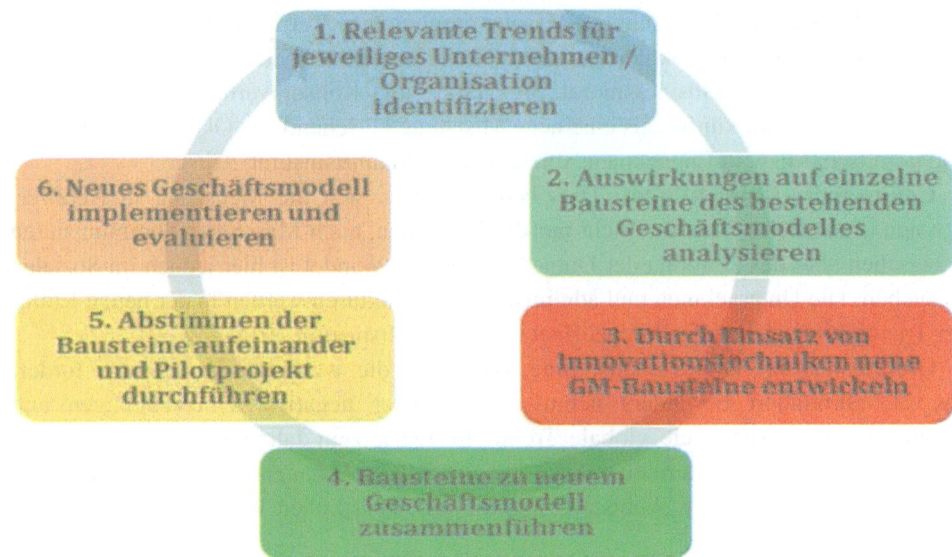

Abb. 8.4 Methodische Vorgangsweise zur trendantizipierenden Geschäftsmodellinnovation. (Quelle: eigene Darstellung)

8.7.1 Relevante Trends analysieren

In Phase 1 werden für das jeweilige Unternehmen bzw. die jeweilige Organisation relevante Trends und Entwicklungen identifiziert. Relevant heißt in diesem Zusammenhang, dass dieser Trend bzw. diese Entwicklung Auswirkungen auf das bestehende Geschäftsmodell des Unternehmens hat. Aktuelle Trends und Entwicklungen müssen nicht von den Unternehmen eigens zeitaufwendig analysiert werden, weil globale Entwicklungen durch spezielle Institute, Einrichtungen, Hochschulen analysiert und publiziert werden. Unternehmensspezifische Informationen können speziell angefragt oder Ergebnisse von Untersuchungen durch laufende Publikationen kostenlos im Internet abgerufen werden.

8.7.2 Auswirkungen auf einzelne Bausteine des Geschäftsmodells analysieren

In Phase 2 werden die Auswirkungen der identifizierten Trends auf die einzelnen Bausteine des Geschäftsmodelles analysiert. Derselbe Trend kann sich unterschiedlich auf die einzelnen Bausteine (Kunden, Wertschöpfungsprozesse, Kundenbeziehungen, Schlüsselpartner etc.) auswirken, indem beispielsweise durch ein und denselben Trend eine Schlüsselressource wegfallen und gleichzeitig die Kundengruppe massiv wachsen kann.

Einsatz von Innovationsmethoden zur Generierung von neuen Bausteinen

Nach erfolgter Analyse der Auswirkungen von Trends/Entwicklungen auf die einzelnen Bausteine des Geschäftsmodelles und der Feststellung der strategischen Lücke zwischen prognostizierter Ist- und wünschenswerter Soll-Situation, werden mithilfe des Einsatzes von Innovationsmethoden die einzelnen Bausteine des Geschäftsmodelles weiterentwickelt oder gänzlich neu konzipiert.

8.7.3   Neue Bausteine zu neuem Geschäftsmodell zusammenführen

Im Anschluss an die Weiterentwicklung oder Neukonzeption von Geschäftsmodell-bausteinen werden diese in das bestehende Geschäftsmodell eingebunden. Dabei ist es durchaus eine Herausforderung, die neuen Geschäftsmodellbausteine mit bestehenden zu verbinden. Denn die Veränderung eines Bausteines hat Rückwirkungen auf die beste-henden. So erfordert die Fokussierung auf eine neue Kundengruppe meist auch neue Absatzkanäle, wie auch ein neues Wertangebot.

8.7.4   Abstimmen der einzelnen Bausteine aufeinander

In diesem Schritt werden die bestehenden und die neuentwickelten Bausteine des Geschäftsmodells aufeinander abgestimmt. Dabei wird es häufig vorkommen, dass die einzelnen Elemente nicht mehr nahtlos zueinander passen. Verändert sich beispiels-weise die Art der Leistungserbringung, so kann sich dadurch auch eine Verschiebung der potenziellen Kundengruppen ergeben. Oder eine Veränderung der Kernaktivitäten kann andere Schlüsselpartner erforderlich machen.

8.7.5   Innoviertes Geschäftsmodell implementieren und evaluieren

Sind die innovierten und bereits bestehenden Bausteine des Geschäftsmodells aufeinan-der abgestimmt, so kann das neue Geschäftsmodell beispielsweise in einem Testmarkt eingeführt und die Kundenakzeptanz getestet werden. Entsprechen die Ergebnisse noch nicht den Erwartungen bzw. Unternehmenszielen, so ist das Geschäftsmodell entspre-chend nachzujustieren. Sind die Ergebnisse positiv, so steht einer Einführung auf dem gesamten Zielmarkt nichts mehr entgegen.

8.8 „Trendantizipierender Geschäftsmodellinnovationen-Methodenkoffer"

Mithilfe von Innovationsinstrumenten werden aktuelle Trends im Wirtschaftsleben und deren Auswirkungen auf die unterschiedlichen Bausteine des Business-Model Canvas nach Osterwalder und Pigneur untersucht. Mittelfristige Zielsetzung ist es, einen diesbezüglichen Methodenkoffer zu entwickeln. Aus einer Ableitung aus dieser Absicht heraus wird für die Umsetzung einer antizipierenden Geschäftsmodellinnovation, welche neuartige Modelle, ihre Dynamiken, Innovationstechniken eines wettbewerbsorientierten Umfeldes und die die neun grundlegenden Bausteine eines Geschäftsmodelles (Kundensegmente, Wertangebote, Kanäle, Kundenbeziehungen, Einnahmequellen, Schlüsselressourcen, Schlüsselaktivitäten, Schlüsselpartnerschaften sowie Kostenstruktur) als Basis hat, ein sogenannter „Trendantizipierende Geschäftsmodellinnovationen-Methodenkoffer" entwickelt. In diesem Koffer wird eine Vielfalt an Methoden und Verfahren der Trend- bzw. Zukunftsforschung implementiert, die die Einsetzbarkeit der bestmöglichen Innovationsinstrumente für jeden einzelnen Baustein angeführt haben. Die Institutionalisierung dieser Innovationsinstrumente in einem Methodenkoffer ist wenig bis noch gar nicht vorhanden. Ziel ist es, die verschiedensten (neuartigen) Innovationsinstrumente (vgl. Abb. 8.5) mit dem Business-Model Canvas nach Osterwalder und Pigneur zu verknüpfen. Unter den Prämissen, dass alle neun Bausteine enthalten und eine Zeitachse in Fünfjahresschritten vorhanden sein sollen, wurde das in Abb. 8.5 dargestellte Schema entwickelt. In einem ersten Schritt wird jedoch auf die zeitliche Zuordnung verzichtet.

Abb. 8.5 Zuordnung der Innovationsinstrumente. (Quelle: eigene Darstellung)

Auf der **X-Achse** befinden sich Innovationsinstrumente in alphabetischer Reihenfolge wie Balance Scorecard, Betriebswirtschaftliche Forecasts, Branchenstrukturanalyse, Conjoint-Analyse, Delphi-Methode, Extrapolation/Retropolation, GAP-Analyse, Gartner Hype Cycle, Kundenprofilanalyse, Megatrend Map 2.0, Multikriterien-Analyse, Portfolio-Analyse, Scoring-Modell, Stakeholderanalyse, Strategisches Roadmapping, SWOT-Analyse, Szenariotechnik, Target Costing, Trendanalyse, Trendextrapolation/ Prognose, Wildcards sowie der Wirkungskreislauf. Auf der **Y-Achse** wurden die neun Bausteine von Osterwalder und Pigneur hinterlegt. Die einzelnen Innovationsinstrumente werden bei jenen Bausteinen angewendet, für die sie eigens konzipiert bzw. entwickelt wurden und die bereits vielfach im täglichen Alltag Anwendung finden. Mittelfristig soll dieses Konzept noch um eine **Z-Achse** in Form von Kurz-, Mittel- und Langfristigkeit weiterentwickelt werden.

8.9   Praxisbeispiel zur trendantizipierenden Geschäftsmodellinnovation (AKH – VAMED)

Relevante Trends analysieren Im Rahmen des durch die FH Kärnten begleiteten gemeinsamen Innovationsmanagements von AKH-Wien und VAMED-KMB wurden mögliche Auswirkungen des Trends „Digitalisierung und Internet der Dinge (IoT)" untersucht (vgl. Abb. 8.6). Dabei wurde der integrative Ansatz, der Kern des IoT, zum Lösen komplexer Probleme als Schlüssel zu einem modernen und patientenfreundlichen Krankenhaus in Erwägung gezogen. Für die VAMED-KMB erschließen sich durch den Trend der Digitalisierung völlig neue Infrastruktur- und Serviceangebote.

Auswirkungen auf einzelne Bausteine des Geschäftsmodells analysieren Die laufende Entwicklung des neuen Elements der infrastrukturellen Dienste der VAMED-KMB führt zu einer deutlichen Unterscheidung dieses Gesundheitsdienstleisters von allen Service-Firmen in seinem Sektor. Primär wurde der Geschäftsmodellbaustein „Value Proposition", nach dem Business-Model Canvas, durch diese grenzüberschreitende Entfaltung der Dienstleistungen der VAMED-KMB bedarfsgerecht und zukunftsfähig weiterentwickelt. Die sekundär beeinflussten Bausteine „Key Resources", „Key Partnerships" und „Key Activities" ergaben sich aus der Notwendigkeit der Realisierung des primären Bausteins.

Einsatz von Innovationsinstrumenten zur Generierung von neuen Bausteinen Das erste angewandte Instrument auf dem Weg zu dieser innovativen Entwicklung war eine digitale Ideenplattform, die zur Vernetzung einer großen Community, bestehend aus den Mitarbeitern der Kooperationspartner, AKH-Wien und VAMED-KMB, und zur Ausschöpfung des kollektiv kreativen Potenzials eingesetzt wurde. Das zweite Instrument war die SWOT-Analyse, die in zwei Schritten des definierten Innovationsmanagementprozesses durchgeführt wurde.

Abb. 8.6 Trendantizipierende Business-Model-Innovation am Beispiel Digitalisierung. (Quelle: eigene Darstellung)

Neue Bausteine zu neuem Geschäftsmodell zusammenführen Zur Erreichung der konzipierten Value Proposition sind intern neue Aktivitäten und dafür notwendige Expertisen erforderlich. Extern sind die Technologieanbieter und die IT-Systemhersteller die neuen Schlüsselpartner, die den Erfolg der innovativen Dienstleistung maßgeblich beeinflussen. Die Funktionsfähigkeit des neuen und lösungsorientierten Geschäftsmodells ist abhängig von jedem einzelnen Baustein. Ohne kompetente und verlässliche Schlüsselpartner etwa können die Schlüsselaktivitäten und die Schlüsselressourcen die erwartete Value Proposition nicht erfüllen, und damit wird das Geschäftsmodell schnell instabil.

Abstimmen der einzelnen Bausteine aufeinander Setzt man nun voraus, dass die neuen Bausteine Value Proposition, Key Activities, Key Resources und Key Partnerships richtig gelegt sind, ist es noch kein Garant für den Erfolg des Businessmodells. Dafür müssen die Bausteine „Kosten" und „Umsätze" erhoben und in weiterer Folge das gesamte neue Geschäftsmodell im Rahmen eines „Proof of Concept" auf seine Realitätstauglichkeit evaluiert werden.

Innoviertes Geschäftsmodell implementieren und evaluieren Ein Geschäftsmodell ohne Risiko wäre ein Geschäftsmodell ohne Innovation! Daher ist jede Geschäftsmodellinnovation mit einem gewissen Risiko verbunden. In diesem neuen Geschäftsmodell sind sowohl technische als auch wirtschaftliche Unsicherheiten vorhanden, welche im Rahmen der (zwei) geplanten Prototyping-Phasen untersucht werden. Der Prototyping-Vorgang konvertiert die Ungewissheiten zu bekannten Risiken, eliminiert diese jedoch nicht vollständig. Anhand bekannt gewordener Risiken und einer existierenden Risikopolitik wird eine objektive Evaluierung des Geschäftsmodells erfolgen. Die Überschneidung der einzelnen (sechs) Phasen bedeutet, dass diese mittels Rückkoppelungsschleifen verknüpft sind und ein Ganzes ergeben.

8.10   Resümee

Mithilfe der trendantizipierten Geschäftsmodellinnovation wird es Unternehmen bzw. Organisationen ermöglicht, die Auswirkungen von künftigen Trends und Entwicklungen auf die einzelnen Bausteine des Geschäftsmodelles frühzeitig zu erkennen. Dadurch können in weiterer Folge gezielt jene Bausteine des Geschäftsmodelles, welche durch die identifizierten Trends tangiert sind, durch geeignete Maßnahmen und Neukreationen weiterentwickelt werden. Durch die Zusammenführung der bestehenden mit den neu geschaffenen Geschäftsmodellbausteinen und die Abstimmung der einzelnen Bausteine aufeinander entsteht ein neues, künftige Trends antizipierendes Geschäftsmodell. So werden für das Unternehmen Wettbewerbsvorteile generiert und mittel- bis langfristig zusätzliche Erfolgspotenziale aufgebaut sowie damit Wachstums- und Entwicklungspotenziale geschaffen.

Literatur

Fritz-Morgenthal S (2014) SREP – auf dem Weg in die Planwirtschaft? http://www.leadvise. de/2014/10/22/srep-auf-dem-weg-die-planwirtschaft/, (12.1.2016)

Hanusch H & A Pyka (Hrsg) (2007) Elgar Companion to Neo-Schumpeterian Economics, Northampton, Cheltenham S 800–819

Hanusch H (1999) Schumpeter's Life, Work and Legacy. In: Elgar E (Hrsg) The Legacy of Joseph A. Schumpeter. Cheltenham, Vol. I., S xi–lxiv

Horx M (2015) Die Macht der Megatrends. Wie die großen Wandlungskräfte unsere Welt verändern. http://www.horx.com/Reden/Macht-der-Megatrends.aspx, abgerufen am 12.1.2016

Jannek K (2015) Infobroschüre Megatrends. http://www.z-punkt.de/uploads/files/234/z_punkt_ megatrends_de.pdf, abgerufen am 12.1.2016

Kleinknecht A (1990) Are There Schumpeterian Waves of Innovations? In: Cambridge Journal of Economics 14, S 81–92

Osterwalder A & Y Pigneur (2011) Business Model Generation. Ein Handbuch für Visionäre, Spielveränderer und Herausforderer. Campus Verlag GmbH, Frankfurt am Main

Otter N (2013) Schumpeter und die Konjunkturtheorie. In: Pies I & M Leschke (Hrsg) (2013) Joseph Schumpeters Theorie gesellschaftlicher Entwicklung. Mohr Siebeck-Verlag, Tübingen, S 81–119

Schumpeter J A (1961) Konjunkturzyklen, Bd I+II, Vandenhoeck und Ruprecht, Göttingen

Zukunftsinstitut (2015) Megatrends. https://www.zukunftsinstitut.de/dossiers/, abgerufen am 11.1.2016

Weiterführende Literatur und Internetquellen

Chesbrough H W (2003) Open Innovation. The New Imperative for Creating and Profiting from Technology. Harvard Business School Press, Boston

Freeman C (1987) Long Swings in Economic Growth. In: Eatwell J, Milgate M & P Newman (Hrsg) The New Palgrave, A Dictionary of Economics. Vol 3. MacMillan Stockton Press, Bastingstoke

Gassmann O & P Granig (2013) Innovationsmanagement. 12 Erfolgsstrategien für KMU. Karl Hanser Verlag, München

Gaubinger K (2015) Innovation and Product Management. A Holistic and Practical Approach to Uncertainty Reduction. Gabler Verlag, Wiesbaden

Goodwin K (2009) Designing for the Digital Age: How to Create Human-Centered Products and Services. Kohn Wiley & Sons Inc., Indianapolis

Goodwin R M (1989) Towards a Theory of Long Waves. In: DiMatteo M G, Richard M & A Vercelli (Hrsg) Technological and Social Factors in Long Term Fluctuations. Springer, New York, S 1–15

Granig P (2007) Innovationsbewertung. Potentialprognose und –steuerung durch Ertrags- und Risikosimulation. Gabler Edition Wissenschaft, Dt. Univ.-Verlag, Wiesbaden

Granig P, Hartlieb E & D Lingenhel (Hrsg) (2015) Geschäftmodellinnovationen. Vom Trend zum Geschäftsmodell. Springer, Wiesbaden

Händeler E (2007) Kondratieffs Welt. 3. Aufl, Moers

Herstatt C & B Verworn (Hrsg) (2003) Management der frühen Innovationsphasen. Grundlagen – Methoden – Neue Ansätze. Gabler Verlag, Wiesbaden.

Horx M & P Wippermann (1996) Was ist Trendforschung? ECON Verlag, Düsseldorf

Kleinknecht A (1980) Überlegungen zur Renaissance der „langen Wellen" der Konjunktur („Kondratieff-Zyklen"). In: Schröder W H & R Spree (Hrsg) Historische Konjunkturforschung. Klett-Cotta-Verlag, Stuttgart, S 316–338

Kondratieff N D (1926) Die langen Wellen der Konjunktur. In: Archiv für Sozialwissenschaft und Sozialpolitik 56. Mohr-Verlag, Tübingen, S 573–609 bzw. Kondratieff, Nikolai D. (2006): Die langen Wellen der Konjunktur. GESIS Datenarchiv, Köln. ZA8269 Datenfile Version 1.0.0, https://doi.org/10.4232/1.8269 https://dbk.gesis.org/dbksearch/sdesc2.asp?no=8269&db=e&doi=10.4232/1.8269, abgerufen am 2.10.2017

Lingenhel D (2013) Von Trends zu Geschäftsmodellinnovationen in KMU mit Praxisbeispiel an einer Seniorenresidenz. Master Thesis, Fachhochschule Kärnten, Bodensdorf

Mensch G (2005) Das technologische Patt. Umschau Verlag, Frankfurt

Otter N & P Granig (2015) Wellenreiten und das Innovationspotential der Gesundheitswirtschaft, in: Granig P, Hartlieb E & D Lingenhel (Hrsg.) (2015) Geschäftsmodellinnovationen. Vom Trend zum Geschäftsmodell. Springerverlag, Wiesbaden

Perez C (2002) Technological Revolutions and Financial Capital. The Dynamics of Bubbles and Golden Ages. Cheltenham, Northampton

Perez C (2007) Finance and Technical Change: A Long-Term View. In: Hanusch H & A Pyka (Hrsg) Elgar Companion to Neo-Schumpeterian Economics, Cheltenham, Northampton, S 775–799

Röpke J (1977) Die Strategie der Innovation. Mohrverlag, Tübingen

Silverberg G (2007) Long Waves: Conceptual, Empirical and Modelling Issues. In: Hanusch H & A Pyka (Hrsg) Elgar Companion to Neo-Schumpeterian Economics, Cheltenham, Northampton, S 800–819

Terwiesch C & K T Ulrich (2009) Innovation Tournaments. Creating and Selecting Exceptional Opportunities. Harvard Business Press, Boston

Willfort R, Hoch W, Hirschfeld P & C Weber (2013) Crowdselfing – mit innovativen Strategien zum Markterfolg. Fallbeispiel KMU – Interaktionen mit der Masse ermöglichen eine neue Dimension der Entwicklung und des Vertriebs von Innovationen. Know Tech., Frankfurt.

FH-Prof. Ing. Mag. Dr. Peter Granig
Vizerektor und Professor für Betriebwirtschaft und Innovationsmanagement an der FH Kärnten

Dr. Peter Granig, geb. 1969, ist seit 2016 Rektor der Fachhochschule Kärnten, war zuvor seit 2014 Vizerektor der Fachhochschule Kärnten und ist seit 2005 Professor für Betriebswirtschaft und Innovationsmanagement an der FH Kärnten. Nach Abschluss einer Betriebselektrikerlehre und der berufsbegleitenden Absolvierung der Höheren Technischen Lehranstalt für Elektrotechnik studierte er Betriebswirtschaftslehre und Gruppendynamik an der Alpe Adria Universität sowie Management und Marketing in den USA. Seine Dissertation (Dr. rer. soc. oec) hat er am Institut für Controlling und strategische Unternehmensführung an der Alpe Adria Universität Klagenfurt zum Thema Bewertung und Steuerung von Innovationen durch Einsatz einer risikoaggregierten Simulation verfasst.

Dr. Granig hat über 20 Jahre Erfahrung im Bereich Innovationsmanagement und Business Development in nationalen und internationalen Unternehmen und ist Autor zahlreicher Fachpublikationen zum Thema Innovation und Innovationsmanagement. Seine aktuellen Forschungsschwerpunkte sind strategisches Innovationsmanagement, Geschäftsmodellinnovationen und Strategieentwicklung.

MMag. Dr. Vera Ratheiser
Wissenschaftliche Mitarbeiterin an der FH-Kärnten

Vera Ratheiser hat ihr Doktorat in der Erziehungs- und Bildungswissenschaft an der Alpen-Adria-Universität Klagenfurt (Österreich) mit der Thematik „Diversity Management" abgeschlossen. Seit 2015 arbeitet sie als wissenschaftliche Mitarbeiterin im Studienbereich „Wirtschaft & Management" der Fachhochschule Kärnten in Villach. Sie ist sowohl in mehreren interdisziplinären Projekten als auch in der Lehre involviert. An der Universität Klagenfurt ist sie ebenfalls als externe Lektorin tätig.

Mag. (FH) Erich Gaggl, MA, MA
Absolvent im Diplomstudium Public Management der Fachhochschule Kärnten

Erich Gaggl hat sein Diplomstudium Public Management an der Fachhochschule Kärnten mit Schwerpunkt „Controlling" sowie „Arbeits- & Dienstrecht" und den Master mit Fokus „Strategisches Management/Verwaltungscontrolling" und „Demographie" positiv abgeschlossen. Da er seit mehr als 20 Jahren im Krankenanstaltenbereich hauptberuflich tätig ist, hat er auch das Studium „Gesundheitsmanagement" mit gutem Erfolg abgeschlossen.

Seine derzeitigen Schwerpunkte liegen im Bereich Change Management in öffentlichen Einrichtungen. Er ist Autor mehrerer Fachbücher zum Thema Innovations- und Multiprojektmanagement sowie Grundprobleme im österreichischen Gesundheitswesen. An der Krankenpflegeschule in Klagenfurt ist er nebenberuflich als Lektor tätig.

Mit Solarpotenzialanalyse Heiz- und Klimatisierungskosten senken

Für Wohnobjekte und ihre Cluster

Martin Salcher und Bernhard Heiden

9.1 CO$_2$-Ausstoß und Erderwärmung

Im Jahr 2012 erreichte der CO$_2$-Ausstoß weltweit 34.500 (vgl. Quaschnig 2015, 2016) Millionen Tonnen, ein ernst zu nehmender Wert, weil die Umweltverschmutzung inzwischen zu einer Erderwärmung von mehr als einem Grad Celsius geführt hat. Auch auf der Kostenseite sind die Zahlen beeindruckend, immerhin werden in Kärnten 4223 Gigawattstunden pro Jahr (vgl. NASA 2015) für Klimatisierung und Heizung von Immobilien benötigt. Das entspricht bei Verwendung von Fernwärme einem Geldbetrag von nicht ganz einer halben Milliarde Euro jährlich.

Betrachtet man aktuelle Solarkarten, erkennt man, dass die Sonne jährlich auf jeden Quadratmeter in Österreich im Schnitt 1000 bis 1400 kWh (vgl. Land Kärnten 2017) an Energie liefert. Hier stellt sich die Frage: Kann man diese Energie besser nutzen? Kann man das Haus der Zukunft fossilenergieautark betreiben, mit einer Gesamtenergieversorgung durch Sonnenstrahlen? In der Industrie wird alles schneller, besser, günstiger und umweltfreundlicher, mit dem Schlagwort Industrie 4.0 werden neue Maßstäbe gesetzt. Wäre es da nicht klug, diese Technologie auch im Hausbau einzusetzen (vgl. emap 2015)?

M. Salcher (✉)
Villach, Österreich
E-Mail: martin.salcher@aon.at

B. Heiden
FH Kärnten, Villach, Österreich
E-Mail: B.heiden@fh-kaernten.at

© Springer Fachmedien Wiesbaden GmbH, ein Teil von Springer Nature 2018
P. Granig et al. (Hrsg.), *Mit Innovationsmanagement zu Industrie 4.0,*
https://doi.org/10.1007/978-3-658-11667-5_9

9.2   Was versteht man unter Industrie 4.0 im Hausbau

Laut Wikipedia versteht man unter Industrie 4.0 die Erweiterung der industriellen Produktion, indem diese mit moderner Informations- und Kommunikationstechnologie verzahnt wird. Menschen, Maschinen, Logistik und Produkte kommunizieren und kooperieren in der Industrie 4.0 miteinander. Die einzige Komponente im Hausbau, die schon bisher viel Technik beinhaltete, war die Heizung. Getrennt regelbare Temperatur in allen Räumen kombiniert mit zuschaltbarer Klimatisierung wird auf „Häuslbauermessen" angeboten. In diesem Kapitel zeigen wir etwas völlig Neues: Sonnenenergieanalyse direkt am Bauplatz im Planungsstadium zum Bau von Häusern, die als einzige Energiequelle die Sonne benötigen.

9.3   Das Haus der Zukunft gewinnt seine Energie aus Sonnenkraft – dank Solardesign

Inzwischen ist es erprobt und bestätigt: Das Haus, das ohne Heizung und Kühlung mit fossilen Brennstoffen auskommt, kann gebaut werden.

Dank passivem und aktivem Solardesign kann die Sonnenkraft optimal genutzt werden. Passives Solardesign besteht aus mehreren Elementen. Es handelt sich hier um Baustoffe und Anordnungen von Baustoffen. Ein Element des passiven Solardesigns stellt der exakt berechnete Dachvorsprung dar. Dieser sorgt dafür, dass die hochstehende Sonne im Sommer auf das Dach scheint, hingegen die tief stehende Sonne im Winter beim Fenster hineinscheint und den Raum aufwärmt. Das Ergebnis ist, dass das Haus im Sommer kühl und im Winter warm ist. Das spart im Sommer Klimatisierungskosten und im Winter Heizkosten.

Ein weiteres Element des passiven Solardesigns sind Wärmewandler in den Räumen. Dies kann zum Beispiel durch dunkle Flächen am Boden erreicht werden, welche sich am Tag, wenn die Sonne in den Raum scheint, aufwärmen. Das nächste Element sind Wärmespeicher, zum Beispiel Schamottziegel. Solche Elemente sind vom Kachelofen her bekannt und sorgen dafür, dass die am Tag gespeicherte Wärme in der Nacht wieder abgegeben wird, wodurch das Haus gleichmäßig warm bleibt.

Aktives Solardesign besteht hingegen aus den bekannten Technologien Fotovoltaik, welche der Stromerzeugung aus Sonnenlicht dient, und der Solarthermie, welche für Warmwasser und Heizung sorgt. Die Heizfunktion wird durch eine Einbindung der Warmwasseraufbereitung in den Heizungskreislauf realisiert, sodass das Wasser der Zentralheizung gleich miterwärmt wird.

Aber was hat das nun mit Industrie 4.0 zu tun?

9.4   Solarpotenzialanalyse für Wohneinheiten, damit die Planung funktioniert

Damit der Architekt ein Plusenergiehaus planen kann, stellen sich ihm nun viele Fragen: Wie verläuft der Sonnenstand am Bauplatz im Sommer und im Winter? In welche Himmelsrichtung muss der Dachvorsprung ausgerichtet sein? Wie weit muss der Dachvorsprung vom Haus über die Außenwand hinausragen, damit die Sonne im Sommer aufs Dach, im Winter aber zum Fenster hineinscheint? Wo sind die Fenster zu platzieren, damit die Sonnenstrahlen durchs Fenster auf die Wärmewandler treffen, um den Raum und die im Boden integrierten speicherwirksamen Massen zu erwärmen? Und schlussendlich stellt er sich die Frage, wie viele Quadratmeter an Fotovoltaik- und Solarthermie-Kollektorflächen für das Haus benötigt werden und unter welchen Winkeln sie zu montieren sind.

Die Antwort auf diese Fragen liefert die Solarpotenzialanalyse. In Abb. 9.1 ist das Solarpotenzialanalysegerät V 3.0 nach Salcher 2017 dargestellt und wie es im Einsatz beispielsweise platziert wird.

Die dezentrale lokale Solarpotenzialmessung erlaubt eine optimierte Ausrichtung nach der Sonne unter Berücksichtigung der

- Beschattung,
- der Baumaterialien,

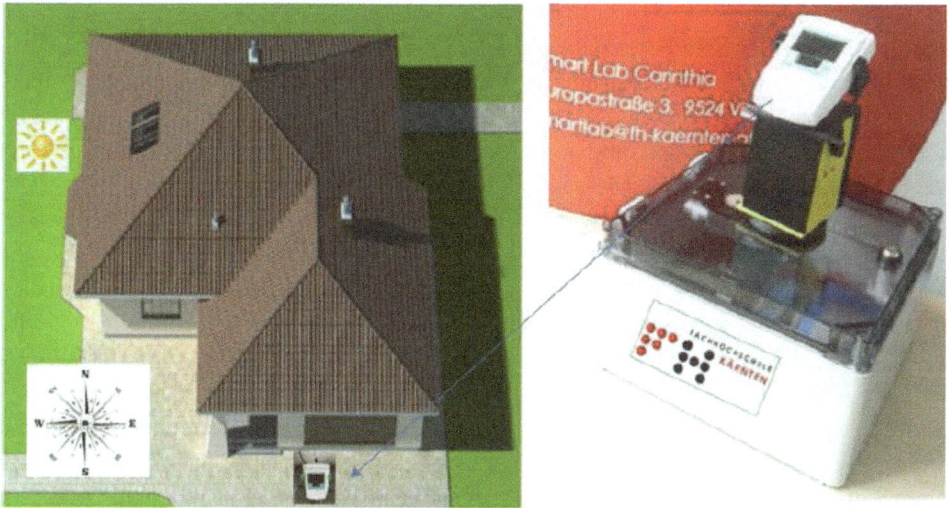

Abb. 9.1 Solarpotenzialanalysegerät Prototpyp3 (rechte Abbildung) und im Einsatz bei der Solarenergiemessung vor Ort – Solarsensor ist nach Süden orientiert (linke Abbildung). (Quelle: in Anlehnung an Salcher 2017)

- der Kundenbedürfnisse,
- des Kundennutzungsverhaltens.

Wenn zum Beispiel die Kundenfanforderung eines Hotelbetriebes primär Winterbetrieb oder nur Sommerbetrieb ist, verändert sich damit der Ausrichtungswinkel von Solarthermie und Fotovoltaik. Das heißt, dass man das individuelle Nutzerverhalten berücksichtigen muss, um eine energieoptimierte Ausrichtung zu erhalten.

9.4.1   Zu berücksichtigende Faktoren beim Messverfahren

Versucht man mit klassischen Messgeräten die Daten für die Solardesignplanung am Bauplatz zu messen, stößt man schnell an Grenzen. Dabei können nur durch eine Vor-ortmessung die exakten Energiedaten vom Bauplatz gewonnen werden. Neben den oben genannten Informationen ist es erforderlich, die indirekte, also diffuse Strahlung zu berücksichtigen. Ein See neben einem Haus spiegelt die Sonne, sodass die optimale Ausrichtung von Fotovoltaik und Solarthermie nicht mehr dem Sonneneinfall entspricht, sondern korrigiert werden muss. Außerdem ist der Schattenwurf angrenzender Gebirge, Wälder und benachbarter Gebäude zu berücksichtigen. In Skigebieten ist die Situation noch weit komplexer, weil die reflektierte Strahlung des Schnees die Winkel mit dem Energieoptimum verschieben.

9.4.2   Solarpotenzialanalysegerät

Um die Aufgabe der Solarpotenzialanalyse zu lösen, wurde in den Jahren 2014 bis 2017 in den Energy Labs der FH Kärnten in Villach ein völlig neues Messgerät entwickelt. Das Gerät besteht neben einem Solarstrahlungssensor aus einer intelligenten Rechenein-heit, welche die Datenauswertung sowie die Steuerung des Sensors übernimmt und mit der Außenwelt kommuniziert, Messaufgaben annimmt und Auswertungen liefert.

Kernstück ist die Informationszentrale, bei der alle Aufträge und Daten zusammen-laufen. Im Zentralcomputer wird der Auftrag erfasst. Er beinhaltet die passiven und aktiven Komponenten des zu bauenden Hauses nach Kundenwunsch, die gewünschten Ausrichtungswinkel sowie die gewünschte Dimensionierung. Das Analysegerät wird am Bauplatz aufgestellt. Die Stromversorgung für den Sensor erfolgt durch die in die-sen integrierte Solarzelle, die Stromversorgung der Messbox kann durch den eingebau-ten Akku oder eine extern anschließbare Solarzelle erfolgen. Die Datenkommunikation erfolgt WPA2-verschlüsselt über WLAN zu einer LTE-Box, welche die Verbindung zum Internet über Handymasten aufbaut. Die Datenstrecke von der LTE-Box zur Zentrale ist als VPN-Leitung ausgeführt, die Daten sind verschlüsselt und für Unbefugte unsichtbar, weil ein Tunnelprotokoll zur Datenübertragung eingesetzt wird. Bei Verwendung einer externen Solarzelle arbeitet das Gerät energieautark.

Die Zentrale übermittelt über Internet den Messauftrag an das Gerät. Dieser enthält die im Bauplan eingetragenen Komponenten sowohl des passiven als auch des aktiven Solardesigns gemäß Kundenwunsch sowie Datum und Uhrzeit. Außerdem werden noch die GPS-Koordinaten am Bauplatz benötigt. Diese können direkt vom Gerät über ein angeschlossenes GPS erfasst oder von der Zentrale übermittelt werden.

9.4.3 Industrie 4.0 Komponenten am Analysegerät

Kernmerkmal von Industrie 4.0 ist, dass sämtliche Systeme untereinander vernetzt sind. Die zwei bekanntesten Vernetzungsmethoden sind RFID und globale IT. RFID („Radio Frequenz Identifier") wird als kleiner Aufkleber am Produkt angebracht. Es enthält einen Speicherchip, der über Radiofrequenz auslesbar und beschreibbar ist. Es ist das bekannteste Verfahren für den Einsatz von RFID. Bereits im Anfangsstadium des Produktes wird auf diesem ein RFID-Aufkleber angebracht. In diesem kann der Kundenauftrag gespeichert werden. Läuft das Produkt nun durch die Fertigung, können die Maschinen den Kundenauftrag sowie den Produktstatus direkt am Produkt auslesen und so das Produkt so lange bearbeiten, bis der Kundenwunsch erfüllt ist. Damit kommuniziert das Produkt mit der Fertigung. Der Vorteil dieser Technologie liegt darin, dass aufgrund des RFID-Chips eindeutig festgestellt werden kann, was der Kundenauftrag ist, was schon fertiggestellt wurde und was noch durchzuführen ist. Es gibt aber auch einen Nachteil. Nicht in allen derartigen Systemen kann der Kunde in Echtzeit den Fortschritt der Fertigung seines Produktes nachverfolgen.

Hersteller von Enterprise Ressource Planning Systemen (ERP) hingegen bevorzugen, das Produkt mit einem Barcode auszustatten und die Fertigungsfortschritte zentral im ERP-System zu speichern. Da ERP-Systeme meist standortübergreifend vernetzt sind, funktioniert dieses System auch sehr gut. Die Kennzeichnung des Produktes mit Barcode ist kaum merklich billiger. Im ERP-System können weit komplexere Informationen gespeichert werden, so können hochauflösende Röntgenbilder von verunreinigtem Material oder Verhalten bei Grenzbeanspruchung bei Microchips ebenfalls als Bestandteil des Produktes gespeichert werden. Der Datenschutz dieser Methode ist zudem besser. Nachteile sind, dass die IT-Systeme des Unternehmens untereinander vernetzt werden müssen, da das Produkt seinen Status nicht kommunizieren kann, was mit erheblichem Mehraufwand bei der Implementierung verbunden ist. Dafür kann dem Kunden eine Realtime-Information über Fertigungsqualität, Fertigungsstatus und voraussichtlichen Fertigstellungstermin geboten werden.

Im Bereich Messtechnik sind jedoch beide Verfahren nicht besonders vorteilhaft. Würde man die Messdaten auf RFID-Tags speichern, müsste man vor dem Auftrag das Gerät mit einem RFID-Tag bestücken und diesen dann am Ende der Messung nach mehreren Tagen manuell dem Gerät entnehmen und auswerten. Auch die globale Vernetzung, wie sie von ERP-Systemen verwendet wird, ist hier wenig effizient, weil man für jedes Analysegerät eigene Schnittstellen zum ERP-System implementieren müsste.

Daher kommen beim Solarpotenzialanalysegerät Netzwerkvariablen zum Einsatz. Diese Variablentype benützt ein proprietäres Tunnelprotokoll, ist damit für Unbefugte unsichtbar und synchronisiert global Daten zwischen verschiedenen Applikationen auf verschiedenen Betriebssystemen in Echtzeit. Dabei ist es noch dazu nicht relevant, ob die Applikationen auf verschiedenen Geräten, welche über Internet verbunden und auf verschiedenen Kontinenten stehen, betrieben werden. Die Lösung ist hochflexibel, denn sobald ein weiteres Gerät eingeschaltet wird, wird dieses durch die Zentrale erkannt und kann ausgewertet werden.

Technisch sind Netzwerkvariablen als sogenannte Library implementiert. Die Synchronisation erfolgt über ein eigenes Protokoll. Das Protokoll kann nur auf Systemen gelesen oder beschrieben werden, welche die Kommunikationssoftware installiert haben. Für andere Geräte ist dieses unsichtbar.

9.4.4 Kommunikationstechnologie am Analysegerät

Nach dem Einschalten des Solarpotenzialanalysegerätes stellt dieses eine Verbindung zum Handygateway her. Dieses baut die Verbindung zum Internet auf und erzeugt den VPN-Tunnel zur Zentrale. Über DHCP wird eine IP-Adresse allokiert und das Gerät an der Zentrale angemeldet. Dieser IP-Adresse werden nun die im Gerät definierten Netzwerkvariablen als Unterfunktionen mitgegeben. Damit ist die Software in der Zentrale darüber informiert, dass ein weiteres Solarpotenzialmessgerät zur Auswertung bereitsteht und welche Daten es verarbeitet.

Der Kundenauftrag wurde nun in der Zentrale über die Client Software erfasst. Diese enthält sämtliche im Bauplan befindlichen Elemente des passiven Solardesigns, für die eine Langzeitmessung erforderlich ist. Die Software in der Zentrale überträgt diese nun zusammen mit dem aktuellen Datum und der Uhrzeit über den VPN-Tunnel, welcher über das Übertragungsmedium Handydatennetz an das Gerät im Feld bereitgestellt wird. Die Zentrale erhält Datum und Uhrzeit von einer Atomuhr über NTP Protokoll. In Deutschland wird dieses Protokoll von der technischen Universität in Braunschweig zur Verfügung gestellt. Nachdem auch Datum und Uhrzeit über Netzwerkvariable an das Gerät im Feld übertragen wurden kann die Messung beginnen.

Der im Gerät enthaltene Rechenbaustein führt einfache Aufgaben selbst aus. Dazu gehört die Ausrichtung des Messsensors in Richtung der geplanten Solarelemente und die Durchführung der Messung. Dabei wird der Sensor auftragsbezogen mehrmals neu positioniert und die am Sensor anliegenden Spannungen werden in Messwerte verwandelt. Die Positionierung ist als Regelstrecke, genauer als Proportionalregler ausgeführt. Die Soll-Werte kommen aus dem Kundenauftrag. Für jedes geplante Objekt des passiven Solardesigns wird ein Messprotokoll angelegt und dieses im durch den Kundenauftrag geforderten Intervall, zum Beispiel alle zehn Minuten, mit den aktuellen Messdaten ergänzt. Anschließend werden die Daten in Netzwerkvariablen geschrieben, sodass diese in Echtzeit in der Zentrale zur Verfügung stehen. Die Methode hat den Vorteil, dass keine Daten am Gerät im Feld gespeichert werden müssen und die Ergebnisse in Real-time in der Zentrale zur Verfügung stehen. Eine Herausforderung war die Tatsache, dass die meisten Industriesteuerungen keine komplexen mathematischen Rechnungen auf der SPS bzw. am Baustein im Feld durchführen können. Dies wurde so gelöst, dass die Werte für Intensität und Temperatur per Netzwerkvariablen an die Zentrale übertragen und die Berechnungen nun in der Zentrale durchgeführt werden. Die Ergebnisse werden dann in den jeweiligen Logfiles für die Elemente des passiven Solardesigns gespeichert.

9.5   Solarpotenzialanalyse für Cluster von Wohneinheiten

Wenn man eine kurze Systemanalyse der Solarenergieeinstrahlung in Städten macht, kommt man schnell zu dem Ergebnis, dass Cluster von Wohneinheiten, die man mit zunehmender Größe mit Stadtgebieten gleichsetzen kann, in Bezug auf Solarenergienutzung zunehmend ineffizient sind. Andererseits wird dort der menschliche Handlungsraum komprimiert und es findet eine soziale Effizienzsteigerung der Kooperation und Kommunikation statt. Das heißt, es kommt zu einer „Imbalance" im Energieverbrauch von Gebäuden, im urbanen (städtischen) Bereich einerseits und andererseits im suburbanen (ländlichen) Raum. Wenn man die geopolitische Lage ansieht, dass einerseits die Städte einen enormen Zuzug erfahren und umgekehrt der ländliche Bereich tendenziell Abwanderung erlebt, so ergibt sich insgesamt, dass ein globales Ziel der Nachhaltigkeit damit ebenfalls systemisch „verschärft" wird. Umgekehrt betrachtet ist nun am Land bzw. im suburbanen Raum die Wohneinheitendichte niedriger, und damit die Fläche pro Wohneinheit tendenziell höher. Die konzeptuelle Idee ist es nun, ein System aufzubauen, das eine nachhaltige Energienutzung für Städte gemäß Abb. 9.2 ermöglicht.

Dabei sind fünf Komponenten maßgeblich (vgl. Abb. 9.2):

1. Wohneinheit dezentral
2. Abgabe des Energieüberschusses und Einspeisung in lokales Fernwärmenetz
3. Empfänger von Solarenergie
4. Fernwärmenetz zum Wärmetransport
5. Dezentrale Ganzjahresspeicher von Sommerenergie

Dabei sind vier systemische Probleme mit daraus folgenden Lösungsansätzen identifizierbar.

Systemisches Problem 1
Für die nachhaltige Energienutzung von urbanen Räumen ergibt sich das systemische Problem, dass diese pro Flächeneinheit einen höheren Energiebedarf pro Sonneneinstrahlungsfläche haben. Dies hat zur Folge, dass diese für das Ziel der nachhaltigen Energienutzung weniger effizient sein können.

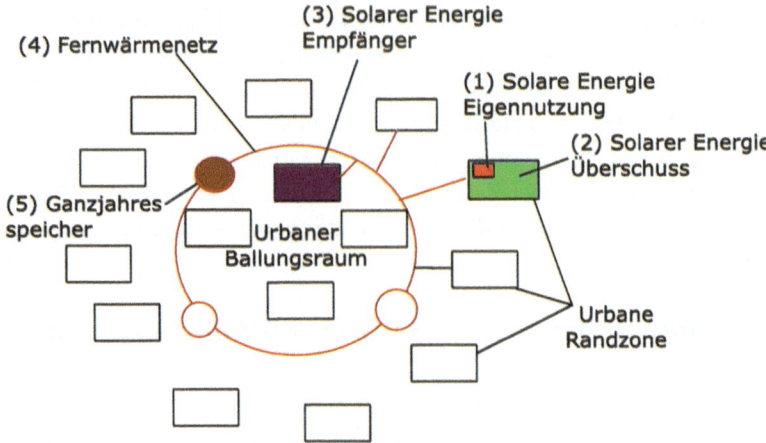

Abb. 9.2 Systemischer Lösungsansatz für nachhaltige Energienutzung in urbanen Räumen. (Quelle: eigene Darstellung in Anlehnung an Austrian World Summit 2017)

Der Lösungsansatz besteht darin, die urbanen Randzonen dezentralisiert (privat) zu nutzen, weil dort nachhaltige Energieüberschüsse erzielt werden können.

Systemisches Problem 2

Im Sommer geht viel an thermischer Energie verloren, im Winter ist zu wenig Energie nutzbar, wo sie benötigt wird.

Die Lösung dafür ist „physikalisches Hedging", wobei über ein urbanes Fernwärmenetz mit Ganzjahreszwischenspeichern die nachhaltige Gesamtenergieeffizienz noch gesteigert werden kann. Das physikalische Hedging bedeutet dabei, dass über das Fernwärmenetz die Energie gepuffert (gehedged) wird und zu einem späteren Zeitpunkt wieder entnommen werden kann. Das Netz ist quasi der „ausgleichende" Speicher.

Systemisches Problem 3

Die Fernwärmenetze werden zumeist nur im Winter und auch nur unidirektional genutzt.

Die Lösung dafür ist die bidirektionale Ganzjahresnutzung der Fernwärmenetz-Infrastruktur. Dies erhöht die Wirtschaftlichkeit des Netzes und steigert damit seine Effizienz, man könnte dies als eine sekundäre Effizienzsteigerung bezeichnen.

Systemisches Problem 4

Die Akzeptanz von solarer Nutzung ist dann niedrig, wenn das Fachwissen für die richtige technische und wirtschaftliche Nutzung nicht vorhanden ist und/oder das Bewusstsein dafür fehlt.

Eine Lösung könnte die Schaffung eines steuerlichen Anreizsystems für Anschluss-maßnahmen sein, das auf der Solarpotenzialmessung basiert, die damit in weiterer Folge eine lokal maximale Energieeffizienz und Wirtschaftlichkeit von Solarenergieleistung gewährleistet.

Das in Abb. 9.2 dargestellte Konzept stellt ein im Sinne der nachhaltigen Solarener-gienutzung lösungsorientiertes, aktiv demokratisches System[1] dar, weil jeder Nutzer im System aktive Wahlmöglichkeiten hat. Ist dieses System der nachhaltigen Solarenergie-nutzung einmal politisch angestoßen und praktisch umgesetzt, werden damit, quasi von selbst (selbstorganisatorisch), die Ziele der Pariser Weltklimakonferenz des Jahres 2015 beschleunigt erreicht.

9.6 Zusammenfassung und Ergebnisse

9.6.1 Solarpotenzialanalyse für Wohneinheiten

Der Baukörper ist als ein energetisch dynamisches Gebilde zu betrachten, welches mit der angebotenen Solarstrahlung in dauernder Wechselwirkung steht.

Das Potenzialanalysegerät stellt dem Architekten ferngesteuert und zeitnah alle Daten zur Verfügung, die für eine Optimierung des Bauprojektes erforderlich sind.

Der Energieeintrag auf ein Gebäude kann mit dem Gerät für alle interessierenden Ausrichtungswinkel ermittelt werden.

Das Gerät liefert Daten zur Ausrichtung des Hauses nach der Himmelsrichtung, Anordnung der Räume wie Küche, Wohnzimmer, Schlafzimmer und Wintergarten nach dem Nutzungsverhalten im Tagesverlauf im Frühjahr, Sommer, Herbst und Winter.

Übersteigen die Maßnahmen, die Energie produzieren, diejenigen, die Energie ver-brauchen, bedeutet das, dass das Haus mehr Energie erzeugt als es verbraucht und somit als Plusenergiehaus zu kategorisieren ist. Diese Häuser sind energieautark.

Laut Statistik Austria haben derzeit mehr als 60 % aller Gebäude eine Energieeffizi-enzklasse schlechter als „C". Eine Renovierung dieser Gebäude oder der Neubau als Plu-senergiehaus kann nicht nur einen wesentlichen Beitrag zur weltweiten Energiebilanz, sondern auch einen essenziellen Beitrag zur Vermeidung von CO_2 und somit zum aktiven Umweltschutz leisten. Obiges Konzept liefert einen maßgeblichen Beitrag zur Erlangung der Umweltziele.

---

[1]Technisch gesprochen kann man dies als ein autokybernetisches oder selbstorganisatorisches System bezeichnen, weil es durch die Struktur der systemischen Kopplung von physischen Netz-werkelementen, Speicherelementen und Selbststeuerelementen nachhaltig energetisch selbstopti-mierend ist.

9.6.2   Solarpotenzialanalyse für Cluster von Wohneinheiten und Ausblick für die Umsetzung

Um die Ziele der Weltklimakonferenz in Paris im Jahr 2015 beschleunigt zu erreichen und um dem systemischen Problem der je Wohneinheit weniger verfügbaren Solarenergie entgegenzuwirken, wurde ein Konzept vorgestellt, das physikalisches Hedging ermöglicht und vier zentrale Lösungscharakteristika aufweist:

- Nutzen von dezentralen Solarenergieüberschüssen
- Sommerenergienutzung
- Ganzjährige Fernwärmenetznutzung
- Steuersystem mit Hilfe von Solarpotenzialmessung

Damit ist es möglich, durch ein System des Gebens und Nehmens einerseits eine Umverteilung von Ressourcen von der Stadt in die urbane Randzone bzw. das Land zu erreichen, bei gleichzeitiger Nutzung von Synergien von sozialen Ballungsräumen. Die Nutzung, der Ausbau und die Entwicklung erfolgt dabei komplett selbstorganisatorisch bzw. selbstregulatorisch, weil das System durch geeignete, notwendige politische Anreizgestaltung, ausgehend von persönlicher Nutzung, persönliche Gegebenheiten zur wirtschaftlichen Nutzung miteinbezieht und damit gleichzeitig das System am Stand des heutigen Wissens maximal nachhaltig nutzt und damit auch dem Ziel der Nachhaltigkeit ganz von selbst näherbringt. Denn wenn hier jeder „demokratisch" seine eigenen Ziele „zielorientiert" (gemäß der genannten Ziele) wirtschaftlich optimiert, was der klassischen Annahme eines vernünftigen Menschen entspricht (homo oeconomicus), dann optimiert er gleichzeitig das Gesamtsystem.

Die Herausforderung ist hierbei, das geeignete politische Steuersystem zu entwerfen. Den aktuellen Stand der Technik zu nutzen, wie unter anderem das lokale Messen des Solarpotenzials mit dem Solarpotenzialmessgerät, verbunden mit entsprechenden technischen Maßnahmen, diesen vorzuschreiben und die Nichtnachhaltigkeit zu besteuern, wäre ein erster Ansatz für ein entsprechendes, direkt an den Zielen der Nachhaltigkeit orientiertes, politisches Steuersystem.

Literatur

Austrian World Summit (2017) http://www.austrianworldsummit.com/, abgerufen am 7.7.2017
emap (2015) Energie Masterplan Kärnten. https://www.ktn.gv.at/294680_DE-Dateien-eMAPgesamtweb.pdf, abgerufen am 6.6.2018
Land Kärnten (2017) mittlere jährliche Globalstrahlung auf die ebene Fläche. http://www.klimaatlas.ktn.gv.at/daten/2/gshor.html, abgerufen am 20.7.2017
NASA (2015) Global Land-Ocean Temperatur Index, Wikipedia, http://wiki.seg.org/images/1/17/Global_Land-Ocean_Temperature_Index.pdf, abgerufen am 20.7.2017
Quaschnig V (2015) Regenerative Energiesysteme. Hanser Verlag, München

Quaschnig V (2016) Statistiken- Weltweite Kohlen-dioxid-emissionen und -konzentration in der Atmosphäre. https://www.volker-quaschning.de/datserv/CO2/index.php, abgerufen am 20.7.2017

Salcher M (2017) Solarpotenzialanalysegerät V3.0 – Entwicklung eines Gerätes zur Analyse von bauplatzbezogenen Solarenergiedaten zur Planungsunterstützung für Architekten. Masterarbeit, FH-Kärnten, Villach

Weiterführende Literatur und Internetquellen

Alt F (2009) Die Sonne schickt uns keine Rechnung. Piper Verlag, München

IEA (2017) International Energy Agency France. www.iea.org, abgerufen am 20.7.2017

Land Kärnten (2014) Online-Karte zeigt Solarpotential für jeden Kärntner Haushalt. http://www.ktn.gv.at/27987p_DE-ktn.gv.at.?newsid=22502&backtrack=27987, abgerufen am 20.7.2017

Mertens K (2015) Photovoltaik, Hanser Verlag, München

Meschede D (2015) Gerthsen Physik. Springer Verlag, Berlin

Oberzig K (2015) Solarwärme (Wasserkollektoren). Stiftung Warentest, Berlin

Rühm B (2013) Energieplushäuser. Deutsche Verlagsanstalt, Stuttgart

Stempel U E (2010) 50 Experimente mit Solarenergie. Franzis Verlag, München

Ing. Martin Salcher, BSc MSc

IT Spezialist und Prozessautomatisierer bei Infineon IT Services
  Ing. Martin Salcher, MSc ist SAP Basis Administrator und Prozessautomatisierer bei Infineon IT Services in Klagenfurt. Studium für Wirtschaftsingenieurswesen und Industrial Engineering & Management an der FH Kärnten in Villach. Langjährige Tätigkeiten in der IT in den Bereichen Windows Clients und Server, Netzwerktechnik, Firewall Technik, Verschlüsselungstechnik, Linux, SAP und Abap Programmierung, Prozessautomatisierung sowie Industrie 4.0 und Elektronik.

FH-Prof. Mag. DI Dr. Bernhard Heiden, MBA *Fachprofessor für Produktionstechnik*
  Bernhard Heiden ist Fachprofessor für Produktionstechnik und leitet das Smart Lab Carinthia der FH Kärnten. Er forscht in den Bereichen Additive Manufacturing, Industrie 4.0, Logistik und Fertigungstechnologien ist Vorsitzender der Arbeitsgruppe 3-D-Druck der FH-Kärnten und Autor zahlreicher Publikationen.

More Deterministic Product Ramp-up in Cloud Manufacturing Scenarios

10

Roland Willmann and Wolfgang Kastner

10.1 Introduction

According to the Industrie 4.0 initiative or the Industrial Internet Consortium as well, the introduction of the Internet of Things (IoT) and services to the manufacturing environment is ushering a forth industrial revolution (acatech 2013, p. 7). Cyber-physical production systems (CPPS), namely globally networked machinery, warehousing systems and production facilities which are capable of autonomous communication, triggering of actions and controlling each other, shall be the working backbone of the required information and communication technology (ICT) infrastructure. If the IoT and—in particular—services are merged with factory systems then manufacturing services accessible through Internet technology will be the consequent outcome of this trend (Hao et al. 2014, p. 5). Manufacturing services are an essential foundation of cloud manufacturing environments. Therefore, cloud manufacturing is closely related to the ICT-architecture, as it is required for Industrie 4.0.

In case of cloud-manufacturing, business processes for product design, marketing and sales, as well as business processes for purchase and production planning, are strictly separated from production-related processes, like product creation or product test. The reason for this strict partitioning is the separation of responsibilities to the domain of the manufacturing cloud and to the, again divided, domains of individual cloud consumers.

R. Willmann (✉)
FH Kärnten, Villach, Österreich
E-Mail: r.willmann@fh-kaernten.at

W. Kastner
TU Wien, Wien, Österreich
E-Mail: k@auto.tuwien.ac.at

© Springer Fachmedien Wiesbaden GmbH, ein Teil von Springer Nature 2018
P. Granig et al. (Hrsg.), *Mit Innovationsmanagement zu Industrie 4.0*,
https://doi.org/10.1007/978-3-658-11667-5_10

In the case of cloud manufacturing, the group of the cloud consumers assembles from product designers, product testers, the actual operators of a cloud factory (cloud manufacturer) and providers of manufacturing services. Wu et al. (Wu et al. (2013), p. 3) describe a similar structure of cloud consumers. However, in this paper the providers of manufacturing and manufacturing logistics services are also allocated to this group of cloud consumers (Fig. 10.1). The service provider facilitates an appropriate selection of software applications and databases through (Web) services.

These (Web) services are utilized by the different types of users in order to participate in the manufacturing cloud. Cloud manufacturers, which are not necessarily individuals but also organizations, are using dedicated (Web) services for the operation of virtual factories. Providers of manufacturing services are using specific (Web) services for registration, as well as exchange of commercial, production logistic and technical information. Some business processes, as for marketing, sales or purchase can be performed by classical ICT-applications. There is no difference whether such applications are used in the context of a real factory or in the context of a cloud manufacturing environment.

With respect to product design, this situation is already more challenging. Product design requires knowledge about possible production processes. Moreover, it is not only the knowledge about technical means and their impact on the product design, but also the knowledge about the impact of the product design on the function of the product.

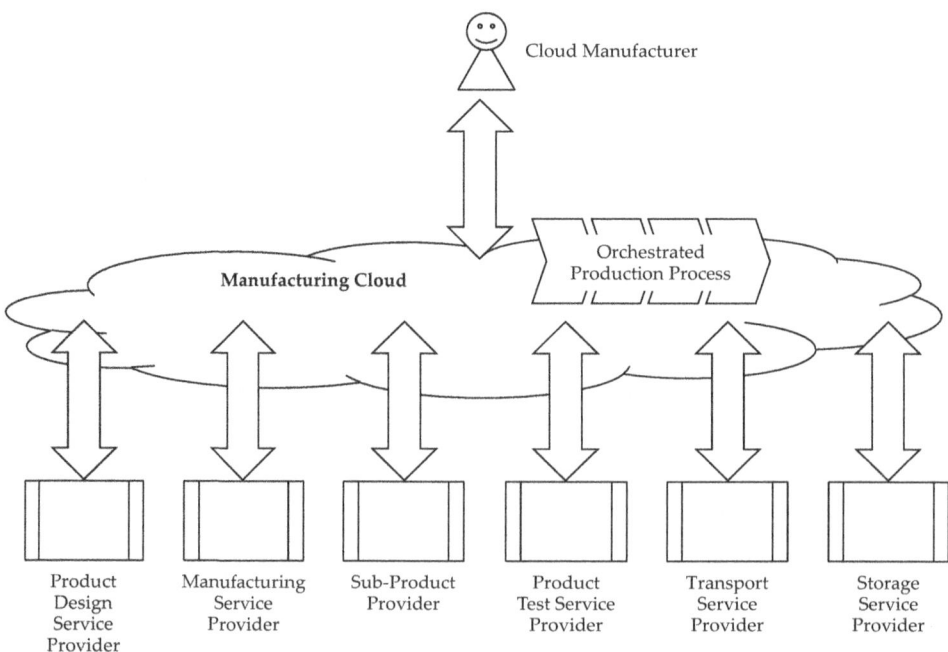

Fig. 10.1 Stake holders in a cloud-manufacturing scenario

Consequently, in a cloud manufacturing environment such knowledge is required as well. With respect to the product design and technically possible approaches in order to achieve such design, expertise of manufacturing service providers is required. Some different kind of expertise is needed to assess the impact of the product's design on its function. This specific expertise is even more relevant in case of more complex products, like cars with comprehensive functions concerning safety, reliability or stability, as well as complex circuit boards or particularly integrated circuits (ICs) with challenging functions concerning size, energy consumption or calculation performance.

Consequently, dedicated design expertise is needed for specific families of products in a cloud manufacturing environment. The introduction of the IoT and services to manufacturing environment will therefore also result in a more consequent separation of experts' services along the product life-cycle.

In some industries, this is already reality today. The production of integrated circuits (semiconductor manufacturing industry) has been fragmented since the 1990s. Today, we can find IC design houses which are specialized in design of new IC products. Semiconductor foundries are capable to produce more or less advanced ICs depending on their technical capabilities and experiences and based on the designs of their clients. IC test houses are running functional tests based on the functional requirements of the clients. So called fab-less factories are marketing and selling IC products. They have neither the facilities nor the knowledge to produce ICs, and some do not even have design experience. If they are not capable to design ICs on their own they are outsourcing this task to IC design houses. The physical creation of ICs is then performed in foundries and quality assurance is executed by IC test houses (Millard et al. 2012, p. 6). The automotive industry has performed a similar fragmentation process along the design and production of constituent parts of cars.

Within the semiconductor industry, for instance, some further fragmentation can be observed. In order to understand this fragmentation process, the essential segments of an IC-production process have to be listed. The process segments for creating ICs in a semiconductor foundry are photolithography, planarization, diffusion and ion implantation, deposition and etching. Today, those process segments are sequences of single process steps which are mastered by the factories (e.g. semiconductor foundries). However, for the complex and quality-relevant process segments, like photolithography, machine vendors themselves are starting to provide turn-key solutions which comprise the full sequence of processing-steps, metrology steps and process control systems and therefore the full intellectual property of such process segments. As a consequence, factories of the future will no longer buy the pure equipment but the execution of process segments. Consequently, a production service will be bought by the factory.

Even the complex production process of semiconductor foundries is then separated into a sequence of production services, although the overall production process probably still remains at one physical location. Similar manufacturing paradigms have been realized also in other branches of industrial manufacturing (Hao and Helo 2014, p. 6). In order to utilize their investments, factories will increasingly offer the process capabilities of their equipment instead of or alternatively to their own products. Such factories will develop their unique selling proposition (USP) through greater flexibility and therefore a wider range of manufacturing services.

Greater flexibility will be achieved through new manufacturing technologies, which enable a more rapid conversion of production equipment. For this reason, additive manufacturing, which is also known as 3-D-printing, provides great potential with respect to production services. Instead of mounting new matrices or handling equipment, only an equipment recipe is loaded with the spatial model of the work-piece. Even moving parts from various metals and plastics can be produced with a single production step. Similar possibilities in terms of flexible use of equipment are also opened by functional printing or 3-D-ICs.

10.2   Cloud Manufacturing Scenarios

Summarizing, the previously outlined trend the following conclusions can be drawn. Industrie 4.0 will accelerate the development of cloud manufacturing platforms. Cloud manufacturing and, thus, Industrie 4.0 will cause some diversification of today's integrated manufacturing. This development will result in design experts for specific families of products. For the design of complex products, the offer of services will continue to grow. Alternatively, the design of simpler products will be configured by cloud manufacturers themselves.

Some factories will perform a transition from product providers to manufacturing service provides with expertise in specific process segments, which are necessary for the production of various families of products. Manufacturing service providers will therefore develop from factories which have generalized their production capabilities from specific products to categories of products. The broadest possible range of offerings is achieved through flexible and rapidly adaptable production equipment. The short-term and flexible use of production equipment requires as automated as possible equipment conversion and the development of new production techniques.

It is not imperative that each equipment conversion is performed fully automatically in an Industrie 4.0 or cloud manufacturing scenario. One must not lose sight of the fact that factories continue to give people work. Flexible and fast conversion of production equipment can be also achieved by just-in-time delivery of essential instructions to workers. Instead of a direct exchange of information with the production equipment, this is done indirectly through workers who are then responsible for an appropriate setup of the production equipment.

One essential success factor of cloud manufacturing is information exchange between all stakeholders. In a cloud manufacturing scenario, product designers need to design products based on design rules and product characteristics which are derived from knowledge about the production process. As product designers and manufacturing service providers are separated, such information has to be provided by all manufacturing service providers in a normalized format. In this way, production knowledge becomes comparable between manufacturing service providers.

In the reverse direction, from the perspective of a product designer or the cloud manufacturer, it will become increasingly crucial to select an optimal set of manufacturing services providers—optimal in the sense of time to ramp-up production of a new product from the first produced part to repeatable good quality (time to volume). The fundamental difference between time-to-market and time-to-volume is that the former ends with the beginning of commercial production whereas the latter explicitly includes the period of production ramp-up. Production ramp-up is the period during which a manufacturing process makes the transition from zero to full-scale production at target level of cost and quality (Terwiesch et al. 2001, p. 435). This metric is particularly important when only a small quantity of units of a new product was planned. Moreover, the achieved initial yield and per-unit costs at the end of the ramp-up phase are essential for success of the cloud manufacturer. In fact, these metrics are also for today's integrated manufacturer of great importance, and therefore, a significant part of this paper is also of interest for managers of today's traditional manufacturing companies.

Deterministic production ramp-up for a new product is business critical for each manufacturing service provider in its process segment. Either this capability is needed to compete with the market companion during the selection process or to avoid deviations from guaranteed metrics and thus bearing unplanned costs and loss of reputation.

However, as the manufacturing service provider sees only his particular scope of the overall production process, there is still a gap concerning the deterministic ramp-up of the production process along the complete chain of manufacturing service providers. The distinction between the first pass yield and the rolled throughput yield remains valid in cloud manufacturing environments. Whereas the first pass yield is calculated as the portion of defect-free parts of a specific sub-product without rework in a single process segment, the rolled throughput yield represents the portion of all produced units (e.g. of a specific product) which are passing the overall production process at the first pass, which means that there is no potential rework required in order to correct defects (Wappis and Jung 2010, pp. 179–180).

Therefore, in a cloud manufacturing environment two levels of process capability have to be considered. The manufacturing service level ensures particular quality within its limited scope. Such quality—same as it is also valid for every traditional production segment today—is not specified by one exact value for each sub-product's design characteristic but by a specification range. Within this specification range every measured value is possible and results in acceptable quality, afore mentioned as first pass yield, with respect to this particular design characteristic.

On the overall production process level, such acceptable deviations might be accumulated from one manufacturing service to the next. For the final product, these accumulated deviations result in even larger deviations of design characteristics, imperatively resulting in a lower rolled throughput yield. Again, this is disadvantageous, particularly when only small quantities have to be produced.

Both levels, the one on the level of manufacturing services providers and the one on the level of cloud manufacturing have to interact closely with each other already during the planning phase.

10.3   A Common Knowledge Base

However, there is a significant gap between afore mentioned needs and today's status quo in the manufacturing industry. The manufacturing industry is still struggling with predictability of quality, duration and costs for the production ramp-up of new products. According to a survey of manufacturing companies in 2012, almost two-thirds of the companies were unable to meet their time-related targets. Furthermore, nearly 60% of the companies failed to achieve their cost-related goals and 47% of the companies stated that they could not attain their objectives in process quality (Slamanig and Winkler 2012, p. 488). The top eight problem categories were related to supply chain management according to the cited research paper. Symptomatic was a lack of knowledge on the management of product change in the supply chain.

It has been realized earlier that a key characteristic of a new ramp-up approach will be to shift focus from the resource driven production process to the knowledge intensive ramp-up process (Slamanig and Winkler 2012, p. 488).

In this paper, a concrete section of knowledge reuse in case of product ramp-up is to be discussed. This section covers all relevant associations between product functions, product design which meets those product functions and the process setup which is needed to achieve the required product design. In a cloud manufacturing environment those three domains are distributed among a series of manufacturing service suppliers, suppliers of sub-products or materials in general, product designers and others. Ramping up a new product in a cloud manufacturing scenario is much more deterministic, if the process capabilities of all manufacturing service providers are known and can be related to the design requirements of the new product.

A common knowledge base is discussed which supports close collaboration between all cloud manufacturing users. The aim of this knowledge base is more than the plain exchange of information between all stakeholders. It considers quality data of as yet proposed constituents and manufacturing services in order to determine their reuse for new products. Based on this information, the discussed knowledge base recommends an initial production plan, which invokes reusable constituent parts, as well as the most appropriate manufacturing services. Beside exact matches also similar candidates are determined including a proposal about adjustments to meet the design respectively the functions of the new product. Therefore, this production plan also allows the derivation of a list of tasks that need to be done during the product ramp-up. Possible tasks include the development of new processes in case of determined gaps or the qualification of the recommended process changes. Overall, such a knowledge base provides the basis for better planning and therefore more deterministic ramp-up of new products.

For the implementation of this knowledge base, there should not be assumed a centralized approach. On the basis of a common technology and easy to follow rules, all possible players should maintain their part of the overall knowledge base and synchronize it with the parts of the knowledge base of the manufacturing cloud platform or the virtual factory (Fig. 10.2).

Easy to follow rules in a knowledge base are usually described as ontology. A pre-defined-ontology is required which comprises means for description of products and manufacturing services. A central part of this ontology addresses the introduction of new products and manufacturing services, as well as a comprehensive hierarchical list of commonly known categories of such.

On the other hand, this ontology must not be too rigid, but must be extendible by all cloud consumers if required. The ontology of the cloud manufacturing platform must be able to grow with the addition of ontology models of a participating cloud consumer. Consequently, if a manufacturing service provider introduces a new concept in its local knowledge base, for instance a new category of manufacturing service, it must be possible to determine the same concept in the cloud manufacturing parts of the knowledge base and

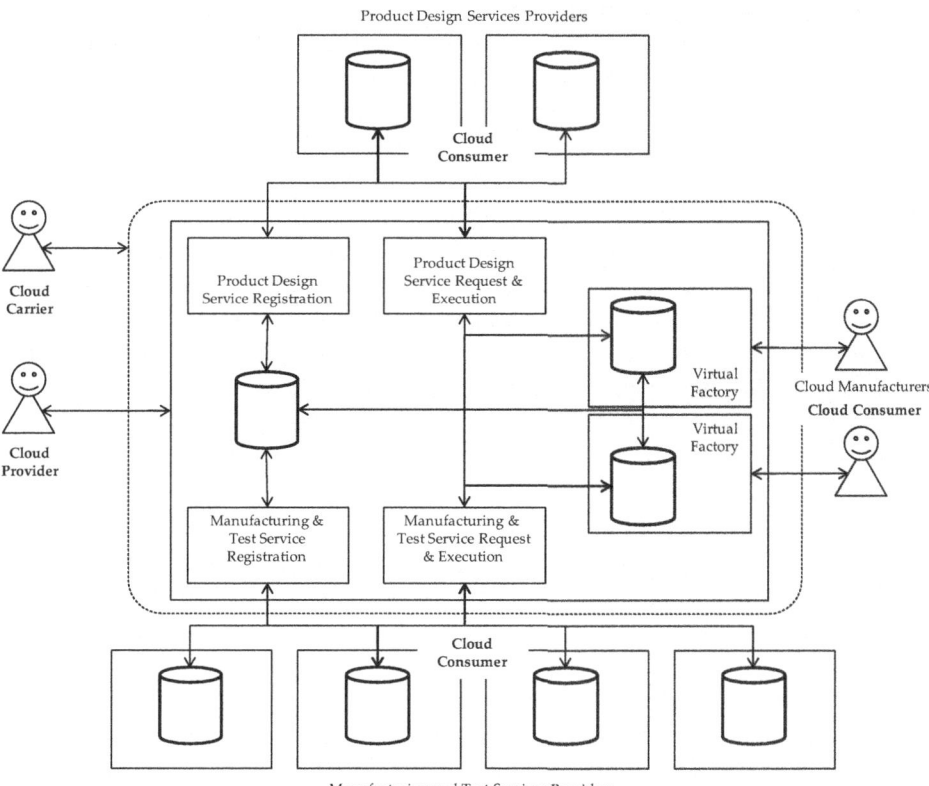

Fig. 10.2 Location of common knowledge base among all stakeholders

to consider both terms as identical. This is not always a trivial task. In particular, because all players act independently of each other, it is rather likely that two manufacturing service providers introduce the same new category of manufacturing service. Across all players it must be possible to determine and to understand both occurrences as identical.

Manufacturing service providers need to gather information from the virtual factory and to match it with their local information. Providers of constituents or materials, as well as manufacturing service providers have to provide information to the cloud manufacturing environment. Cloud manufacturers or product designers match this information with individual knowledge bases of their virtual factories.

The knowledge base must be able to derive a new production plan based on existing information. However, the concepts which can be determined from existing information do not necessarily match exactly the concepts which are used in the new product's design and therefore neither in the production plan to be recommended. Existing concepts are probably more generic or more specific than needed. However, the knowledge base must be able to conclude the needed concepts from the existing offerings.

The part of the knowledge base which is attached to the cloud manufacturing platform holds the meta-models which are needed to build an appropriate ontology. This part of the knowledge base also comprises information about constituents which are offered by providers of materials or consumables. There is no detailed information about the performance of manufacturing service providers or information from product test service providers available in this part of the knowledge base. This information is contained in the part of the knowledge base which is attached to a particular virtual factory and therefore access is only granted to the involved stakeholders of a specific production process. Manufacturing service providers publish only those measurement results which were measured at the end of their respective process segment, and only to cloud manufacturers with whom they have a business relationship. All other information about the details of manufacturing service provider's process remains in their local part of the knowledge base.

Due to afore mentioned requirements, Semantic Web was chosen as technical foundation. The aim of Semantic Web (looking backwards to the 1990ths) was to give semantics to the content of the World Wide Web. Storing every piece of information as a triple of an object, a predicate and a subject was the initial starting point of the development of Semantic Web in 1997 by introducing the resource description framework (RDF). A standardized set of concepts for definition of schemas (RDFS) was introduced immediately afterwards. The basic concept of RDF and RDFS is the "thing". Each thing has a unique identity within the Internet. This led to the Internet of Things (IoT) from the perspective of Semantic Web. Much more sophisticated features were introduced with Web Ontology Language (OWL). OWL and OWL2 in the sequel enable advanced features for definition of associations between things, as well as definition of restrictions. The latter enables the definition of new concepts based on specific value ranges of properties or associations between things. Based on such rules the knowledge base is able to conclude memberships to concepts for each thing in the knowledge base.

In order to exchange Semantic Web content some data exchange formats have been standardized. Some of them are XML-based like OWL/XML. It is therefore very easy to exchange content between dislocated units of a Semantic Web. In addition, some well-known software products are already available based on Semantic Web technologies and they are able to exchange Semantic Web content across different vendors.

Considering the layout of the common knowledge base the most essential use cases can be discussed. Keeping the aim of a more deterministic production ramp-up of new products in mind, these use cases are as follows.

- Cloud-level use case: Matching the cloud manufacturing platform's knowledge base with the overall product's design as it is stored in the virtual factory. This use case is of relevance for cloud manufacturers to locate suitable existing offerings of constituents and manufacturing services. Based on this use case, selected service providers are notified and have to perform the following use case.
- Service-level use case: Matching the local part of the common knowledge base at a manufacturing service provider with the relevant part of the new product's design from a virtual factory. This use case is in particular relevant for manufacturing service providers, since they are enabled to realize process gaps and thus estimate the ramp-up time, ramp-up costs and achievable initial yield, in their local domain more accurate.

10.4   A Knowledge Based Product Ramp-up Process

Both use cases can be comprised of a knowledge based product ramp-up process (K-RAMP). K-RAMP distinguishes between the initial situation of the knowledge base before it is executed and its final situation (Fig. 10.3). Furthermore, the transition during the execution of K-RAMP takes place in two major knowledge domains, namely the product domain and the process domain. K-RAMP is executed recursively, for the whole new product and for each individual sub-node the sub-products or constituents in the tree-like composition structure of the product.

On each level of composition of the new product, a design specification of the respective sub-products is available as well. The design specification describes the sub-product based on its typical characteristics. The virtual factory's part of the common knowledge base contains this information, and it is therefore only visible to the owner of a particular virtual factory. The cloud manufacturer can decide which service providers will be granted access to this information.

Design specifications of already offered sub-products are visible to every cloud user as part of the cloud manufacturing platform's portion of the common knowledge base. Information about the capabilities of offered manufacturing services is part of this portion of the common knowledge base as well. This part of information is available with low but sufficient detail in the cloud manufacturing platform's portion.

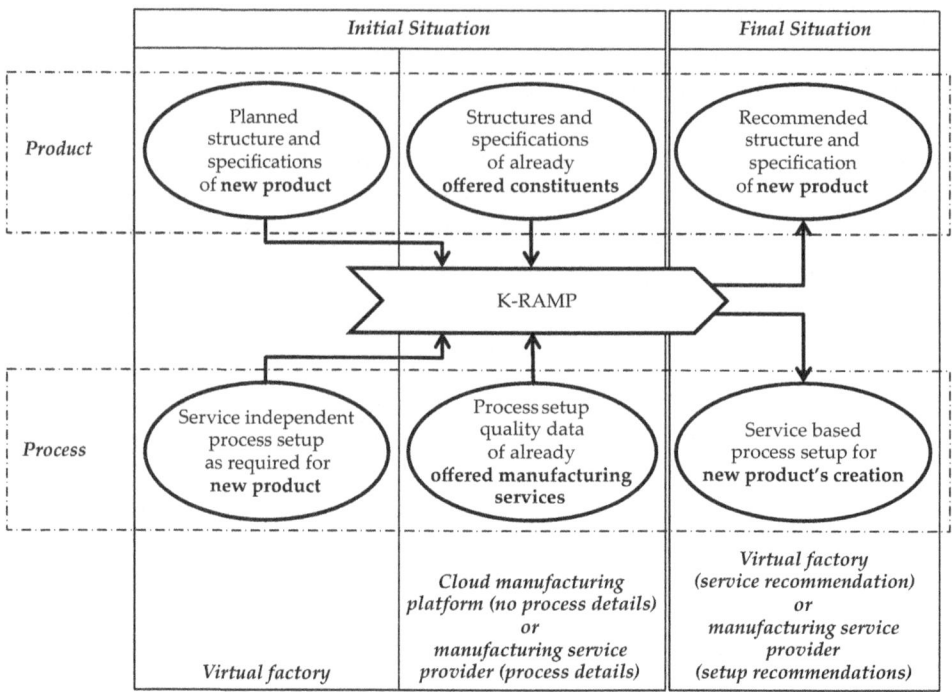

Fig. 10.3 The information flow of K-RAMP

Finally, each manufacturing service provider holds detailed information about its provided services in its local portion of the common knowledge base. This part of the knowledge base provides the most detailed insight to the connection between proposed manufacturing services and collected historical production data. Therefore, this part of the knowledge base is only accessible by the respective manufacturing service provider.

K-RAMP uses the design of the new product on all levels of composition, as well as their attached generic concepts of process segments, and tries to map matches with the offered sub-products and manufacturing services of the manufacturing platform.

Due to this match making, reusable existing sub-products are uncovered and attached to the new product's design specification. If it is not possible to find a reusable existing sub-product then it tries to uncover some manufacturing services, which create at least a very similar sub-product. The matching sub-products or services refer directly to the respective providers and allow the cloud manufacturer to notify them individually. This part of K-RAMP performs afore mentioned cloud-level use case. In order to meet the service-level use case, K-RAMP uses initially also the product design and the associated general process concept. For this purpose, the manufacturing service provider receives access to the relevant sub-tree of the new products composition structure by the cloud manufacturer. However, as K-RAMP on the service level has access to much more detailed information it is possible to determine some adjustment of the manufacturing service setup and each of its process steps. Therefore, this service-level use case is also of certain relevance for today's manufacturing companies.

Keeping the recursive approach of K-RAMP in mind the final situation on the manufacturing service level is a set of recommended constituents used by the manufacturing service provider, as well as a structured sequence of recommended process steps including their adjusted setup. The manufacturing service provider uses this recommendation for a more accurate planning of ramp-up time and costs. In addition, the manufacturing service provider has better means available to estimate the initial yield of the new product after its ramp-up is completed. The commercial basic conditions are thus negotiated with less risk between the cloud manufacturer and the manufacturing service provider.

10.5   Conclusions and Outlook

A precondition for the successful use of K-RAMP is an adequate quality of process data acquisition. Particularly, it is necessary to connect quantitative (numeric) measurements of samples with the correct qualitative (descriptive) measurements, like used machine recipes, working shifts, customer orders, measurement positions, to name only a few. In addition it is necessary to connect quantitative measurements with applied process settings, which are probably in addition to the used machine recipe. This measure is the stable foundation to determine good knowledge about the connection of measured characteristics of samples and the applied setup of processing equipment.

To increase the probability of finding reusable sub-products, manufacturing service providers must also stronger modularize their product portfolio. The representative industrial branches which are previously mentioned have already done their homework. Semiconductor manufacturers are grouping their products in process technologies. Each process technology results in particular common behavior across all products of a technology. Car manufacturers are building their cars on a modular platform concept, which allows them to produce a great variety of products by reusing a lot of common parts. By using a platform approach, the individual partial products are standardized and parameterized. Something similar happens implicitly with the associated segments of the manufacturing process. To achieve maximum benefit from the use of K-RAMP, manufacturing companies must promote the modularity of their semi-finished products and the associated production processes. Following this way, these companies implicitly will also become fitter for cloud manufacturing and Industrie 4.0.

Finally, as a joint effort of representatives from the manufacturing industry and information technology, it is also necessary to develop a common baseline of terminology—a common understanding of categories of products, manufacturing services or process segments. First steps have been achieved, for instance, with the United Nations Standard Products and Services Code® (UNSPSC®). Starting from such baseline arbitrary offers of service providers can grow in the common unlimited sense of the Internet.

Literatur

acatech (2013) Recommendation for implementing the strategic initiative INDUSTRIE 4.0. Retrieved June 27, 2015, from National academy of science and engineering: http://www.acatech.de/fileadmin/user_upload/Baumstruktur_nach_Website/Acatech/root/de/Material_fuer_Sonderseiten/Industrie_4.0/Final_report__Industrie_4.0_accessible.pdf

Hao Y & P Helo (2014) A new paradigm of manufacturing management: cloud manufacturing. Faculty of Technology, University of Vaasa. (2014, June 24–28). Retrieved June 27, 2015, from Pacific Asia Conference on Information Systems—PACIS 2014: http://www.pacis2014.org/data/IWITIF%20submissions%20proceedings/iwitif2014_submission_7.pdf

Millard J, Larsen P B, Pedersen K, Rytz B K, de Vet J M, Vodovar M, et al. (2012) Study on internationalisation and fragmentation of value chains and security of supply—Case Study on Semiconductors. February 17th, 2012. Rotterdam/ The Netherlands; Registration no. 24316726: European Commission, DG Enterprise and Industry.

Slamanig M & H Winkler (2012) Management of product change projects: a supply chain perspective. International Journal of Services and Operations Management, 11 (No. 4)

Terwiesch C, Bohn R E & K S Chea (2001) International product transfer and production ramp-up: a case study from the data storage industry. In: R&D Management 31, 4 (pp. 435–451). Blackwell Publishers Ltd., Oxford, UK and Malden MA, USA

Wappis J & B Jung (2010) Null-Fehler-Management—Umsetzung von Six Sigma. [engl. Zero-defects management—Implementation of six sigma]. Taschenbuch—Carl Hanser Verlag, 3. Aufl, Munich, Vienna

Wu D, Rosen D & D Schaefer (2013) Cloud manufacturing Strategic vision and state of the art. Journal of Manufacturing Systems, Volume 32, Issue 4, pp 564–579

Dipl.-Ing. Dr. techn. Roland Willmann
Professorship for Industrial Management at Carinthia University of Applied Sciences
Roland Willmann, holds a professorship for industrial management at Carinthia University of Applied Sciences since 2016. He received the Master in Computer Sciences in 1992 from the Vienna University of Technology. His practical experience covers process analysis and project management for several projects of intelligent production in the semiconductor, photovoltaic, steel industry and automotive industries as well as product management and software architect for advanced process control software. In 2016 he received a PhD in computer science and wrote his dissertation with the title "Ontology matchmaking of product ramp-up knowledge in manufacturing industries". Several publications with respect to advanced process control and system integration in manufacturing industries have been performed since 2006 in books and at respective conferences. Currently, Willmann leads an initiative for digital transformation amongst the regional manufacturing enterprises. His major areas of research are information management and integration along the supply chain, horizontal integration of production machines as well as the application of artificial intelligence in dedicated areas of production systems in order to support agile production systems.

Ao. Univ.-Prof. DI Dr. Wolfgang Kastner
Institute of Computer Aided Automation, Automation Systems
Group, Technische Universität Wien

Wolfgang Kastner received his venia docendi for computer engineering in 2001 from TU Wien. Since 2010, he is head of the Automation Systems Group part of the Faculty of Informatics. His research interests concern networked embedded systems and distributed automation systems (factory automation, building automation, smart grids) with a particular focus on automation systems integration (Industrial Internet of Things) taking into account approaches of the Semantic Web.

Normative Unternehmensführung 4.0

11

Grundsatzkonzeptionen zur Meisterung Digitaler
Disruptionen mittels Industrie 4.0-Fitness

Ronald Ivancic und Roman A. Huber

11.1 Unternehmensführung in der VUCA-Welt

Volkswirtschaften, Märkte respektive sämtliche Sphären systemisch verstandener Gesellschaften werden zunehmend volatil, unsicher, komplex und vieldeutig. Diese Entwicklung wird in der einschlägigen Literatur häufig mit dem Akronym VUCA (Volatile, Uncertain, Complex, Ambiguous) skizziert (vgl. Bennet und Lemoine 2014a, S. 27 sowie Bennet und Lemoine 2014b, S. 311 ff.). Diese zunehmende Dynamik und Komplexität sämtlicher Lebensbereiche führt einerseits zu einer Permanenz an Unsicherheit, fallweise gar Orientierungslosigkeit, andererseits zur Notwendigkeit kontinuierlicher Adaption, Veränderung und Innovation. Für Unternehmungen resultiert daraus die Herausforderung einer Quadratur des Kreises. Ein den Untiefen und Kapriolen der See trotzender, Sicherheit und Orientierung gebender Tanker muss die Spritzigkeit, Wendigkeit und Beschleunigungskraft eines Speed-Bootes aufrechterhalten.

Digitalisierungsprozesse, das Internet der Dinge, Smart Cities sowie weitere Entwicklungstendenzen innerhalb einer breit verstandenen Industrie 4.0 treiben Unsicherheiten weiter voran und verstärken Implikationen und damit einhergehende Erfordernisse des skizzierten Paradoxons. Sicherheit und normative Ausrichtungen gewinnen folglich zunehmend an Relevanz und werden zur Bedingung kreativer Entfaltung.

Wichtigste Ressource seitens Unternehmungen wird dabei deren Führung (vgl. Bleicher 1999, S. 15 ff.), welche normative Orientierungen unter Aufrechterhaltung einer kreativen,

R. Ivancic (✉) · R. A. Huber
FHS St. Gallen, St. Gallen, Schweiz
E-Mail: roland.ivancic@fhsg.ch

R. A. Huber
E-Mail: roman.huber@fhsg.ch

© Springer Fachmedien Wiesbaden GmbH, ein Teil von Springer Nature 2018
P. Granig et al. (Hrsg.), *Mit Innovationsmanagement zu Industrie 4.0*,
https://doi.org/10.1007/978-3-658-11667-5_11

innovativen, aber auch sicherheitsgebenden Kultur vermitteln muss. Dies ist zwar eine schwierige Herausforderung, aber absolut notwendig (vgl. Drucker 1985, S. 455), weshalb sich auch die Betriebswirtschaftslehre von einer disziplinär restriktiven Lehre ökonomischer Aktivitäten innerhalb marktbezogener Handlungssphären hin zu einer interdisziplinären, systemorientierten Wissenschaft vom Management wandelt (vgl. Bleicher 1995 zit. nach 2005, S. 193 ff.), in dessen Fokus das Gestalten, Kontrollieren und Steuern komplexer, multidimensionaler System-Umwelt-Relationen steht (vgl. Malik 1996, S. VII).

In anderen Worten geht es vor dem Hintergrund aktueller, teils disruptiver Entwicklungen um die Bestgestaltung der Unternehmung sowie die Beherrschung von Innen- und Außenkomplexitäten auf Basis normativer Grundsatzkonzeptionen zwecks Erreichung einer Industrie 4.0-Fitness. Folgende Ausführungen orientieren sich teilweise an Ivancic o. J.

11.2   Herausforderungen einer Unternehmensführung 4.0

Gegebenheiten einer VUCA-Welt sowie Spezifika einer Industrie 4.0 stellen Unternehmungen und deren Führungskräfte vor eine Reihe von neuartigen bzw. sich neu verschärfenden Herausforderungen, die innovativer Lösungsansätze sowie Wissen und Fertigkeiten bedürfen.

Diese scheinen aktuell nicht ausreichend entwickelt, geben doch 47 % im Rahmen einer Untersuchung befragte Schweizer Top-Führungskräfte an, mit den Innovationsleistungen ihrer Unternehmungen nicht zufrieden zu sein, wobei als kritische Hauptfaktoren Ressourcen (Zeit und Geld), Kultur, Prozesse und Skills von Führungskräften genannt werden (vgl. Huber et al. 2017, S. 3).

Gemäß einer Studie der Personalberatung Russell Reynolds Associates (2015) zeichnen sich innovative, digitalaffine und kundenzentrierte Führungskräfte durch fünf wesentliche Persönlichkeitsmerkmale bzw. Führungsqualitäten aus, welche ein adäquates Führungsverhalten 4.0 begünstigen (vgl. Russell Reynolds Associates 2015):

- Innovationskraft
- Mut zur Disruption
- Sozialkompetenz
- Führungsstärke
- Zielstrebigkeit

Diese Faktoren können nun, in Analogie zum Intelligenzquotienten (IQ) und emotionalen Quotienten (EQ) zu einem sogenannten Digitalquotienten (DQ) zusammengefasst werden. Je besser das Zusammenwirken dieser Quotienten ausfällt, desto eher stellt sich Erfolg im Bereich von Digitalisierung, Industrie 4.0 und dem Internet der Dinge im Kontext einer

VUCA-Welt ein (Russell Reynolds Associates 2015) und desto professioneller kann ein Management 4.0 auf unterschiedlichen Ebenen funktionieren. Diese Ebenen sind nach Bieger (2016) adäquat mittels folgender Levels zu beschreiben (vgl. Bieger 2016):

- Level 1: Beurteilung der Auswirkungen des technologischen Wandels auf Wertschöpfung und Strategie hinsichtlich Organisation und Unternehmung
- Level 2: Schaffung eines klaren Mehrwerts durch humane (Management-)Arbeit im Vergleich zu permanent verfügbaren Systemen (Systementwicklung und -steuerung sowie soziale Interaktion)
- Level 3: Handlungsfähigkeit innerhalb von Staat, Kultur, Politik, Recht und Markt (vor allem hinsichtlich Regulierungen, Profitabilität, Compliance)
- Level 4: Vermittlung einer gemeinsamen Mission, Zugriff auf gemeinsame Ressourcen, Wahrnehmung von Chancen sowie Meisterung von komplexen Herausforderungen

Ein adäquates Management 4.0 unter Beachtung der Merkmale erwähnter Stufen bedingt ein holistisches, integrales und systemisches Verständnis von Unternehmungen sowie die Etablierung einer Systemgrenzen überwindenden Vertrauenskultur, die aus verschiedensten Blickwinkeln klare Richtlinien zu vermitteln in der Lage ist, Orientierung, Sicherheit und Halt gibt sowie kreative Disruptionen, Innovation und Veränderungen fördert.

Im Fokus stehen somit Menschen und soziale Systeme, denn nicht umsonst gilt Bezug nehmend auf Digitalisierung der Grundsatz: Algorithmen und Maschinen bewältigen die Arbeitsleistungen, Menschen gestalten Systeme, Beziehungen sowie Kulturen.

11.3 St. Galler Schule der Unternehmensführung

Dynamische und komplexe Gegebenheiten in- und außerhalb der Unternehmung laufen Möglichkeiten rationaler Analysen und stringenter Planbarkeit von Entwicklungen diametral entgegen, weshalb anstelle von Determinationen, Versuch und Irrtum sowie Adaptionsmechanismen an sich ändernde Umweltsphären treten (vgl. Luhmann 1996, S. 42). In diesem Kontext werden Unternehmungen als komplexe und dynamische Systeme betrachtet, welche nicht stringent steuerbar sind, womit Kontextmanagement, also die Schaffung günstiger Rahmenbedingungen sowie die Vorgabe der Richtung der Entwicklung der Unternehmung, also die Kanalisierung der Evolution durch Selbstorganisationsprozesse, an Bedeutung gewinnen (vgl. Bea und Haas 2001, S. 29 ff.). Um diesen Anforderungen gerecht zu werden, hat sich auch die St. Galler Schule stetig weiterentwickelt und ihr identitätsstiftendes St. Galler Management Modell erweitert und modifiziert. Folgende Aufzählung gibt einen Überblick zu den wesentlichen Entwicklungsschritten:

- St. Galler Management Modell (Hans Ulrich)
- Konzept Integriertes Management (Knut Bleicher)

- Neues St. Galler Management Modell (Johannes Rüegg-Stürm)
- St. Galler Management Modell der vierten Generation (Johannes Rüegg-Stürm)

Obige Ausführungen zeigen bereits, dass der St. Galler Schule ein modernes, systemisches Verständnis von Gesellschaft und deren Entitäten zugrunde liegt. Den Spezifika einer VUCA-Welt kann adäquat nur mehr mit Referenz auf soziale Systeme im Rahmen der allgemeinen Systemtheorie Rechnung getragen werden. Dabei ist ein System als geordnetes und strukturiertes Ganzes zu begreifen, das aus Elementen besteht, mehr als die Summe seiner Teile ist *(Übersummation, Emergenz),* eine spezifische Qualität aufweist und sich zur Umwelt abgrenzt. Soziale Systeme konstituieren sich durch sinnvoll aufeinander bezogene Handlungen, womit Systemmitglieder Grenzziehungen zur Umwelt etablieren (vgl. Luhmann 1972a, S. 11) und so die *System-Umwelt-Differenz* begründen. In Kontrast zum System ist Umwelt als ein Bereich geringerer Ordnung und höherer Komplexität zu titulieren, womit die System-Umwelt-Differenz durch ein Komplexitätsgefälle gekennzeichnet ist (vgl. Luhmann 1972b, S. 18). Systeme per se agieren dabei *operativ geschlossen, selektiv offen* und *selbstreferenziell.* Sie bilden einen geschlossenen Regelkreis durch systemische Operationen, wobei sich Systemelemente ständig auf andere Systemelemente beziehen, ja sogar sich selbst aus selbigen schaffen *(Autopoiese)* und so Voraussetzung und Grundsätze des Operierens selbst generieren (vgl. Willke 2005, S. 19). System und Umwelt stehen jedoch in permanenter Interaktion, womit Anpassungen des Systems erforderlich werden (vgl. Ulrich und Probst 1995, S. 50 f.). Umwelteinflüsse, die tendenziell destabilisierend auf das System wirken, werden somit nach systeminternen Regeln in selbiges integriert und gemäß spezifischer Gesetzmäßigkeiten normalisiert. Was nun zum System zu zählen ist oder nicht, entscheidet die *binäre Codierung* desselbigen (vgl. Weber 2003, S. 210), welche mittels Differenzierung Systemgrenzen zur Umwelt etabliert und dabei immer aus einem Gegensatzpaar besteht, das weitere Werte ausschließt (vgl. Wagner 2000, S. 210 f.) und so die *Leitdifferenz* des Systems bildet (vgl. Becker und Reinhardt-Becker 2001, S. 59 ff.). Somit begründet sich der *„Handlungsbereich eines Systems (…) durch Sinngebung, die als Beschränkung (…) auf mögliches Verhalten der Systemelemente wirkt."* (Weihe 1977 zitiert nach Birkigt und Stadler 1992, S. 28). Der Erzeugung von Sinn kommen konstituierende Funktionen im Rahmen der systemischen Identitätsbildung zu *(genetische Sinntheorie)* (vgl. Willke 2005, S. 101).

Diese kurzen Ausführungen zu systemischen Grundlagen zeigen die Basisparadigmen der St. Galler Schule der Unternehmensführung, welche im Wesentlichen auf Hans Ulrich und sein in den 1960er-Jahren entwickeltes St. Galler Management Modell zurückgeht, das Unternehmungen als Teil der Gesellschaft definiert und somit ebenso die Sinnfrage, welche in besonderem Ausmaß mit normativen Überlegungen in Verbindung steht, an prominente Stelle setzt. Auf eine genauere Charakterisierung des ursprünglichen St. Galler Management Modells sowie einer Beschreibung seiner Weiterentwicklung sei im Folgenden verzichtet. Statt dessen nähern sich die folgenden Ausführungen direkt der vierten Generation des Modells unter Fokussierung auf Sinngebungsprozesse und somit normative Unternehmensführung.

11.3.1 St. Galler Management Modell 4.0

Auf Basis skizzierter systemischer und kybernetischer Überlegungen rücken im Rahmen einer interdisziplinären, ganzheitlichen Managementlehre das Gestalten, Lenken und Entwickeln von Systemen ins Zentrum der Führung von Unternehmungen. Die Unternehmung selbst ist zu verstehen als ein *„dynamisches, zielorientiertes, soziales, offenes und komplexes System (…), das in einem sich ändernden Umfeld produktive Funktionen erfüllt."* (Eschenbach und Kunesch 1995, S. 259 in Anlehnung an Ulrich 1970). Diese Definition ist grundsätzlich auch für das St. Galler Management Modell der vierten Generation, welches den letzten Stand von Adaptions- und Entwicklungsprozessen an aktuelle Herausforderungen darstellt, gültig.

Abb. 11.1 gibt einen Überblick über wesentliche Ausprägungen des Modells, wobei an dieser Stelle darauf hingewiesen werden soll, dass nähere Erläuterungen nur oberflächlich und unter besonderer Beachtung normativer Managementdimensionen vorgenommen werden. Für weitere Einblicke sei auf die teils angegebene Basisliteratur verwiesen.

Wie Abb. 11.1 zu entnehmen ist, differenziert das Modell grundsätzlich zwischen den Dimensionen Umwelt (Möglichkeitsraum zur Erschließung von Potenzialen), Management (Aktivitäten) sowie Organisation (komplexe Systeme). Die Umweltebene beinhaltet sogenannte Umweltsphären (zum Beispiel Ethik, Öffentlichkeit, Wissenschaft, Wirtschaft, Recht, Politik, Technologie, Märkte), Stakeholder (wie Staat, Lieferanten, Kapitalgeber, Kunden, Konkurrenten, Mitarbeitende) sowie Kontroversen, welche im weitesten Sinne verschiedenste Aushandlungsprozesse zwischen Unternehmenssystem und Umwelt beschreiben. Die Ebene des Managements fasst die Teilbereiche Corporate Governance, Management-Praxis sowie Executive Management zusammen, während Organisation einen Referenzrahmen, eine Entscheidungspraxis (Entscheidungsnotwendigkeiten, Bearbeitungsformen und Entscheidungsfähigkeiten) sowie Wertschöpfung (Differenzierung, Prozesse und Stabilisierung) subsumiert (vgl. Rüegg-Stürm und Grand 2015).

Der Referenzrahmen, dessen Zweck die Vermittlung einer kollektiven Orientierung ist, kann in weiterer Folge in einen normativen, strategischen und operativen Sinnhorizont differenziert werden. Auf Ebene eines normativen Managements steht als konzeptionelle Grundlage das Unternehmensleitbild im Fokus. Als Maßstab lässt sich in diesem Kontext Legitimität und als Zielkategorie/Bezugsgröße Lebensfähigkeit titulieren. Strategisches Management beinhaltet strategische Planung (konzeptionelle Grundlage) mit den Zielkategorien/Bezugsgrößen Erfolgspotenziale und Ressourcen und dem Maßstab der Wettbewerbsfähigkeit, während operatives Management mittels operativer Planung,

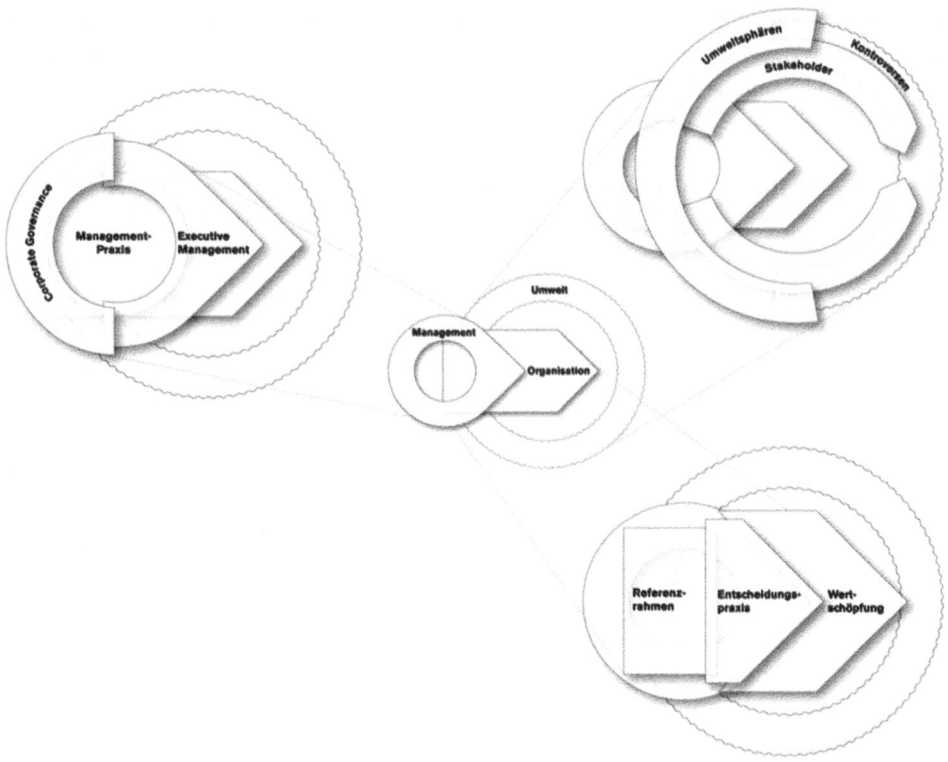

Abb. 11.1 St. Galler Management Modell 4.0 – Gesamtübersicht. (Quelle: Rüegg-Stürm und Grand 2015)

operativer Kontrolle sowie Prozessmanagement danach trachtet, Erfolg und Liquidität (Zielkategorien/Bezugsgrößen) vor dem Maßstab der Wirtschaftlichkeit sowie Wertschöpfung zu generieren (vgl. Bieger 2015, S. 33 ff.).

Auf Ebene des normativen Managements geht es folglich primär um sinngebende und vermittelnde Funktionen von Führung (vgl. Kirsch 1985, S. 348), um generelle Ziele, Prinzipien und Spielregeln der Unternehmung, welche unter permanenter Anpassung auf sich ändernde Kontextbedingungen, die Entwicklungs- und Lebensfähigkeit des Systems Unternehmung sicherstellen sollen (vgl. Bleicher 2001, S. 74) – also um den substanziellen Kern einer Unternehmensführung 4.0.

11.3.2 Integrative Normierungen

Normative Grundsatzkonzeptionen stehen in starkem Konnex mit dem weiten, teils unübersichtlichen Feld ethischer Unternehmensführung. Bei genauerer Analyse der Materie wird deutlich, dass ganzheitliches, ethisches Verhalten einer integrativen Wahrnehmung von Verantwortung bedarf (vgl. Schüz 1999, S. 174), wobei sich der Verantwortungsbegriff als Grundkategorie der Ethik (Saladin 1984, S. 19) generell zur Schaffung eines umfassenden, integrativen, normativen Systems der Unternehmensführung anbietet.

Der Terminus ist ein dreistelliger Relationsausdruck, der umschreibt, dass ein handelndes Subjekt vor Instanzen für Handlungen und deren Folgen verantwortlich gemacht werden kann (Good 1982 zitiert nach Jöhr 1985, S. 585 sowie Ulrich und Thielemann 1992, S. 17 ff.). Somit bewegt sich verantwortliches Agieren in einem Dreigestirn differenter Ethikparadigmen, die sowohl deontologische, utilitaristische und situative Dimensionen inkludieren und so zu einer integrativen Unternehmensethik assimilieren (vgl. Ulrich 1995, S. 31 ff.).

Deontologische Ethikdimensionen implizieren Orientierung an Sollensforderungen, womit seitens der Unternehmung Standards, Regeln und Normen, aber auch Codes of Ethics, Code of Conducts, Visionen, Missionen und Philosophien sowie Werte zentral werden (vgl. Schüz 1999, S. 177 ff.). Die Formulierung spezifischer Grundwerte vermittelt Orientierung, Halt und Leitschnur nach innen und sorgt so für entsprechenden Zusammenhalt und Motivation. In der Außenwirkung wird ein definierter Korridor der Entwicklung der Unternehmung abgegrenzt, eine klare Identität gefestigt und so Image, Reputation und Stakeholderrelationen aufgebaut und stabilisiert. Vor dem Hintergrund der aktuellen VUCA-Welt gilt es dabei, nicht nur ethisch-beeinflusste Wertestatements zu formulieren, sondern vielmehr auch Visionen, Missionen und Programme den aktuell, immer erfolgskritischer werdenden Themen wie Innovation, Digitalisierung, Internet der Dinge, Smart Citys sowie Industrie 4.0 zu öffnen und entsprechende Soll- bzw. Idealkataloge zu formulieren, welche nicht nur Besonderheiten der Zielgruppe Mitarbeitende berücksichtigen, sondern vielmehr ein breites Spektrum relevanter Stakeholdergruppen miteinbeziehen.

Eine *utilitaristische Perspektive* stellt auf Folgen von Handlungen ab. Unternehmungen müssen in diesem Zusammenhang Konsequenzen ihrer Aktivitäten bewerten und nach Nutzenmaximierung bei gleichzeitiger Beeinträchtigungsminimierung anderweitiger, berechtigter Interessen streben (vgl. Schüz 1999, S. 174 ff. sowie Frey et al. 2004, S. 56). Dieser Ansatz weist Parallelen zu Konzepten Nachhaltiger Entwicklung, Corporate Social Responsibility, Corporate Citizenship, etc. auf, die ökologische, soziale, ökonomische, technologische sowie teils kulturelle Dimensionen berücksichtigen, die auf einzelne Anspruchsgruppen heruntergebrochen werden müssen, um eine Totalität potenzieller Wechsel-, Rück- und Fernwirkungen abbilden zu können. Neben ethisch-orientierten Folgeabschätzungen gilt es in diesem Kontext, aktuellen Herausforderungen und Entwicklungen Rechnung zu tragen, was zum einen eines Instrumentariums zur Exploration aktueller Entwicklungen und Aufnahme selbiger in den Abwägungsmechanismus ebenso bedarf (Monitoring, Scanning, Trend-Scouting, Kontextanalysen, Szenario-Techniken, Delphi-Methoden, Morphologischer Kasten, Systemische Netzwerkanalysen, etc.) wie konkreter Instrumente und Methoden der Nutzensaldierung (Technologiefolgenabschätzungen, Risikomanagement, Modellierungen usw.).

Perspektiven, Kontexte sowie Filter verschiedenster Art bestimmen die Wahrnehmung der Welt, weshalb *situativen Rahmenbedingungen* im Kontext normativer Prozesse, insbesondere in Hinblick auf ein Verständnis von Unternehmungen als soziale Systeme, bedeutendes Einflusspotenzial zukommt. Deontologische Normierungen unter Beachtung utilitaristischer Implikationen sind folglich immer situativen Charakters und somit nur begrenzt gültig (vgl. Ulrich und Fluri 1992, S. 30). Dabei sind Situationsspezifika auf verschiedenen Ebenen zu identifizieren – gemäß einer relationalen Drei-Ebenen-Konzeption (vgl. Maring 2005, S. 454), zum Beispiel auf einer Mikro- (Individuum), Meso- (Unternehmung) sowie Makroebene (Wirtschaftssystem). Mit Fokus auf das System Unternehmung können relevante situative Dimensionen am ehesten innerhalb des Dualismus von Strukturen und Verhalten (vgl. Giddens 1984) sowie der Kultur der Unternehmung ausgemacht werden, welche als teils nicht mal mehr wahrgenommene, hintergründige Basistonalität das Agieren interner aber auch externer Stakeholdergruppen massiv mitbeeinflusst und so Innovationsgeist, Offenheit gegenüber Veränderung und Wandel sowie Haltungen in Bezug auf neue Konzepten einer Industrie 4.0 fundamental prägt.

11.4   Gestaltende Unternehmensführung für Innovation

Der oben skizzierte Normierungsdreiklang muss seitens der Unternehmensführung im Rahmen eines modernen normativen Managements entsprechend gesteuert bzw. dessen Evolution in eine gewünschte Richtung gefördert werden.

11.4.1 Normative Orientierungsprozesse

Hierzu gilt es in einem ersten Schritt zielführende Instrumentarien zu identifizieren, welche eine Formulierung, entsprechende Implementierung sowie operative Prozessualisierung deontologischer, utilitaristischer als auch situativer Normierungsimplikationen erlauben.

Wie oben bereits ersichtlich, implizieren deontologische Gestaltungssphären die Erarbeitung normativer Grundlagenkataloge, auf welche im Folgenden unter Beachtung besonderer Dimensionen einer Industrie 4.0 als *Purpose Management 4.0* referenziert wird. Utilitaristische Folgenabschätzungen können am ehesten mittels eines *Stakeholder Managements 4.0* realisiert werden, während ein *Culture Management 4.0* maßgeblich relevante situative Kontexte prägt (Abb. 11.2).

Dieser Dreiklang eines integrativen normativen Managements 4.0 wird im Folgenden kurz näher skizziert.

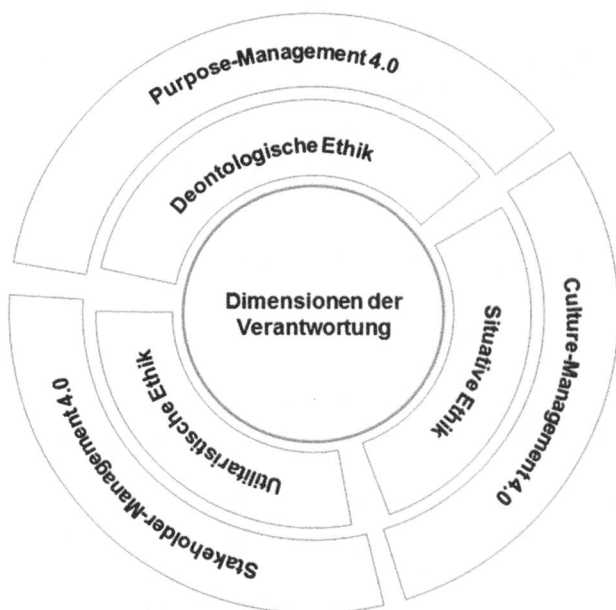

Abb. 11.2 Verantwortungsdimensionen und Managementimplikationen. (Quelle: eigene Darstellung in Anlehnung an Schüz 1999, S. 183)

11.4.2 Purpose-Management 4.0

Eine wertbezogene Dimension stellt auf unternehmerische Sinngebungs- und Sinnvermittlungsprozesse ab, klärt also die Frage nach Sinn- und Existenzgrund der Unternehmung (vgl. Rieckmann 2005, S. 52 ff.).

„Ohne eine systemumgreifende Sinnhaftigkeit kann es für die Mitglieder und Bezugsgruppen der Unternehmung kaum eine Orientierung über das Unternehmungsgeschehen geben." (Bleicher 1994, S. 20).

Somit ist eine umfassende Analyse, Diagnose und Prognose der unternehmerischen Vergangenheit, Gegenwart und Zukunft vorzunehmen, um Leitplanken der weiteren Entwicklung der Unternehmung festzulegen.

Ähnlich eines Code of Conduct muss der in Aushandlungsprozessen mit unterschiedlichen Stakeholdergruppen zu formulierende Kriterienkatalog einer Reihe von Anforderungen genügen und Funktionen erfüllen. Letztere sind (vgl. Maak und Ulrich 2007, S. 247 in Anlehnung an Kaptein 1998):

• Orientierung: Der Katalog schärft das Bewusstsein für festzulegende, auf Gegebenheiten der Industrie 4.0 abzielende Normen und Dilemmata im Alltag und stellt eine Hilfestellung bei der Entscheidungsfindung dar.

- Klärung: Der Katalog klärt Verantwortlichkeiten und zeigt Wechselwirkungen zwischen selbigen auf.
- Verbindlichkeit: Der Katalog formuliert ein verbindliches Minimalset an Erwartungen Bezug nehmend auf die Entwicklung der Unternehmung unter Berücksichtigung von Herausforderungen der VUCA-Welt.
- Korrektur: Der Katalog ermöglicht die Identifikation und Adressierung von erwünschten und unerwünschten bzw. bis dato noch suboptimalen Verhaltensweisen.
- Legitimation: Aufgrund der Beachtung des Existenz- und Sinngrundes der Unternehmung und deren zukünftigen Implikationen legitimiert der Katalog sowohl individuelles als auch unternehmerisches Handeln.
- Dialoggrundlage: Die Entwicklung des Katalogs im Rahmen umfassender Stakeholderdialoge schafft Basis der Relationengestaltung sowie des Verhaltens der Systemmitglieder an dessen Grenzen und unterstützt so die Legitimation.

Purpose-Management 4.0 institutionalisiert somit die Selbstverpflichtung der Organisation (Karmasin und Weder 2008, S. 200), regelt grundlegende Verhaltensmuster, beinhaltet gemeinsame Vorstellungen und Werte und schafft so die Grundlage der Entfaltung einer entsprechenden Industrie 4.0-Fitness der Unternehmung als auch deren Mitarbeitenden und Führungskräften.

Der Kodex, verstanden als gemeinsam gelebtes und sich stetig weiterentwickelndes *Living Document,* wird Beleg und Basis erreichter und zu stabilisierenden Übereinstimmung – Orientierungsraster und Sicherheitsnetz systemischen Denkens und Handelns.

11.4.3 Stakeholder-Management 4.0

Dieses gemeinsame Denken und Handeln geht dabei im Idealfall über die Grenzen der Unternehmung hinaus und bezieht verschiedenste Anspruchsgruppen mit ein, gleicht deren besondere Interessen aus und bindet selbige an die Unternehmung. Stakeholder-Assessments und -Dialoge werden so zu wesentlichen Elementen (vgl. Maak und Ulrich 2007, S. 169) einer normativen Beziehungsgestaltung 4.0. *„Stakeholder-Konzepte ermöglichen dabei die ex ante Einbindung gesellschaftlicher Anspruchsgruppen in den Prozeß (sic) der Entscheidungsfindung und ermöglichen ex post Kontrolle und Feedback, das bedeutet auch die Konstitution und Reproduktion von organisationalen Wertestrukturen."* (Karmasin und Weder 2008, S. 177).

Im Rahmen eines Stakeholder-Managements 4.0 gilt es zwecks umfassender Integration relevanter Stakeholder, zu welchen auch inhumane Sphären wie zum Beispiel Klima, Umwelt etc. gezählt werden müssen, folgenden Prozessschritten besondere Beachtung zuteilwerden zu lassen:

- Stakeholderexploration: Identifikation und Analyse relevanter Stakeholder und derer Interessen insbesondere in Hinblick auf deren Haltungen, Bestrebungen und konkreten Entwicklungen im Bereich Industrie 4.0, Internet der Dinge, Smart Cities und Digitalisierung

- Stakeholder Relationship Analyse: Prüfung von Stakeholderansprüchen nach Kriterien wie Interessen, Legitimität, Einfluss und Entwicklungsbestrebung zwecks Erkenntnis konfliktärer Erwartungen einzelner Stakeholder und Umweltsphären mittels Interaktionsmatrizen
- Stakeholder Interest Management: Streben nach einem Ausgleich differierender Interessenslagen unter Akzeptanz relevanter und Negation irrelevanter und inakzeptabler Ansprüche von Stakeholdergruppen auf Basis deontologischer Grundprämissen und daraus resultierender Priorisierungen
- Stakeholder Integration Management: Entwicklung von Strategien der Interkation mit Anspruchsgruppen zwecks Etablierung einer fundierten Partnerschaft u. a. zur Abstimmung und Intensivierung gemeinsamer Bemühungen hinsichtlich der Themenfelder Industrie 4.0, Digitalisierung, Smart Citys, Internet der Dinge u. ä.

Ein integratives Stakeholder-Management 4.0 sichert somit den Zusammenhalt relevanter Akteure und sorgt für eine gerechte Verteilung von Ressourcen, Wertschöpfung und (digitalen) Erfolgspotenzialen. Durch Einbeziehung inhumaner Sphären wird darüber hinaus der Forderung einer Quadruple-Bottom-Line verantwortungsvoller Entwicklung, also der Berücksichtigung von ökologischen, sozialen, technischen und ökonomischen Interessen im Sinne einer umfassenden utilitaristischen Ethik vollumfassend Rechnung getragen.

11.4.4 Culture-Management 4.0

Die Kultur der Unternehmung stellt gewissermaßen auf Verhaltensdimensionen eines normativen Managements ab (vgl. Bleicher 1994, S. 487), meint also ein gelebtes Gefüge an Überzeugungen, welches in verschiedensten Ritualen, Symbolen und Handlungen seinen Ausdruck findet. In Hinblick auf aktuelle Transformationsprozesse und Disruptionen heben verschiedenste Autoren und Praktiker die Kultur als wesentlichen Erfolgsfaktor hervor, wobei an dieser Stelle nur die Stichwörter *Culture Counts*, Fehlersowie Vertrauenskultur genannt werden sollen.

Veränderungen und Beeinflussung der Kultur der Unternehmung stellen sich allerdings als äußerst schwierige Unterfangen heraus, da Kulturen nicht direkt, sondern vielmehr über den Dualismus von Strukturen und Verhalten (vgl. Giddens 1984) bzw. ein entsprechendes Kontextmanagement, also die Gestaltung der Ausprägung organisationaler Designelemente, entwickelt werden können. Gemäß dem OSTO-Systemmodell (Offen, Sozio-Techno-Ökonomisch) lassen sich dabei folgende Stellhebel identifizieren (vgl. Rieckmann 2005, S. 74 ff.):

- Funktionen, Aufgaben, Rollen
- Techniksystem
- Ressourcen

- Prozess- und Strukturorganisation
- Forschungs-, Entwicklungs- und Erneuerungssystem
- Informations- und Kommunikationssystem
- Entscheidungssystem
- Kontroll-, Belohnungs- und Bestrafungssystem
- Mensch

Culture-Management 4.0 fokussiert somit mittels Steuerung unterschiedlicher Systemelemente und Subsysteme (vgl. Aufzählung) auf die Schaffung eines Klimas innerhalb welchem Führungskräfte, Mitarbeitende und betroffene weitere Anspruchsgruppen ihre Stärken, Fähigkeiten und Talente bestmöglich einbringen und so zum eigenen Wohle, zum Wohle anderer und zum Wohle der Unternehmung reüssieren – also hinsichtlich einer Industrie 4.0-Fitness sowohl ihre Kompetenzen entwickeln als auch gern gemäß definierter Leitplanken in die Unternehmung einbringen (Können-Sollen-Wollen).

11.5   Industrie 4.0 Fitness kann nicht verordnet werden

Gemäß einer Umfrage nennen 69 % befragter Führungskräfte Kompetenzdefizite der Mitarbeitenden als wesentlichste Herausforderung der Digitalisierung (vgl. Tödtmann 2017). Der Digitalisierungsberater Hans-Werner Feick meint hierzu in einem Interview, dass der „(…) *Verweis auf die angeblichen Kompetenzdefizite der Mitarbeiter (…) nicht hilfreich (ist), um die Digitalisierung voran zu bringen. Man muss an die Spitze schauen, Orientierung und Führung sind die Themen. Wenn die Mitarbeiter begreifen, wo die Veränderung hinführen soll, was sie dem Unternehmen bringt und ihnen selbst idealerweise auch, ziehen sie mit.*" (Tödtmann 2017).

Es steht außer Zweifel, dass eine erfolgreiche Umsetzung von Maßnahmen zwecks Erfüllung von Anforderungen einer Industrie 4.0 eines funktionierenden Managements 4.0 bedarf. Dabei stellen digitale Transformationsprozesse hinsichtlich Unternehmens- und Mitarbeiterführung neue Herausforderungen dar (vgl. Breyer-Mayländer 2016, S. XVII ff.), welchen es entsprechend vorbereitet und mit der notwendigen Industrie 4.0-Fitness zu begegnen gilt, was ein Denken im System bei gleichzeitiger Orientierung an normativen Willensbekundungen der Unternehmung bedingt.

„*Die höhere Kunst des Navigierens ist die Fähigkeit, sich im Unbekannten zurechtzufinden – dann, wenn die Standorte ungewiss, die Ziele beweglich und die Welt vielfältig (alles Kennzeichen einer VUCA-Welt) sind (sic!).*" (Malik 2015, S. 9). Als Orientierungshilfe und „Leerstellengerüst für Sinnvolles" (Bleicher 1999, S. 16) kann dabei das St. Galler Management Modell 4.0 unter Akzentuierung der Wichtigkeit von Dimensionen einer integrativen Verantwortung und deren Ausgestaltung in ein Purpose-, Stakeholder- sowie Culture-Management 4.0 dienen, denn „(…) *the role of top management is not to spot and solve problems as much as to create an organization that can spot and solve its own problems.*" (Hayes 1985 zitiert nach Bleicher 2005, S. 86). Folglich kommt einer

Top-Führungsraft vor dem Hintergrund aktueller Entwicklungen, die Rolle eines Fragenstellers, Ideenlieferanten, Entscheiders und nicht zuletzt eines Kultur-Architekten zu (Huber et al. 2017, S. 5).

„Wahre Leader innovieren nicht Produkte, sondern Organisationen". (Huber et al. 2017, S. 7). Somit ist eine Unternehmensführung 4.0 für Innovation, Digitalisierung und Industrie 4.0 zwecks Gestaltung entsprechend schlagkräftiger, sicherheitsgebender und kreativitätsfördernder, wandelbarer Systeme zentral. Frederik Pferdt, Chief Innovation Evangalist bei Google, bringt dies auf den Punkt, indem er formuliert: *„(…) wir wollen unseren Leuten tatsächlich eine Umgebung bieten, in der sie sich glücklich fühlen, an etwas zu arbeiten, das Bedeutung hat, für sie selbst und den Rest der Welt. Innovation kann nicht verordnet werden, man muss sie gestalten."* (Ahrens 2016, S. 114).

Literatur

Ahrens K (2016) Raus aus der Routine. Interview mit Frederik Pferdt. In: Manager Magazin, 10/2016, Vom König zum Knecht? S. 114–115

Bea F X & J Haas (2001) Strategisches Management, 3. neu bearbeitete Aufl, Lucius und Lucius, Stuttgart

Becker F & E Reinhardt-Becker (2001) Systemtheorie. Eine Einführung für die Geschichts- und Kulturwissenschaft, Campus, Frankfurt am Main

Bennett N & J G Lemoine (2014a) What VUCA really means for You. In: Harvard Business Review, 92/2014, S. 27

Bennett N & J G Lemoine (2014b) What a difference a word makes, Understanding threats to performance in a VUCA world. In: Business Horizons, 57/2014, S. 311–317

Bieger T (2015) Das Marketingkonzept im St. Galler Management Modell. Verlag Paul Haupt, Bern, Stuttgart

Bieger T (2016) Management 4.0. Führungskräfte anders. https://www.nzz.ch/meinung/debatte/fuehrungskraefte-anders-1.18722581, abgerufen am 22.05.2017

Birkigt K & M M Stadler (1992) Corporate Identity – Grundlagen. In: Birkigt K, Stadler M M & H J Funck (Hrsg) Corporate Identity. Grundlagen. Funktionen. Fallbeispiele, 5., völlig überarbeitete Aufl, Verlag Moderne Industrie, Landsberg am Lech, S. 11–61

Bleicher K (1994) Normatives Management – Politik, Verfassung und Philosophie des Unternehmens. Campus Verlag, Frankfurt am Main, New York

Bleicher K (1999) Das Konzept Integriertes Management, Visionen – Missionen – Programme, 5., revidierte und erweiterte Aufl, Campus Verlag, Frankfurt am Main, New York

Bleicher K (2001) Das Konzept Integriertes Management. Visionen – Missionen – Programme, 6., revidierte und erweiterte Aufl, Campus, Frankfurt am Main, New York

Bleicher K (2005) Betriebswirtschaftslehre als Management- und Führungslehre. In: Bleicher, Knut (Hrsg) Meilensteine der Entwicklung eines Integrierten Managements. Gesammelte Schriften in 6 Bänden. Bd 1: Management im Wandel, Swiridoff, Künzelsau, S. 193–219

Breyer-Mayländer T (2016) Management 4.0 – den digitalen Wandel erfolgreich meistern. Das Kursbuch für Führungskräfte, Carl Hanser Verlag, München

Drucker P (1985) Umschichtungsprozesse im Gefüge weltwirtschaftlicher Bedingungen. In: Probst, Gilbert J B & H Siegwart (Hrsg) Integriertes Management, Bausteine des systemorientierten Managements. Festschrift zum 65. Geburtstag von Prof. Dr. Dr. h.c. Hans Ulrich, Verlag Paul Haupt, Bern, Stuttgart, S. 455–467

Eschenbach R & S Kunesch (1995) Strategische Konzepte. Management-Ansätze von Ansoff bis Ulrich, 2., überarbeitete und erweiterte Aufl., Schäffer-Poeschel, Stuttgart

Giddens A (1984) The Constitution of Society – Outline of the Theory of Structuration. University of California Press, Berkeley, Los Angeles

Huber R, Nussberger C, Rüegger S & R Hofmann (2017) 8. Hitchman Executive-Panel in Zusammenarbeit mit Raymond Hofmann Management. Ergebnispräsentation „Innovation", o. V., Zürich

Ivancic R (o. J.) Normativ-systemisches Corporate Brand Core Management. Normative Unternehmensführung im Duktus des Brand-based View, unveröffentlichtes Manuskript, Klagenfurt, Wien, Paris, St. Gallen

Jöhr W A (1985) Werte und Verantwortung des Managementwissenschafters. In: Probst, Gilbert J B & H Siegwart (Hrsg) Integriertes Management, Bausteine des systemorientierten Managements, Festschrift zum 65. Geburtstag von Prof. Dr. Dr. h.c. Hans Ulrich, Verlag Paul Haupt, Bern, Stuttgart, S. 583–637 sowie Ulrich P & U Thielemann (1992) Ethik und Erfolg. Unternehmensethische Denkmuster von Führungskräften. Eine empirische Studie, Verlag Paul Haupt, Bern, Stuttgart

Karmasin M & F Weder (2008) Organisationskommunikation und CSR – Neue Herausforderungen an Kommunikationsmanagement und PR. LIT Verlag, Wien et al.

Kirsch W (1985) Evolutionäres Management und okzidentaler Rationalismus. In: Probst G J B & H Siegwart (Hrsg) Integriertes Management, Bausteine des systemorientierten Managements. Festschrift zum 65. Geburtstag von Prof. Dr. Dr. h.c. Hans Ulrich, Verlag Paul Haupt, Bern, Stuttgart, S. 331–350

Luhmann N (1972a) Religion als System, Thesen. In: Bahr H E (Hrsg) Karl-Wilhelm Dahm/Niklas Luhmann/Dieter Stoodt, Religion – System und Sozialisation, Luchterhand, Darmstadt, Neuwied, S. 11–13

Luhmann N (1972b) Religiöse Dogmatik und gesellschaftliche Evolution. In: Bahr H E (Hrsg) Karl-Wilhelm Dahm/Niklas Luhmann/Dieter Stoodt, Religion – System und Sozialisation, Luchterhand, Darmstadt, Neuwied, S. 15–132

Luhmann N (1996) Das Erziehungssystem und die Systeme seiner Umwelt. In: Luhmann N & K E Schorr (Hrsg) Zwischen System und Umwelt, Fragen an die Pädagogik, Suhrkamp, Frankfurt am Main

Maak T & P Ulrich (2007) Integre Unternehmensführung – Ethisches Orientierungswissen für die Wirtschaftspraxis. Schäffer-Poeschel, Stuttgart

Malik F (1996) Strategie des Managements komplexer Systeme – Ein Beitrag zur Management-Kybernetik evolutionärer Systeme. 5., erweiterte und ergänzte Aufl, Verlag Paul Haupt, Stuttgart, Wien

Malik F (2015) Navigieren in Zeiten des Umbruchs – Die Welt neu denken und gestalten. Campus Verlag, Frankfurt am Main

Maring M (2005) Verantwortung und Mitverantwortung in Kooperationen. In: Brink A & V A Tiberius (Hrsg) Ethisches Management – Grundlagen eines wert(e)orientierten Führungskräfte-Kodex. Verlag Paul Haupt, Bern, Stuttgart, S. 449–479

Rieckmann H (2005) Managen und Führen am Rande des 3. Jahrtausends – Praktisches, Theoretisches, Bedenkliches. 3., durchgesehene Aufl, Peter Lang Verlag, Frankfurt am Main et al.

Rüegg-Stürm J & S Grand (2015) Das St. Galler Management Modell. 2. vollständig überarbeitete und grundlegend weiterentwickelte Aufl, Verlag Paul Haupt, Bern, Stuttgart, https://www.sgmm.ch, abgerufen am 06.05.2017

Russell Reynolds Associates (2015) Management 4.0 – Fünf Persönlichkeitsmerkmale unterscheiden den erfolgreichen digitalen Transformation Leader von der analogen Führungskraft. http://www.russellreynolds.com/newsroom/management-40-funf-personlichkeitsmerkmale-unterscheiden-den-erfolgreichen-digitalen-transformation-leader, abgerufen am 22.05.2017

Saladin P (1984) Verantwortung als Staatsprinzip – Ein neuer Schlüssel zur Lehre vom modernen Rechtsstaat. Verlag Paul Haupt, Bern, Stuttgart

Schüz M (1999) Werte – Risiko – Verantwortung – Dimensionen des Value Management. Gerling, München

Frey D, Kerschreiter R, Winkler M & A Gaska (2004) Wieviel Moral braucht der Mensch? Die Bedeutung von Werten und ethischen Prinzipien bei der Führung von Mitarbeitern. In: Bohlander H W & M Büscher (Hrsg) Werte im Unternehmensalltag erkennen und gestalten. Rainer Hampp Verlag, München, Mering, S. 49–69

Tödtmann C (2017) Ein 50-jähriger Vorstand ist kein Innovator. http://www.wiwo.de/erfolg/management/digitalisierung-ein-50-jaehriger-vorstand-ist-kein-innovator/19707292.html, abgerufen am 06.05.2017

Ulrich H & G J B Probst (1995) Anleitung zum ganzheitlichen Denken und Handeln. Ein Brevier für Führungskräfte, 4., unveränderte Aufl, Verlag Paul Haupt, Bern, Stuttgart, Wien

Ulrich P & E Fluri (1992) Management – Eine konzentrierte Einführung. 6., neubearbeitete und ergänzte Aufl, Verlag Paul Haupt, Bern, Stuttgart

Ulrich P (1995) Unternehmensethik und „Gewinnprinzip" – Versuch der Klärung eines unerledigten wirtschaftsethischen Grundproblems. Der vorliegende Aufsatz stellt die ausgearbeitete Fassung eines Referats im Ausschuss „Wirtschaftswissenschaften und Ethik" im Verein für Socialpolitik an dessen Tagung vom 9. bis 11. März 1995 in Bern dar. IWE Institut für Wirtschaftsethik, St. Gallen

Wagner G (2000) Der Kampf der Kontexturen im Superorganismus Gesellschaft. In: Benz M, Ulrich P & G Wagner (Hrsg) Die Logik der Systeme – Zur Kritik der systemtheoretischen Soziologie Niklas Luhmanns. UVK Verlagsgesellschaft m.b.H., Konstanz, S. 199–223

Weber S (2003) Systemtheorien der Medien. Anwendung der Systemtheorie (Luhmann) auf die Modellierung von Massenmedien und Publizistik (Marcinowski u. a.). In: S Weber (Hrsg) (2003) Theorien der Medien – Von der Kulturkritik bis zum Konstruktivismus. UVK Verlagsgesellschaft m.b.H., Konstanz, S. 202–223

Willke H (2005) Symbolische Systeme, Grundriss einer soziologischen Theorie. Velbrück Wissenschaft, Weilerwist

Dr. Ronald Ivancic, Mag. mult
Projektleiter und Senior Berater an der Wissenstransferstelle der Hochschule für Angewandte Wissenschaften St. Gallen

Studium der Angewandten Betriebswirtschaft, Angewandten Kulturwissenschaft, des Angewandten Integrierten Markenmanagements, der Publizistik und Kommunikationswissenschaften sowie Wirtschaft und Recht an der Alpen-Adria Universität Klagenfurt, teils nebst beruflicher Tätigkeit in den Bereichen Public Relations, Wirtschaftskommunikation und Unternehmensberatung; Direktor Internationale Programme, Studienleitung sowie stellvertretender COO, Senior Consultant und Dozent an der St. Galler Business School sowie der Management Academy St. Gallen; Interimsmanagement- und Beratungsmandate primär in den Bereichen

Strategieentwicklung, Business Development, Kybernetik, Business Innovation, Marken- und Marketingmanagement sowie Leadership Branding und Personal Brand Management; Dozent an verschiedenen Weiterbildungseinrichtungen; Speaker, Autor und Herausgeber; aktuell Projektleiter und Senior Berater an der Wissenstransferstelle der Hochschule für Angewandte Wissenschaften St. Gallen; Leitung unterschiedlicher Beratungsprogramme mit ca. 50 jährlichen Projekten, Coaching- und Consultingaktivitäten sowie Fach- und Methodeninputs in den Bereichen Marktforschung und Projektmanagement; teils aktives Mitglied in verschiedensten Fachverbänden, Interessensgemeinschaften und Beiräten wie zum Beispiel der Gesellschaft für Integriertes Management St. Gallen, St. Galler Business Books & Tools, Swiss Marketing sowie Verband Schweizer Markt- und Sozialforscher.

Roman A. Huber, MSc
Projektleiter und Senior Berater an der Wissenstransfer-
stelle der Hochschule für Angewandte Wissenschaften St.
Gallen

Studium der Betriebsökonomie an der Hochschule für Angewandte Wissenschaften St. Gallen mit Vertiefung in Corporate and Business Development; langjährige Tätigkeiten im Finanzdienstleitungsbereich als Berater, im Gesundheitswesen als Projektleiter für Risikomanagement und Personaleinsatzplanung, im Industriesektor als Group-Controller/Begleiter von M&A-Projekten und im Bildungssektor als Projektleiter und Senior Berater für Praxisprojekte; Leitung unterschiedlicher Module von Praxisprojekten, Coaching- und Consultingaktivitäten sowie Fach- und Methodeninputs in den Bereichen wissenschaftliches Arbeiten, Präsentation und Projektmanagement.

Der Zauberlehrling 4.0 – Arbeiten in der digitalen Welt

12

Denkimpulse für das Management im Wandel

Sabine Unterlerchner

12.1 Einleitung

Mit Industrie 4.0 könnte man landläufig eine Art der neuen industriellen Revolution beschreiben. Automatisierung der Prozesse und der Steuerung: Sensoren, Big Data, Algorithmen und künstliche Intelligenz machen es möglich, eine vernetzte, situationsangepasste und selbststeuernde Produktion, Lagerhaltung und Ressourcenverteilung zu nutzen. Der Fokus liegt dabei derzeit noch deutlich auf Kostensenkung und Effizienzsteigerung (Matzler et al. 2016). Ähnlich dem Zauberlehrling wischen wir in der Zukunft den Boden nicht mehr selbst, sondern wir lassen die Besen walten.

Faktum ist, dass sich das Thema der Automatisierung und Digitalisierung direkt auf unser tägliches Leben und unsere Arbeitswelten auswirkt. Dazu kommt ein Generationenmix mit völlig unterschiedlichen Erwartungen und Zugängen zum Thema Arbeit, Leistung und Technik.

Fasziniert und neugierig, wie Goethes Zauberlehrling (Goethe 1827), nutzen wir all die wunderbaren technischen Neuerungen gern und spielerisch in unserem privaten Leben: das Internet der Dinge fürs Heim, den Rasenmähroboter, die Navigationssysteme, das online-banking, die Interneteinkäufe, die Drohnenzustellung, die Smart Phones, die Internetplattformen für Buchungen, zur Informationsbeschaffung und soziale Medien für die Vernetzung und Vermarktung etc. Toll, spielerisch und als wunderbare Erleichterung wahrgenommen, ist manches davon gar nicht mehr aus dem Alltag wegzudenken. Wenn wir aber plötzlich erkennen, dass die Automatisierung und Digitalisierung unseren

S. Unterlerchner (✉)
sune-beratung com, Seeboden, Österreich
E-Mail: info@sune-beratung.com

© Springer Fachmedien Wiesbaden GmbH, ein Teil von Springer Nature 2018
P. Granig et al. (Hrsg.), *Mit Innovationsmanagement zu Industrie 4.0*,
https://doi.org/10.1007/978-3-658-11667-5_12

Job verzichtbar und unsere Geschäftsideen kaputt machen könnte, weil die Roboter und Algorithmen unsere Produkte und Aufgaben wesentlich präziser, „unemotionaler und stabiler" erledigen können, kommt doch eine Art von Panik auf. Darum wähle ich den Vergleich mit dem Zauberlehrling aus dem Werk des Literaten Goethe als Gedankenbild (Goethe 1827). Es deckt den Widerspruch auf, in dem wir leben – zwischen der Neugier auf die neuen Technologien und dem Festhalten an dem, was wir kennen, für beherrschbar halten und von dem wir uns Stabilität erhoffen. Dennoch: Durch die Innovation, menschliche Neugierde und Forschungsinteresse „geweckte" oder vielmehr „erfundene" Programme schaffen wir eine künstliche Intelligenz, die vieles erleichtert, Neues entstehen lässt, jedoch unkontrolliert genutzt schwer beherrschbar ist.

Die Herausforderung in der Arbeitswelt der Industrie 4.0 sehe ich vor allem darin, die Verbindung zwischen Mensch und Maschine vorzubereiten, so zu gestalten, dass die Möglichkeiten und Chancen, die Risiken, denen wir uns aussetzen, überwiegen (Hollinger 2016). Warum? – damit wir selbst, unsere Mitarbeiter und Mitarbeiterinnen user-fit genug sind und es bleiben, um die „entfesselten Besen" zu beherrschen. Das jedoch verlangt ein völliges Umdenken, einen Umbruch in den Köpfen. Wir sind gefordert die bestehenden Systeme, Strukturen (unternehmerisch, gesellschaftspolitisch und persönlich) zu hinterfragen, anzupassen und uns, wenn nötig, davon zu lösen.

12.2   Fakten und Studien

Eine Studie aus dem Jahr 2013 von Frey und Osborn (2013) unterstellt einen eklatanten Wegfall von Jobs in den nächsten 50 Jahren. Selbst die hoch qualifizierten „Wissensjobs" würden nach diesen Prognosen durch das Entstehen der neuen, künstlichen Intelligenz und der Automatisierung gefährdet sein, zum Beispiel sogar Sparten wie jene der Steuerberatung, der Buchhaltung, der Makler, außerdem auch Kreditanalyse-, Assistenz- und Sekretariatsjobs. Die in der Industrie eingesetzte Robotik ist heute nicht mehr schwerfällig und fehleranfällig. Neben der Entwicklung im Motor- und Hydraulikbereich werden die Fähigkeiten dieser Maschinen durch Sensoren (wie dem maschinellen Sehen) stetig deutlich verbessert. Diese neuen Roboter, so wird es prognostiziert, werden mit einer 50 Prozent Wahrscheinlichkeit im Jahr 2050 menschliches Niveau erreicht haben. Einige Forschungsbeispiele gibt es bereits jetzt. So haben australische Wissenschaftler bereits einen Roboter entwickelt, der eine Bewerberauswahl, unter Einbeziehung von Gesichtsausdruck und Spracherkennung, durchführen kann. 2011 hat bereits IBM Watson die Fernseh-Quizshow Jeopardy gewonnen. Auch in der Lebensmittelproduktion und in der Landwirtschaft werden automatisierte Prozesse und selbststeuernde Maschinen bereits erfolgreich eingesetzt. Tourismus und Werbung sind heute ohne den Einsatz digitaler Instrumente und ohne die Nutzung von Plattformen nicht mehr vorstellbar.

12.3   Verbindung von Mensch und Maschine als Chance

Worin liegen die Chancen in all den Neuerungen? Was können wir tun, um Schreckens-szenarien wie in Science-Fiction-Romanen zu vermeiden? Die neue Generation von Robotern ist fähig, mit dem Menschen zusammenzuarbeiten, die menschliche Arbeit schon heute sinnvoll zu ergänzen und tatsächlich einen enormen Nutzen herzustel-len (Walker 2014). Eingesetzt werden derartige Entwicklungen bereits in der Medizin, beispielsweise in Form von Roboterprothesen oder mittels des Einsatzes chirurgischer Roboter oder auch in Form von Industrie-, Personal- und Dienstleistungsrobotern.

Teamwork und Führung der Zukunft wird wohl – wenn man so will – eine Art von: Drei Generationen Integrations- Management, der Faktor Führung erfasst die Menschen als

- Digital Natives, aufgewachsen mit dem Internet und all den Technologien,
- die Generation 40+, die neugierig ist, die technologischen Vorteile gern nutzt, aber bei der auch die Angst des Kontroll-, Job- oder Geschäftsverlustes dramatisch ansteigt. Und dazu kommt eine neue
- Maschinegeneration – die Roboter, die stetig intelligenter werden.

Der Zugang zur Arbeitswelt ist ein völlig unterschiedlicher. Die digitalen Natives ent-stammen einer Generation, die in der Arbeit eine Art von spielerischer Sinnsuche und viele Möglichkeiten sieht, den Vorteil in der Technik erkennt und diese in allen Lebens-lagen nutzt. Arbeit und Freizeit werden nicht getrennt erlebt, sondern fließen ineinan-der. Alles ist gut, solange die Balance erhalten bleibt. Eine neue Welt entsteht, in der die Transparenz von Daten, das Teilen von Ideen, der bewusste Umgang mit der eigenen Lebenszeit normal ist, das Recht auf Eigentum weniger zu bedeuten scheint als „Shared Contents", Netzwerke und Innovation. Im Gegensatz zur eher inputorientierten älteren Generation setzen die Jungen verstärkt auf den Output. Die Älteren sind stark vom Input-Gedanken geprägt. Wissen, Erfahrung, Fleiß, investierte und bezahlte Arbeitsstun-den, eine Kultur von Fehlerfreiheit und Durchhaltevermögen definieren Leistung.

Die Digital Natives leben mehr nach dem Prinzip des Nutzens von Know-how und zwar so, dass möglichst rasch ein Ergebnis vorliegt, das andere und sie selbst entlastet, das den schnellen Erfolg bringt. Fehler und Scheitern gehören mehr zum Alltag und wenn eine Idee nicht greift, dann entwickelt man halt eine Neue. Und die Roboter ori-entieren sich (zumindest noch) am Programm, das ihnen vom Menschen eingepflanzt ist.

Führungskräfte, Manager und Mitarbeiter jeder Generation und jeden Geschlechts sind einem Wandel ausgesetzt, auf den viele schlichtweg nicht vorbereitet sind. Flucht und eine „Kopf-in-den-Sand-stecken-Taktik" greift nicht mehr. Im Gegenteil: Wer den Anschluss an die Technik verschläft, könnte tatsächlich schnell ersetzt werden. Der Wechsel des Blickwinkels ist gefragt – als Unternehmer, Manager und Mitarbeiter. Die automati-sierten Besen sind längst entfesselt und werden entweder für uns kehren oder über uns hinwegfahren.

Die größte Herausforderung für das Management im neuen Zeitalter wird also darin liegen, wie gut es gelingt, die Entscheidungen und das Personalmanagement am Wandel auszurichten, sehenden Auges sozusagen das „Worst Case Szenario" immer wieder gedanklich durchzuspielen und Strategien zu entwickeln, um in der „Kehrrichtung" zu gehen, anstatt dagegen anzukämpfen. Elementar wird dabei die Frage sein, wie das Neue, das ohnehin kommt, zum Nutzen aller und sozial verantwortlich gestaltet werden kann. Dazu braucht es Führungsstile, die weniger an altem Hierarchiedenken orientiert sind.

12.3.1 Der Meister – eine neue Führungsqualität ist gefragt

Im Management der Zukunft braucht es Führungskräfte mit Weitblick, solche, die es verstehen, den Innovationsbedarf schneller zu erkennen und die das Talent mitbringen, neue Teams aus kreativem Potenzial situativ zu formen. Solche, die nützliche Ideen rasch identifizieren und es verstehen Kräfte statt Ängste zu mobilisieren, solche, die es schaffen, in ihren Teams eine Art von Verbesserungs- und Fehlerkultur zu etablieren, die es möglich macht, zeitgerecht einzugreifen, wenn etwas schiefläuft (Bate 1997).

Das verlangt in erster Linie eine klare und ständige Kommunikation:

- über die Erwartungen an den Beitrag jedes Einzelnen am Gesamterfolg,
- über die Bedeutung des Veränderungs- und Lernbedarfes und
- für die Entwicklung von positive Zukunftsperspektiven.

Diesen Führungskräften darf nicht der Mut fehlen, sich rascher von hinderlichen Strukturen, falschen Entscheidungen, hemmenden Prozessen oder dauerhaften Minderperformern zu lösen.

Bedenkt man, dass durch die Industrie 4.0 und neue, kostensparenden Technologien die Arbeit im eigenen Land wieder wettbewerbsfähig am Weltmarkt wird, weil die Produktion nicht zwangsläufig in den Niedriglohnländern billiger oder besser ist, dann bietet das eine riesige Chance. Um diese zu nutzen, braucht es ein neues Managementverständnis, das aus einer Mischung aus Risikobereitschaft und sozialem Verantwortungsgefühl, Kostenbewusstsein und Innovationsbereitschaft besteht. Es bedarf dazu einer neuen Managementspezies der Vorbilder, die als Förderer und „Enabler", die als Helfer zur Selbsthilfe und Förderer des persönlichen Wachstums ihrer Teams fungieren. Solche, die steuernd, lösungsfokussiert und fair agieren und kommunizieren.

12.3.2 Qualifizierung und Ausbildung als Wandelbegleiter

Gerade in den westlichen Industrieländern besteht ein enorm breiter und gleichwertiger Zugang zu Aus- und Weiterbildungen an diversen staatlich geförderten oder privaten Bildungsinstituten. Wer Neues lernt, sich für die Zukunft fit halten will, hat ausreichende

Möglichkeiten dazu. Das Angebot ist vielfältig, ebenso die Kombinationen von Praxis und Studium, Online-Lernen und Anwesenheitsunterricht, die Mischung von nationalen und internationalen Austauschmöglichkeiten. Wir sind in den Industrieländern heute schon sehr gut aufgestellt, um unserem Nachwuchs oder auch lernfreudigen Älteren Möglichkeiten zur Qualifizierung und zur Entwicklung von technologischer und digitaler Kompetenz geben zu können. Das alles eröffnet unendlich viele Chancen (Doidge 2007).

Und ja, es braucht eine klare Kommunikation: Es werden in den nächsten Jahrzehnten durch die fortschreitenden technologischen Entwicklungen manche Jobs zerstört werden und vielleicht sogar ganze Berufsgruppen wegfallen. Aber es wird neue Jobs, neue Berufsgruppen und neue Geschäftsmöglichkeiten geben. Was Wirtschaft, Gemeinden und Unternehmen brauchen, sind also Menschen, die keine Scheu haben, sich der Veränderung zu stellen, die etwas auszuprobieren, die bereit sind, ständig weiter zu lernen und sich mit dem Wandel, den neuen Technologien und den maschinellen Prozessen anzufreunden.

Händeringend sucht die Industrie Fachkräfte – Programmierer, Coder, Technologie affine Menschen für alle Branchen. Die Technologie birgt neue Risiken. Es wird also auch neue Steuerungsmethoden, neue analytische Ansätze, neue Gesetze und neue Ausbildungen brauchen. Andere Ansprüche und Bedarfe verlangen neue Rahmenbedingungen für die Geschäftstätigkeit und die Marktsteuerung. Das Schöne an diesem enormen Veränderungspotenzial ist der Gestaltungsspielraum, nicht nur die Produktivität, sondern auch die Kreativität steigt an. Gefährlich wird es, wenn der Kostenfaktor zum alleinigen Treiber für Managemententscheidungen im Arbeitsbereich wird. Denn dann fehlt der größere Zusammenhang, aus dem heraus diese Entscheidungen richtig getroffen werden können, also human und gleichzeitig im Sinne des Unternehmens. Hier sehe ich den Schlüssel in der gesellschaftlichen und sozialen Verantwortung im Management der Unternehmen und der Politik. Nicht alles, was Technik und Maschinen leisten können, muss unbedingt verwendet werden. Es bedarf der Klärung, was eine gesamtheitliche, gesellschaftlich vertretbare zukünftige Wertschöpfung bringt und einer zeitgerechten Anpassung der Aus- und Weiterbildungen an diese Themen.

12.4 Verantwortliches Human Capital Management in Zeiten von Industrie 4.0

Technologischer Fortschritt (Automatisierung und Digitalisierung) und Corporate Social Responsibility sowie die Liebe zur Natur und zum ländlichen Raum müssen einander nicht ausschließen, sondern können sich wunderbar ergänzen, wenn wir es verbinden wollen. Gerade die neuen Technologien sollten dazu beitragen, dass ein regionales Leben und globales Arbeiten nebeneinander möglich werden. Technik ist nutzerfreundlicher, sicherer, leichter anwendbar geworden. Die Umwelt kann erhalten bleiben. Produktion kann kostengünstig auf kleinem Raum entstehen. Eine Vor-Ort-Produktion und die Nutzung neuer Geschäftsmodelle im kleinen regionalen Raum schließt die Möglichkeit der

Vermarktung und des Angebotes an ein breiteres Publikum nicht aus. Es muss nicht die Großfabrik oder der Konzern gegründet werden, um eine Region wieder zu beleben und Arbeit zu schaffen.

Da gibt es bereits angewendete Beispiele: die Wiederbewirtschaftung der elterlichen Landwirtschaft durch kostengünstigen Geräteeinsatz, der online Vertrieb von regionalen Produkten, die eigene kleine Werkstatt im ländlichen Raum, die Vernetzung von Betrieben miteinander und auf Plattformen, die Online-Beratung und der Online-Verkauf etc. Gelingt es, die Menschen für technologischen Fortschritt zu begeistern und den Fokus von der reinen Kostenseite, dem Effizienzsteigerungstrieb auf einen größeren Zusammenhang zu lenken, dann werden neue Managementansätze spürbar.

Was wäre, wenn Unternehmen die gesellschaftliche Verantwortung geteilt wahrnehmen und Teile der erwirtschafteten Gewinne regional reinvestieren – nicht nur in weitere Innovationen oder neue Technik, sondern in junges, unternehmerisches Potenzial, in kreative und qualifizierte Teams, in gesellschaftlich nutzbare Forschung und in zukunftsfähige Aus- und Weiterbildung, in die Qualifizierung von Human Capital (Tönesmann 2010)?

12.4.1 Human Capital Management

Der Begriff Human Capital ist aus Wertigkeitsgründen ganz bewusst gewählt: Er drückt aus, was leistende, arbeitende Menschen in Wirtschaft, Familie und Gesellschaft sind und sein sollten. Eine wertvolle und schützenswerte Ressource. Menschliches Kapital ist vergleichbar mit dem fremdfinanziertem Finanzkapital. Kapital kostet – am Bankenmarkt und am Arbeitsmarkt. Andererseits bildet es nach wie vor eine wichtige Grundlage für jede Form der wirtschaftlichen Geschäftätigkeit (wer arbeitet, der bekommt Lohn, wer Lohn bekommt, der kann kaufen, wer kauft, unterstützt die Wirtschaft, wer sich selbst erhalten kann, fühlt sich stärker, wer sich stärker fühlt, ist leistungsfähiger).

Aus meiner Sicht setzt eine wertschöpfende und sinnvolle Verbindung von Mensch und Maschine eine von CSR (Corporate Social Responsibility) geprägte Unternehmenskultur voraus.

Ein solcher Ansatz könnte beispielsweise über eine selbstverpflichtende Reinvestitionsstrategie hergestellt werden.

12.4.2 Reinvestitionsstrategie

Über die Technologisierung günstig erwirtschaftete Finanzkapitalanteile werden reinvestiert – nicht nur in Innovation und Technik, sondern auch in das vorhandene, wertvolle Humankapital. Das wäre der Beginn eines Regelkreises. Über neu erworbene Qualifikationen kommt es zu Innovation.

Die Reinvestition in Humankapital geht einher mit:

- neuen, innovativen und zukunftsfähigen Jobprofilen,
- breiter Potenzialanalyse bestehender Human Ressources,
- spezifischen, individuellen und stark an Zielgruppen und am Zukunftsbedarf orientierten Qualifizierungs- und Ausbildungsmodellen sowie
- vielfältigen Ausbildungspartnerschaften,
- Arbeitsteilungsmodellen zwischen Mensch und Maschine (die dadurch eingesparten „Überstundenkosten" könnten in Weiterbildung und Qualifizierung, in den Joberhalt reinvestiert werden) und
- der Förderung der Entwicklung einer neuen „Lern-Partner-Kultur zwischen Mensch und Maschine" im Unternehmen.

All das sind Möglichkeiten, die eine wertvolle Begleitung des technologischen Fortschritts sein können und den Wert des Menschen im Unternehmen wieder erhöhen; „erhöhen" im Sinne des Erzeugens positiver Zukunftsperspektiven, anstatt durch reine Kostenoptimierungsprogramme neue Ängste, Perspektiven- und Minderwertigkeitsgefühle zu produzieren, die der Resignation und dem Technikwiderstand den Boden bereiten.

Viele Unternehmen entwickeln schon heute (technikbedingt und bedarfsorientiert) völlig neue Jobprofile und neue strategische Einheiten, und es könnten noch mehr werden: wir sprechen von Usability Testern bei Produkten, Webentwicklern, Forschern, Online-Salesexperten, Digitalisierungsstrategen, Wissennetzwebern, Innovations- und Kreativitätsberatern, internen Experten für Reinvestments, Fundraisern, Projektdesignern, Social Media Experten, Datenmanagern, Datenanalysten, Finanz- und Investmentexperten, von Jobs in den Bereichen der Ideenrecherche, den Informations-, Kultur- und Compliancemanger, den Serviceline-Betreuern etc.

Die Lebenssituationen verändern sich radikal. Neue Unterstützungsberufe, Sicherheitssysteme und soziale Kompetenzen werden gebraucht. In den Familien arbeiten beide Partner, manchmal sehr mobil und an verschiedenen Orten: Logistik, Lebensraumsuche, Mobilitätsberatung, Regionalraumbelebung, Klima- und Naturschutzthemen, biologische Landwirtschaftsprodukte, gesunde Ernährung, Kultur-, Sprach- und Integrationstrainings, medizinische Rundumversorgung, der Einsatz neuer Heilverfahren und die Bedienung von hochtechnischen Diagnostikinstrumenten, Frühwarnsysteme für Notfälle oder Robotikunterstützung im Katastrophenschutz, optimale Freizeit- und Unterhaltungsprogramme, steigende Qualitätsanforderungen in der Kinderbetreuung und der Ausbildung, mobiles Lernen, optimierte Haushaltsführung und Zeit für Familienarbeit sind Themen, die für viele mit den bestehenden, klassischen Lösungen einfach nicht mehr lösbar sind oder sein werden (Frey und Osborne 2013).

Genau betrachtet entstehen täglich neue Techniken für jede Lebenslage. Wir haben beinahe für alles schon eine App verfügbar. Unser Kühlschrank könnte, wenn wir es wollen, die Neubefüllung automatisch steuern. Oskar, der Rasenroboter, mäht ohne unsere Anwesenheit unsere Grünflächen. Die Heizung reguliert sich längst von selbst. Noch müssen wir uns für unsere Gesundheit und Fitness selbst bewegen um die erwarteten Effekte zu erreichen. Das werden wir vermutlich auch in Zukunft tun müssen, aber vielleicht kann sich dann jeder von uns einen von Fitnessexperten entwickelten „Robot-Pacemaker" leisten, der uns beim Laufen anspornt. Oder es gelingt, durch den Einsatz des Pflegeroboters die Pflegenden so zu entlasten, dass dem Menschen als Patient wieder mehr heilende, soziale Zuwendung gewidmet werden kann. Oder es werden durch Maschinen weitere Lebensräume und Anbaumöglichkeiten geschaffen.

12.5   Fazit

Trotz all der Prognosen, weiß niemand ganz sicher, wie es tatsächlich in 50, 80 oder 100 Jahren sein wird. Möglicherweise werden tatsächlich die Maschinen eines Tages die Welt übernehmen, falls es diese noch gibt.

Aber noch können wir die Zukunft mitgestalten, sie mitsteuern. Wir entscheiden, wofür wir diese Technologien erschaffen und wo wir sie einsetzen. Wir entscheiden, ob wir sie nur zur Gewinnmaximierung verwenden oder zur gesellschaftlichen Wertschöpfung, zur Neubelebung regionaler Wirtschaftsaktivitäten nutzen. Wir entscheiden, mit welcher gesellschaftlich sozialen Verantwortung wir uns auf das neue Zeitalter einstellen und welches Zukunftsbild wir malen: eines, in dem die Menschheit vom Aussterben bedroht ist, ständig auf der Suche nach neuen Lebensräumen, arbeitslos und auf die staatliche Grundversorgung angewiesen sein wird; oder eines, in dem sie selbst am Wirtschaftsleben teilnehmen kann und selbst der Motor für den Einsatz von technischem Fortschritt und für ihren Fortbestand sein kann.

In Goethes Zauberlehrling setzt letztlich der Meister dem haltlosen Treiben der Besen ein Ende: „In die Ecke, Besen, Besen! Seids gewesen. Denn als Geister ruft euch nur zu seinem Zwecke, erst hervor der alte Meister" (Goethe 1827).

Die Technik soll unsere Zukunft und das menschliche Überleben sichern, uns helfen besser zu werden und uns dort entlasten, wo es Erleichterung braucht. In Unternehmen und Politik diskutieren wir heute über Quotenfrauen, das Verhältnis von Männern und Frauen in verantwortlichen Positionen. Wer weiß, vielleicht diskutieren wir im neuen Drei-Generationenmanagement der Unternehmen über die Quote „Mensch zu Maschine"?

Dem Wandel vorbereitet begegnen heißt also, selbst der Wandel zu sein. Vielleicht reicht es aus, sich der Größe des menschlichen Potenzials wieder bewusst zu werden, eine neue Lust am Lernen, gepaart mit gesellschaftlich verantwortlichen Handlungsmaximen zu entwickeln, um in den Regionen und den Unternehmen die Herausforderungen der Automatisierung und Digitalisierung verantwortlich und gemeinsam erfolgreich zu meistern.

Literatur

Bate P (1997) Cultural Change. Gerling Akademie Verlag, München
Doidge N (2007) The Brain that changes Itself. Penhuine Verlag
Frey C b & M A Osborne (2013) The future of employment. Citi GPS: global perspectives & solutions

Goethe J W (1827) Der Zauberlehrling.

Hollinger P (2016) Meet the cobots: humans and robots together on the factory floor. Financial Times

Matzler K, Bailom F, von den Eichen S F & M Anschober (2016) Digital Disruption – Wie Sie Ihr Unternehmen auf das digitale Zeitalter vorbereiten. Vahlen Verlag

Tönesmann J (2010) Der große Graben. In: „Lernen lassen – Abenteuer Bildung", Verlag brand eins, Thema

Walker M (2014) Germany 2064. Roman, Diogenes Verlag

Dr. Sabine Unterlerchner

Selbstständige Unternehmensberaterin

Dr. Sabine Unterlerchner ist als selbstständige Beraterin im Schwerpunkt Personalmanagement & Organisation und als partnerin von aristid personalberatung tätig. Sie ist Mitglied der CSR und der HR Experts Group der Wirtschaftskammer Kärnten und hat ihre Beratungsschwerpunkte im Talentmanagement, Employer Branding, Führungskompetnzen und Spielregeln in Unternehmen.

Sie hat ihr Studium der Rechtswissenschaften an der Universität Salzburg, mit Promotion 1985, abgeschlossen. Ihre fachliche Qualifikation hat sie über diverse Zusatzausbildungen in Finance, Controlling, Betriebswirtschaft, als Absolventin des Lehrgangs Fachhochschulrecht an der Donau Universität Krems und mit Ausbildungen in Coaching & Training sowie mit der Zertifizierung als Certified Supervisory Expertin für den Aufsichtsrat ergänzt.

Praktische Berufserfahrung konnte sie im Regulierungsbereich und in der Organisation sowohl im Banken-, Versicherungs- und Krankenhauswesen, im Recruiting, als Beraterin und Trainerin in einer Consultingfirma sammeln. Ihre beruflichen Wege führten von Kärnten aus nach Salzburg, Tirol, Bayern und Wien. Zwischen 2003 bis 2015 war sie Leiterin des Personalmanagements an der Fachhochschule Kärnten und Mitglied des OE/PE Ausschusses der Fachhochschulkonferenz Österreichs. 2015 hat sie ihre selbstständige Tätigkeit als Beraterin begonnen.

Ihre Verbindung zum Hochschulsektor und zur Wirtschaft sowie die praktische Erfahrungen mit Veränderungen unterstützen ihr Interesse an neuen Forschungen und Entwicklungen sowie deren Auswirkungen auf die Arbeits-und Lebenswelten.

Laying the Foundation of Industry 4.0 by Forward-Looking Planning of Innovation

13

Huafeng's Haptic—a Selective Additive 3D Coating Technology for Sport Shoes

Thomas W. Schmidt, Li Chuan Lillian Tseng and Christina Rothenhaeusler

13.1 Current Business Model in Sport Shoe Industry

Today the global supply chain for sport shoes operates mainly in a linear business model (Fig. 13.1) with suppliers located all over the world. Traditionally the supply chain is structured in TIER-1, TIER-2 and TIER-3 suppliers. The international sport brands operate mainly as marketing companies within that environment identifying trends, creating designs and selling their shoes either directly or indirectly via retailers. The market demands are transferred to the shoe factories (TIER-1)—mainly OEM manufacturers exclusively linked to one of the sport brands -who do the final development, commercialization and production in close cooperation with the brands. Although the brands also foster links to materials suppliers (TIER-2) or raw material suppliers (TIER-3) usually the link to TIER-1 is clearly dominating the business by exclusive partnerships and long term commitments.

The TIER-1 shoe factories have to coordinate purchasing of multiple materials in full range of colors and color combinations, cutting them to size, stitching the patterns together and finally assembling the shoes by bonding sole and upper together. A typical upper component consists of three to ten different materials supplied by different TIER-2 suppliers. All quantities and delivery times have to be coordinated well meeting ever shorter lead time requirements in shoe manufacturing. This is a task, which can be hardly achieved, according to modern market requirements.

T. W. Schmidt (✉) · L. C. L. Tseng · C. Rothenhaeusler
Putian, China
E-Mail: thomas.schmidt@huafeng-cn.com

© Springer Fachmedien Wiesbaden GmbH, ein Teil von Springer Nature 2018
P. Granig et al. (Hrsg.), *Mit Innovationsmanagement zu Industrie 4.0*,
https://doi.org/10.1007/978-3-658-11667-5_13

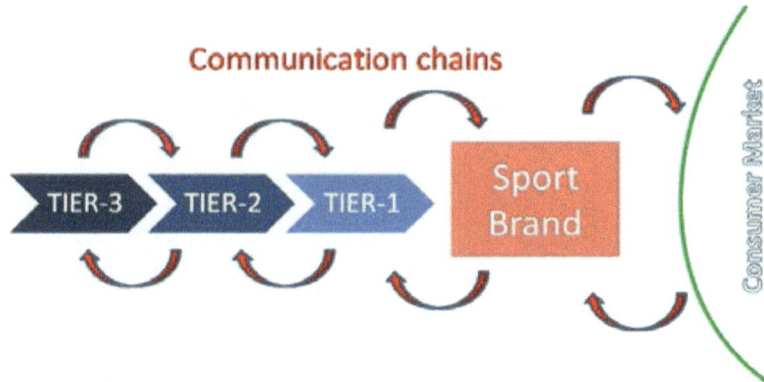

Fig. 13.1 Communication chains in a linear business environment

In the past and up to now China is playing the strongest role in the supply chain of upper textiles and finished shoes. However, there is market pressure either moving to more advanced and less labor intensive manufacturing technologies or moving out of China into countries with lower labor costs. If Chinese companies want to keep their dominating manufacturing positions and western sports brands want to continue utilizing the advantages of manufacturing in China, new technologies and new business models are needed to adjust to modern market demands. Quality, speed-to-market and flexibility are the new driving forces business has to face to satisfy ever changing consumer needs. Innovation is required!

13.2   Changing the Business Model Preparing for Industry 4.0

Innovation enabling Industry 4.0 is not only needed in technology. First, innovative business models need to be created allowing modern technologies to unfold their full advantages. Huafeng, as a typical Chinese TIER-2 textile supplier to sport shoe industry, has started this transformation by creating a new business model of component manufacturing by their new haptic selective additive 3D coating technology (Schmidt and Fang 2016). Component manufacturing and supply are hence in the innovative direction now. Instead of rolls of textile material ready-to-assemble components are supplied to shoe factories. However, by doing so the supply chain is changing and new communication channels are needed. Materializing the advantages of the new organizational structure, footwear upper component manufacturing allows full accountability on quality, maximum speed-to-market, highest efficiency and easy management of the supply chain for the sports brand. Haptic upper components are now replacing the complicated production process of uppers in traditional TIER-1 factories. The result is a very lean manufacturing process in the new TIER-1 facility. Huafeng as a textile supplier integrated forward into the manufacturing chain by haptic technology. There are still rolls of textile material, but the materials will already be cut into pieces at the textile supplier for the following haptic application process. By screen printing technology a selective additive 3D multi-layer coating is applied creating the whole upper design of the sport shoe already at the component manufacturer. The same is true for component manufacturing, here the traditional TIER-2 moves somewhere in a position between TIER-1 and TIER-2, with regard to manufacturing, and even more important, somewhere in between sport brand and TIER-1 for developing designs. The lines of communication and the way of cooperation are changed. The whole business merges together in an intensive communication network. No additional materials need to be purchased and added at the TIER-1 factory. Sewing work is minimized to tongue fixation and insertion of lining at the shoe factory. The component manufacturing materializes maximum efficiency when communication between brand and component manufacturer are optimized and new direct links between brand and textile supplier (formerly the TIER-2 position) are build up. Fig. 13.2 summarizes the advantages of the component manufacturing business model.

In fact the business environment is getting prepared for Industry 4.0 needs to change communication channels and the way the supply chain is cooperating. Instead of traditional linear supplier/buyer relationships strong partnerships are required with multiple functionalities sorted in a different non-linear business set-up. Operating systems need to be adjusted to a complex communication between all different supply partners. Upstream supply partners need to have much more detailed information about market demand and requirements. They need to establish direct communication with product design and marketing departments of the brand and need to feel the consumer need as close as the brand. The flexibility of adjusting quickly to ever changing market needs and trends can only be provided by a complex network of communication channels between all involved partners.

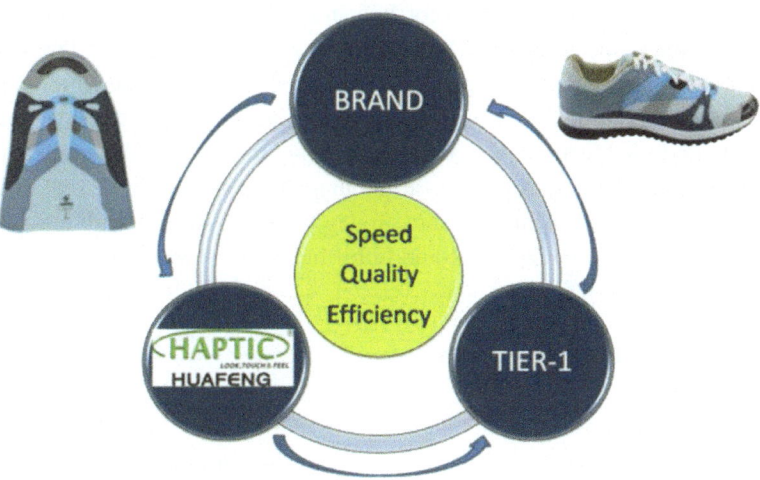

Fig. 13.2 Advantages of component manufacturing

Fig. 13.3 Non-linear business
model for Industry 4.0

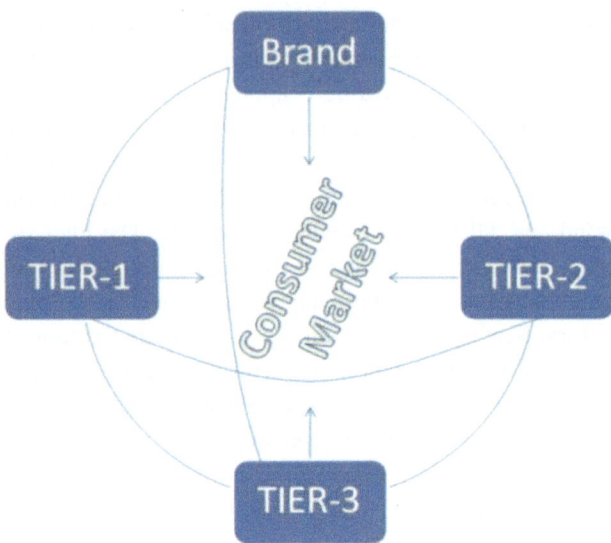

The non-linear business model Fig. 13.3 satisfies and captures the consumer markets by a network of communication channels, providing flexibility and resilience at the highest level. Non-linear business models are the base for successful Industry 4.0 operation. Once the business model is defined, the new Industry 4.0 supply chain can be set up with innovative technologies described in the next chapter.

13.3 Changing Technology for Industry 4.0

Digital technology is the obvious need for Industry 4.0 projects. Haptic 3D coatings and component manufacturing have laid a foundation at Huafeng to move to the next level of integration in the supply chain by digital manufacturing. Although today modified manual and automatic screen printing methods are utilized for haptic coatings, the business model allows moving to digital technology easily, when ready in the innovation process. Already at a very early stage of haptic development the innovation strategies were developed how to move to digital manufacturing in future. Today there are several long term innovation projects in Huafeng's pipeline, which could fulfill Industry 4.0 requirements:

13.3.1 Decorative Digital Printing

Digital printing of textiles is not totally new anymore. However, in the textile supply chain, digital decoration is mainly done on very small quantity batches, either for sample preparation, small quantity manufacturing of special products or for very individual shoes in piece flow one situations. The focus in most applications is the graphic design of the resulting products. If industry should be changed to Industry 4.0, there is still a huge need to bring digital printing to the next level of customized and flexible mass manufacturing. Technology for high speed inkjet printing is more and more reliable and several machine manufacturers offer solutions today. However, investment in printing machines is not the only issue to be fixed for materializing all the advantages of a digital Industry 4.0 business. The missing link between manufacturers/digital printing companies and brand/consumers seems to be the communication and the logistic channels between them. For a fully developed digital business, new tools for color management, large data transfer, new sales tools, new thinking at the design level and finally very skilled employees are required. For the consumer it has to be convenient to get the industry 4.0 products. Not everybody wants to design his/her shoes totally individual. Most consumers like a huge choice of design options instead of actually designing their own shoe. So it is all about creating online shops for products selection and guiding the consumers in a world of overwhelming design options. At the same time investing into state-of-the-art high speed digital printing machines is required. And finally a strong effort needs to be spent on creating a huge lot of designs options. All these activities need to be connected and synchronized across the non-linear supply chain. Actually the design is getting a more and more dominating role in these business models, where everything can be done quickly and flexible at small quantities. The effort and the cost of design may, in the worst case, end up being higher than that of the actual manufacturing cost.

Huafeng's Haptic could be one module of digital manufacturing. All haptic components could be manufactured in white color, white base mesh and white haptic coatings providing 3D effects, touch and gloss effects. These white components could be manufactured in more traditional mass production processes and then kept on stock close to consumer markets. Whenever consumers decide on design and color, newly developed digital printing machines, including special picture software and specially developed printing inks, could print the final decoration on top of the white mesh and white haptic coating finalizing the product. Such type of printing machines could be installed anywhere in the world close to consumer markets, but could also run customized mass production in Chinese factory environment.

13.3.2 Digital 3D Printing

Today haptic coatings are made by a kind of analog 3D additive manufacturing process, applying screen printing technology. The future generation of haptic coatings could possibly be printed by fully automatic digital 3D printing machines. Once this technology can offer the right materials to replace haptic coatings on shoes, the digital manufacturing of haptic components could be implemented. That would allow all the advantages of digital business models like small batch size flexible manufacturing and individual designs as well. In the same fashion as described above, the matching communication channels and networks need to be build up and designs need to drive the consumer excitement.

For all interconnected digital manufacturing networks two main challenges appear and need to be overcome to materialize Industry 4.0 advantages:

(a) Internet quality and speed of data transfer has be to ensured for all partners and locations within the non-linear business model. Countries providing best internet infrastructure, will have a clear business advantage.
(b) Data security and reliability has to be ensured within the non-linear business partner network.

The foundation of suitable business models and digital technologies lay the foundation for Industry 4.0 projects. The soft side of the business will be the remaining success factor being addressed in the next chapter.

13.4   Changing the Way We Interact

The biggest challenge to Industry 4.0 business networks is probably the new way we interact between all network partners. A simple supplier/buyer relationship will not exist anymore. Everybody will be connected to everybody in non-linear ways hard to control in all details. Data transfer and communication will open up and become more transparent. New ways of cooperation and different mind sets will be needed to work in Industry 4.0. If we want to enjoy full benefit of Industry 4.0 we should not get stuck by technology investment and setting up high-tech equipment only. We need to think about how to make it work for mutual benefit. How can we take maximum benefit out of these technologies for everybody involved? We need to change our mind set and we need to change the way we define our roles and responsibilities. In business a lot comes down to how we share profits in a non-linear Industry 4.0 network. A fully interconnected Industry 4.0 network is something like a superorganism. Superorganisms are made out of many single specialized individuals. The individual on its own cannot survive. Only if all individuals join together and fully align to the same goals, a fully operational superorganism can exist. You can see a human body as a superorganism, with all the specialized cells in various organs doing their job and being connected by nerves and blood. Only if all cells work closely together the human being can stay alive—the overall goal. The same applies for ant colonies. Ants actually exist already 400 millions of years on our planet, by the way much longer than human beings, and they have developed amazing social skills during that time. They act as eusocial superorganism (Hölldobler and Wilson 2010). It is a good model for how Industry 4.0 could work.

The new style of cooperation will be a sharing economy. Everything will be more transparent. Data will be exchanged quickly and continuously between different entities. We need high speed links and networks, where we can trust that the data are correct, safe and used in the best way to support our superorganism and not to cannibalize it. This needs the trust that profits are shared in a reasonable way and everybody, within that superorganism, benefits for the better of the whole organism, without any egoistic extremists taking all the profits. We can see that some of these mind set changes are happening in society already. People get linked to each other by WhatsApp, WeChat and other social platforms. They exchange data about their live all the time. They get transparent to their groups. We see the Wikileaks and other media release information which was considered highly confidential in the past. Data storage and exchange also leads to disclosure of data and makes our world more transparent. In many cases this is for the better. How we handle that new transparency is up to us. We have to learn how to deal with the newly gained transparency in Industry 4.0 environments. There are many benefits for the superorganism, if we stay tolerant to each other, cooperating well and nobody is taking advantage on the cost of others. There is, on the other hand, also a big risk that data will be used to dominate others. If that happened, Industry 4.0 would fail. So it has to be taken care, that a "self regulation" takes place in that sense, that self-responsibility is focused on. Especially for this (e.g. data) transparency will be increasingly important for fair interaction between partners.

References

Hölldobler B & E Wilson (2010) Der Superorganismus. Springer Spektrum Verlag, ISBN 978–3-540-93766-1, Berlin Heidelberg

Schmidt T W & V Z Fang (2016) Haptic—a new additive manufacturing technology. Research Publishing, ISSN:2424-8967: https://doi.org/10.3850/2424-8967_v02-3251, Singapore

Dr. Thomas W. Schmidt
Director of Innovation & Creation, Huafeng

Dr. Thomas Schmidt, born 21.09.1967, is Director of Innovation & Creation at Huafeng, based in Putian, China. He has a strong scientific background in chemistry and material science. His PhD degree was granted from the University of Wuerzburg for applied nanotechnology research in cooperation with the Fraunhofer Institute ISC and Siemens AG. His scientific work includes a PostDoc at the University of Durham, UK working on thin layer photovoltaic solar cells. Following was an international industrial career, developed by assignments with Adidas in China, working on social and environmental affairs and later joining TIGER Coatings in Austria, where he was leading the R&D and innovation team for many years. Since 2014 he joined Huafeng, a Chinese textile manufacturer, supplying the global sport industry. Shaping the change of Chinese sport textile industry from contract mass manufacturing to creative innovation and high tech manufacturing motivates and provides plentiful opportunities.

Li Chuan Lillian Tseng
Supply Chain CSR & Sustainability, ASICS Corporation

Li Chuan Lillian Tseng, born on 10th March 1964, is a Regional Manager of the Supply Chain CSR & Sustainability at ASICS Corporation, based in Kobe, Japan. She is leading supply chain CSR in a globalization position; develop global strategy, introduce industry's best practices and competency to promote suppliers' compliance management system; engaged stakeholders' expectations to build a collaborate partnership. She holds PhD Candidate in Graduate Institute of Management at National Taiwan University of Science and Technology (NTUST), and Master in Industrial Engineering & Management at NTUST. Her strong experiences includes Industrial Management; Manufacturing Operation and Management; CSR Compliance & Auditing; CSR Management System and Capacity Building; Safety and Environmental Accounting Management; Environmental Assessment; Sustainable Supply Chain Management, Materiality Analysis, Social and Environmental Life Cycle Analysis;

Lillian used to work at Adidas Group from 1998 to 2012. Starting as an Apparel Technician she moved on to the Social & Environmental Affairs (SEA) team as a Compliance Auditor covering Tier 1 factories in Taiwan, Japan, South Korea and the Philippines and conducted more than 1000 factories audit within 14 years. 2006 she accepted responsibility as Area Manager for the North China SEA and moved to Shanghai. During her tenure with the Adidas Group, she developed energy savings program in China; environmental management accounting program in the Philippines; CSR and Lean system synergy project in China, supported migrant worker projects in Japan, Korea and Taiwan, instrumentally setting up the KPI improvement program for Japanese vendors in China. She has a strong technical background in Industry Engineering and Management, and leading team work excellently. Her manufacturing and industrial experiences have been involved in fields of textile, apparel, footwear, accessory and gears, golf and IT industry.

Dr. Christina Rothenhäusler
Innovation & Creation, Huafeng

Christina Rothenhäusler, born 1st June 1963, is a specialist on scientific outdoor activities; while on expeditions from Polar Circle to Great Rift Valley in Africa and to many countries in Asia she is sampling on mineralogical, biological and aquatic systems.

Her love for close look at mother nature is merging perfectly with her academic background in Crystallography and Inorganic Structural Chemistry.

She studied Chemistry at FU-Berlin, Germany and holds a PhD in Material Sciences/Inorganic Chemistry from University of Wuerzburg, Germany.

Living 5 years in PR China she has gained profound insight of industrial and urban development and is connecting cultures and people.

Fertigungsprozesse und deren Steuerung in Cyber-Physischen Systemen

Fallstudienbasierte Analyse von Eignung und Veränderung

Thorsten Blecker, Regina Wagner und Lisa Stark

14.1 Einleitung

Bis vor ca. 30 Jahren waren Rechner- und Softwaresysteme vornehmlich darauf ausgerichtet, isoliert in Labors und Rechenzentren Berechnungen durchzuführen oder Informationen zu verwalten. Dies hat sich seither stark verändert, sodass heutzutage auch beispielsweise innerbetriebliche Materialflusssysteme automatisiert sind (vgl. Broy 2010, S. 17). Bei einer darüber hinausgehenden dezentralen Informationsverarbeitung unterstützen eingebettete Systeme. Somit entwickeln sich Logistiksysteme zu kooperierenden Netzwerken kleinskaliger Einheiten, um einen neuen Weg zur Beherrschung von Komplexität zu bieten (Günthner et al. 2010, S. 41).

Durch dezentral und vernetzend wirkende Systeme, sogenannte Cyber-Physische Systeme (CPS), werden physische und virtuelle Welt miteinander verbunden, dies wird heute (neben weiteren Aspekten) die vierte industrielle Revolution (Industrie 4.0) genannt (vgl. Kagermann et al. 2011). CPS, die hauptsächlich in der Produktion eingesetzt werden, verändern stark Prozesse und Abläufe in der Fertigung. Diese Adaptionen werden im vorliegenden Beitrag analysiert.

T. Blecker (✉)
Hamburg, Deutschland
E-Mail: email@thorsten-blecker.de

R. Wagner
Celle, Deutschland
E-Mail: r.wagner@tuhh.de

L. Stark
München, Deutschland
E-Mail: lisa.stark@gmx.net

14.2 Cyber-Physische Systeme

CPS stellen die Verbindung eingebetteter Systeme zur Überwachung und Steuerung physikalischer Vorgänge mittels Sensoren und Aktuatoren über Kommunikationseinrichtun-
gen dar. CPS können sowohl lokal unternehmensintern sowie auch global in digitalen
Netzen implementiert werden. Damit wird die Verbindung über Wirkketten zwischen
Vorgängen der Realität und den digitalen Netzinfrastrukturen möglich (vgl. Broy 2010,
S. 17). Häufig werden die Begriffe CPS und Internet der Dinge gemeinsam verwendet,
obwohl CPS nur den ersten Schritt zu Zweiterem bildet (Abb. 14.1).

Die Nutzung von CPS ermöglicht das Erreichen mehrerer Ziele gemäß Broy (vgl.
Broy 2010, S. 23):

- Systeme zu erhalten, die auch in unvorhergesehenen Situationen zweckmäßig reagieren, sich aufeinander und mit der Umgebung abstimmen, anpassen und sich selbst
  organisieren
- Umsetzung des ersten Schritts hin zum Internet der Dinge (vgl. Abb. 14.1). Da die
  vernetzten Sensoren und Aktuatoren Teil der CPS sind und die Kommunikation
  dazwischen in Echtzeit funktioniert, kann auch die Steuerung und Regelung in Echtzeit auf die aktuellen Zustände und Bedingungen erfolgen, wenn gewünscht auch
  dezentral. Vorteile der dezentralen Entscheidungsfindung sind neben der schnellen Reaktion auch die Verarbeitung großer Datenmengen insgesamt aufgrund der
  Tatsache, dass jedes einzelne System der CPS nur wenige Daten verarbeitet. Solche Kommunikation und/oder Entscheidungsfindungen können beispielsweise mit
  Smart Objects/Devices (Geräte, die mit der physischen Welt und/oder anderen Smart
  Objects interagieren, kommunizieren und auf Informationen basierend Entscheidungen treffen können (vgl. Vasseur und Dunkels 2010, S. 3) umgesetzt werden. Smart
  Objects können dafür an mehreren Orten platziert werden, wobei Maschinen/Anlagen
  sowie auch das eigentliche Bearbeitungsobjekt geeignet sind.

Neben selbstständiger Entscheidungsfindung, beispielsweise bei Störungen des Produk-
tionsprozesses zur Flexibilisierung der Produktion, indem alternative Prozessabfolgen
durch das Bearbeitungsobjekt ausgewählt werden, können zusätzlich Routineaufgaben
innerhalb vorgegebener Grenzen autonom durchgeführt werden.

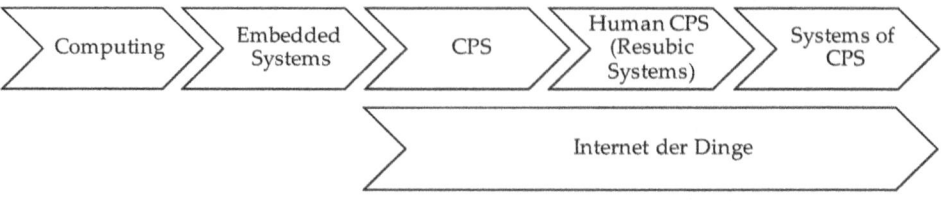

Abb. 14.1 CPS als Teil des Internets der Dinge. (Quelle: Aßmann 2001, S. 7)

Zusätzlichen Nutzen ergibt auch die Verwendung, die Speicherung und Aktualisierung von Produktionsdaten auf den Smart Objects. Somit wird eine lückenlose Nachverfolgbarkeit der Vorgänge auch nach Produktfertigstellung ermöglicht. Dies unterstützt vor allem stark regulierte Industrien wie die Luftfahrt oder Pharmazie.

Um ein eindeutiges Verständnis von CPS zu erlangen, werden in diesem Artikel folgende Charakteristika darunter subsumiert:

- Verbindung physikalischer mit digitaler Welt durch Sensoren, Aktuatoren, Funkmodule, Computer und Nutzung von Smart Objects/Devices in einem System of Systems
- Interaktionen der Systeme
  - innerhalb der Systeme
  - mit der physikalischen Welt über Sensoren und Aktuatoren
  - mit ihrer Umgebung über Nutzerschnittstellen, nach außen durch Systeminteraktion in die entsprechenden Netze und über die Netze untereinander

CPS werden im vorliegenden Artikel als erster Schritt zur Erreichung des Internets der Dinge gesehen, wobei sie bereits das gemeinsame Ziel der Selbststeuerung (dezentrale Entscheidungsfindung autonomer Objekte (vgl. Scholz-Reiter et al. 2005, S. 169) für häufig auftretende oder alltägliche Fälle erreichen können. Innerhalb einer Produktionsumgebung bedeutet Selbststeuerung beispielsweise die physische Prozesssteuerung des Materialflusses mittels intelligenter logistischer Objekte wie InBins (vgl. Abele und Reinhart 2011, S. 140). Weder aktuelle Enterprise Ressource Planning (ERP)-Systeme noch die Betriebsdatenerfassung sind bisher dazu in der Lage, außerhalb vorgegebener Algorithmen zu agieren und Optimierungen anzustoßen. Damit jedoch die Bearbeitungsobjekte selbstständig agieren und entscheiden können, wo sie wann und wie bearbeitet werden sollen, müssen sie Arbeitspläne mit allen relevanten Informationen mit sich führen und diese auch kommunizieren (vgl. Scholz-Reiter et al. 2005, S. 224). Zusätzlich sind Vernetzung der Bearbeitungsobjekte mit den Maschinen und Anlagen sowie gegebenenfalls ein selbstständiger Informationsaustausch der Objekte untereinander Voraussetzung einer Selbststeuerung (vgl. Bullinger und ten Hompel 2007, S. XIX–XX). Hierfür ist die Kenntnis der aktuellen Situation und Umgebung notwendig, welche sich durch Datenkommunikation ergibt. Diese wird durch Sensoren oder die Datenweitergabe anderer Smart Objects oder eines zentralen Systems erfasst, und Aktuatoren können, wenn notwendig, in die Situation regelnd oder steuernd eingreifen.

14.3 Forschungsfrage und Methodik

CPS offerieren viele Potenziale wie beispielsweise Überwachungs- und autonome Entscheidungsprozesse in nahezu Echtzeit, individuelle Informationen durch Bearbeitungsobjekte an die Produktion sowie automatische Maßnahmenauslösung bei Störungen (bis hin zu Prozesssteuerung durch Objekte). Deshalb ist es wichtig zu analysieren, wie sich

Prozesse durch CPS verändern und Rückschlüsse zu ziehen, welches Potenzial genau genutzt werden kann. Die vorliegende Untersuchung betrachtet deshalb aktuelle betriebliche Situationen und ermittelt basierend darauf neue Prozesse mit CPS. Aus den entstehenden Veränderungen werden wiederum Rückschlüsse über CPS-Potenziale gezogen. Da über diese bisher ausschließlich theoretische Überlegungen bestehen und die Anwendung an existierenden Prozessen bisher nicht überprüft wurde, ist die Forschung explorativ ausgelegt. Für explorative Studien eignet sich besonders die Fallstudienforschung und wurde deshalb ausgewählt (vgl. Yin 2003, S. 8). Sie ist in zwei Phasen aufgeteilt (vgl. Abb. 14.2).

Sowohl für die Prozess- als auch die Nutzenanalyse werden Primär- und Sekundärdaten erhoben. Im Rahmen der Fallstudie müssen bestehende Prozesse aufgenommen und unter der Berücksichtigung der Charakteristika von CPS weiterentwickelt werden. Hierfür wird die Prozessanalyse (basierend auf einem Prozessanalysebogen) genutzt, welche aus den Schritten 1) Modellierung der Abläufe, 2) Quantifizierung, 3) Schwachstellenanalyse und 4) Maßnahmen besteht. Die Darstellung erfolgt über ereignisgesteuerte Prozessketten und enthält Informationen zu Organisationseinheiten, Dokumenten und Anwendungssystemen, welche über logische Verknüpfungen mit den Ereignissen oder Vorgängen verbunden sind. Zusätzliche Daten bieten sowohl die leitfadengestützten Interviews als auch die Sekundärdaten.

Die Erhebung der Daten erfolgte in drei unterschiedlichen Fallstudien, welche nach folgenden Kriterien gezielt ausgewählt wurden: 1) Unternehmen verschiedener Branchen (Bau, Maschinenbau, Sicherheitstechnik), 2) Unternehmen unterschiedlicher Fertigungsarten (Mehrfachfertigung verschiedener individualisierter Produkte, Einzelfertigung, segmentierte und variantenreiche Sortenfertigung) und 3) Unternehmen qualitativ voneinander abweichender Fertigungssteuerungsqualität. Jede Fallstudie wurde vor Ort im Unternehmen für die Dauer einer Woche durchgeführt. Um die begrenzte Zeit zielführend zu nutzen, wurden Interviewleitfaden, Fragebögen und Prozessanalyse vorab jeweils in einem Gespräch besprochen. Am ersten Tag wurden dann die Interviews mit Verantwortlichen der Fertigungssteuerung durchgeführt. Die anschließenden Tage wurden für die Multimomentaufnahme, kurze zusätzliche Interviews mit Meistern, der fertigenden Belegschaft, Lagerpersonal, Transportverantwortlichen sowie weiteren Fertigungssteuerern genutzt, um die Prozessanalysebögen auszufüllen und weitere Fragen zu klären. Nach erfolgter Dokumentation (wegen Platzmangels wird die Prozessfolge Vorgang-Ereignis nicht gänzlich eingehalten) wurden alle Unterlagen an die entsprechenden Unternehmen zur Korrektur zurückgespielt.

Abb. 14.2 Methoden der Datenerhebung

14.4   Prozessanalyse und Ergebnisse der Fallstudienbetrachtung

14.4.1 Unternehmen A

Fertigungstermine werden in Unternehmen A in Besprechungen geregelt und Verschiebungen dieser nicht durchgängig im System aktualisiert (vgl. Abb. 14.3). Aufgrund dieser Intransparenz ist es für alle Abteilungen schwierig, einen aktuellen Überblick über den Auftragsstand zu erhalten. Da die Auftragsfreigabe und Rückmeldung papierbasiert erfolgt, gehen häufiger Belege verloren. Auch für die Arbeitszeitrückmeldung füllt der Fertigungsmitarbeiter zunächst eine Liste aus, welche dann im Meisterbüro (ggf. fehlerbehaftet) in SAP übertragen wird. Der Transport ist nicht durch ein Leitsystem geregelt, das heißt, die Staplerfahrer können ausschließlich durch Belege am Transportbehälter erkennen, dass Material transportiert werden soll. Auch diese Belege gehen zwischenzeitlich verloren, sodass die Transporte nicht durchgeführt werden.

In Unternehmen A können an den Transporthilfsmitteln Radio Frequency Identification (RFID)-Etiketten (Tags) angebracht werden (vgl. Abb. 14.4), welche eindeutig den aktuellen Ort und Bearbeitungsschritt des Materials identifizierbar machen. Die Nutzung von RFID-Tags wird für die Umsetzung von CPS in logistischen Anwendungen empfohlen (vgl. Borgia 2014, S. 6). Die Identifizierung kann beispielsweise durch RFID-Gates (Lese-Tore) umgesetzt werden, an welchen Materialdurchgänge registriert werden. Die RFID-Gates unterstützen die automatisierte Rückmeldung, indem sie die Ankunft in der richtigen Halle melden. Wenn dort Material bereit steht, kann der Fahrer durch einen Scan des Transporthilfsmittels den zugehörigen Auftrag annehmen (ggf. könnte der Fahrer auch direkt über nahes zu transportierendes Material informiert werden), womit ein Eingreifen des Fahrers unnötig würde.

Zusammenfassend sind in Tab. 14.1 die Veränderungen und deren Vorteile für Unternehmen A angegeben.

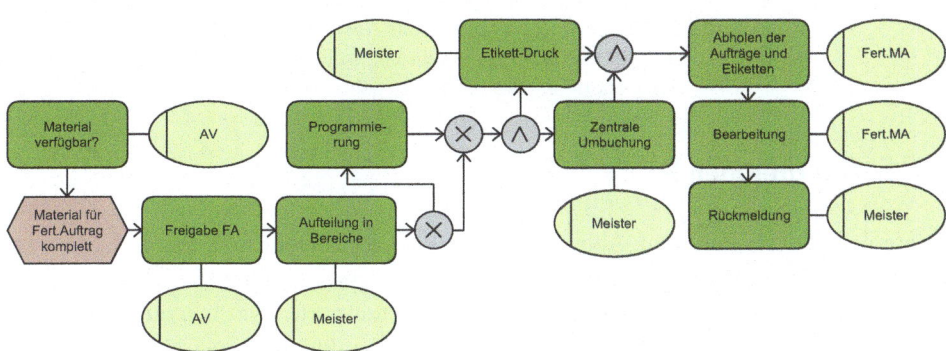

Abb. 14.3 Kundenauftragsprozess Unternehmen A

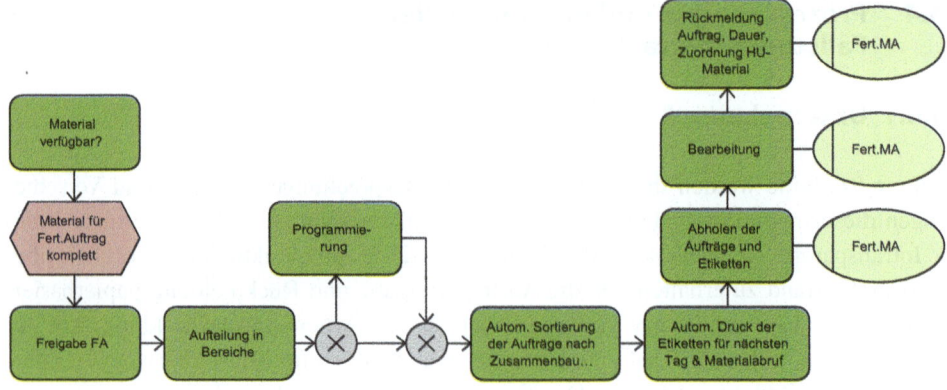

Abb. 14.4 Neuer Kundenauftragsprozess A mit CPS

Tab. 14.1 Veränderungen bei Unternehmen A und deren Vorteile

Veränderungen	Vorteile
Materialrückmeldung	Automatische Rückmeldung über Eingang im neuen Bereich/Halle mithilfe von Gates, Fehlervermeidung bei Kommissionierung
Bearbeitungsstand	Aktueller Bearbeitungsstand wird über RFID-Gates an zentrale Instanz kommuniziert. Falls Material nicht zur richtigen Zeit ankommt (Gates kennen geplantes Zeitintervall), erfolgt Information. Ungleichmäßige Kapazitätsauslastung kann korrigiert werden
Einplanung von Aufträgen	Plantermine wird auf Smart Object (Maschine) vermerkt, sobald ein Zusammenbaubeginn naht, erfolgt eine automatische Bestellung, Auslagerung, RFID-Tagging oder Informationsaktualisierung des Bearbeitungsobjektes sowie Etikettendruck für Transportbehälter
Bestellungen	Erkennen von Teilen, die ggf. nicht rechtzeitig angeliefert werden (Beschleunigung der Bestellung/Verlegung des Zusammenbaus → automatisches Umsortieren anderer Aufträge in der Vorfertigung)
Transport	Bearbeitungsobjekte kennen notwendige Transporte und melden diese → keine Transporte werden übersehen, einheitliche Transport- und Liegezeiten, automatische Auslösung der Aufträge im Anschluss an Rückmeldungen oder automatische Materialanforderungen. Kein Papier nötig und keine Belege gehen verloren

14.4.2 Unternehmen B

In Unternehmen B stehen (vgl. Abb. 14.5) aktuell keine Echtzeitdaten der Produktion zur Verfügung, weil die Rückmeldung am Ende des Arbeitstages erfolgt. So ist auch der Ort des Materials im Transportprozess unbekannt, weil Transporte zwischen einzelnen Fertigungsschritten nicht zurückgemeldet werden. Eine Koordinierung zwischen Produktion und Logistik ist nicht möglich. Es erfolgt keine Reihenfolgen- und Kapazitätsplanung.

Da erst nach Fertigmeldung (am Ende des Tages) der Bearbeitung eines Produktes das nächste Material freigegeben wird, fehlt häufig Material zur Durchführung eines neuen Auftrages. Auch werden Eilaufträge vielfach übersehen.

In den neuen Prozessen (vgl. Abb. 14.6) soll die Steuerung der Aufträge über Materialverfügbarkeit erfolgen, weil dies das entscheidende Kriterium ist, weshalb ein durchgehender Materialfluss angestrebt werden soll. Somit müsste sich jedes Bearbeitungsobjekt nach Fertigstellung des Auftrages an einem Transportbahnhof zurückmelden. Zusätzliche Mengen- und Zeitinformationen können an eine zentrale Instanz weitergegeben werden, um allen Abteilungen einen einheitlichen Informationsstand zu ermöglichen. Bahnhöfe, welche auch als Puffer und Sortierplatz fungieren, beinhalten Gates, welche die notwendigen Informationen weitergeben. Verlade- und Transportfehler werden vermieden sowie die Bevorzugung von Eilaufträgen an den einzelnen Bahnhöfen kann ermöglicht werden, indem RFID-Tags mit dem Produktionstermin für den Fertigungsschritt, der zum Bahnhof gehört, ausgelesen werden. Die Aufträge werden an den Bahnhöfen dezentral freigegeben, wenn alle notwendigen Hilfsmittel (das heißt Werkzeugwagen etc. müssen auch mit RFID-Tags versehen sein) und Materialien vollständig am Bahnhof vorliegen. Die freigegebenen Aufträge werden für die Werker angezeigt, sodass für sie klar ist, welcher Auftrag als nächstes gefertigt werden soll. Während der Produktion wird so auch an jedem Bahnhof geprüft, ob sich der Auftrag innerhalb der geplanten Bedarfstermine befindet, um ggf. eine Priorisierung zu setzen, die nach Aufholung des Rückstands widerrufen wird. Insgesamt können so in der gesamten Produktion Engpässe und Leerläufe identifiziert werden, wodurch direkt Maßnahmen ergriffen werden können, die Fertigungsbestände und Durchlaufzeiten reduzieren.

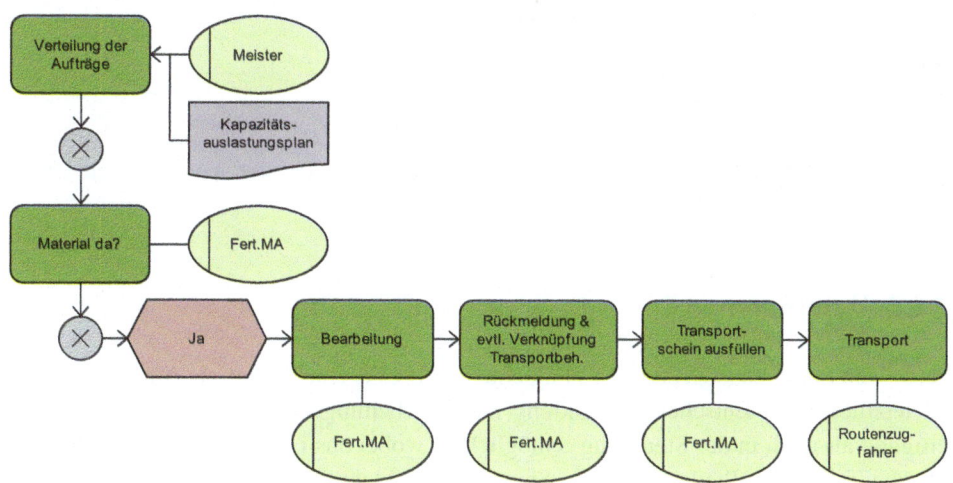

Abb. 14.5 Kundenauftragsprozess Unternehmen B

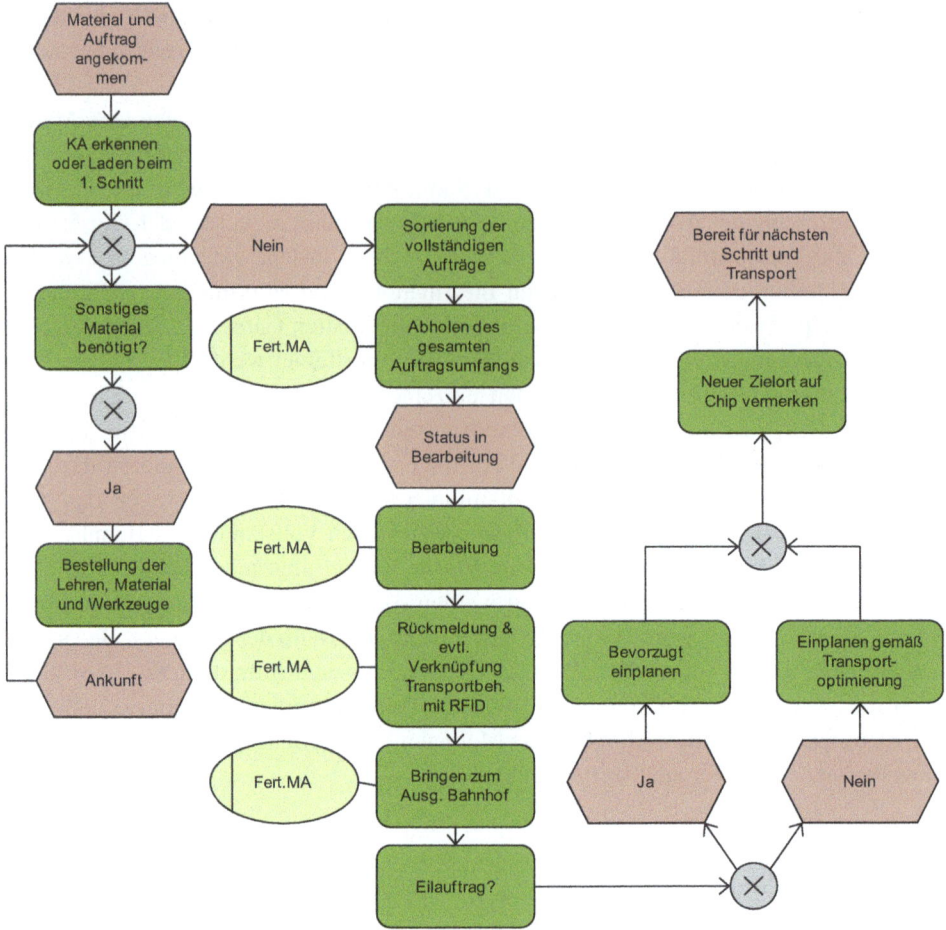

Abb. 14.6 Modifizierter Fertigungsablauf Unternehmen B

Zusammenfassend sind in Tab. 14.2 die Veränderungen und deren Vorteile für Unternehmen B angegeben.

14.4.3 Unternehmen C

Dieses Unternehmen (vgl. Abb. 14.7) möchte durch CPS eine dezentrale Automatisierung und letztlich auch Entscheidungsfindung auf Bearbeitungsobjekt-Ebene sowohl in der Fertigung als auch in der Steuerung ermöglichen, wobei das Hauptproblem darin besteht, kritische Teile oder Pfade durch die Steuerung zu identifizieren. Diese werden aktuell über Zuruf weitergegeben, sodass ein kontinuierlicher Materialfluss nicht möglich ist.

Tab. 14.2 Veränderungen bei Unternehmen B und deren Vorteile

Veränderungen	Vorteile
Materialrückmeldung	Automatischer Transport, Automatische Materialprüfung und -bestellung, Transparenz
Bearbeitungsstand	Über aktuellen Bearbeitungsstand, Liegezeiten, erwarteten Fertigstellungstermin, Arbeitsvorrat vor Maschinen, Transportaufträge bzw. Status wo sich der einzelne Auftrag befindet (Bahnhof, Bearbeitung, Transport), Informationen zentral und dezentral
Einplanung von Aufträgen	Reihenfolge der Aufträge nach Plantermin pro Fertigungsstufe und Prüfung der Verfügbarkeit über Smart Object (Bearbeitungsobjekt). DLZ zur Planung kann nach und nach reduziert werden, bzw. Plantermine können näher aneinander liegen. Kopplung mit Werkzeug Bereitstellung
Optional Entkoppelung	Bessere Planbarkeit der Teilabschnitte, ggf. kontinuierlicher Bestand pro Produkt im Fall von hohen Stückzahlen, bzw. Kanbansteuerung
Optional neuer Prozess zum Vorziehen von Aufträgen	Beim Vorziehen, wird geprüft, welche Aufträge verschoben werden können, ohne dabei bereits Vorliegende zum geplanten Bedarfstermin zu verspäten. Abgleich Arbeitsvorrat zu Kapazität der jeweiligen Maschine → realistische Fertigstellungstermine. Im Vergleich zum Plan kann erkannt werden, wo eine Lücke ist um den Auftrag einzuschieben

Häufig ist die Produktion mit Fehlteilen konfrontiert, weil alle Aufträge plangesteuert sind und bei Kapazitätsengpässen weder das ERP System noch Mitarbeiter manuell Aufträge anpassen.

Um dies zu vermeiden (vgl. Abb. 14.8), kann das Material beim Wareneingang mit RFID-Tags versehen werden, wodurch über Rückmeldungen in designierten Bereichen automatisch der Transport ins Lager erfolgt. Wenn nun in den Bearbeitungsschritten der Arbeitsvorrat unter einen zuvor festgelegten Wert fällt, wird ein neuer Auftrag in den Vorrat des Arbeitsbereiches geladen. Eine automatische Materialüberprüfung über eine Kommunikation der Bearbeitungsobjekte löst Bestellungen aus, andernfalls könnte Kanban genutzt werden.

Während der Bestellung wird der Auftrag im Bereichsterminal markiert, bei Ankunft positiv hinterlegt; besonders hervorstechende, zum Beispiel rot markierte Aufträge enthalten Komponenten, die weder im Fertigungsbereich noch im Lager verfügbar sind. Das Material wird über ein fahrerloses Transportfahrzeug (FTF) auf einer festen Route

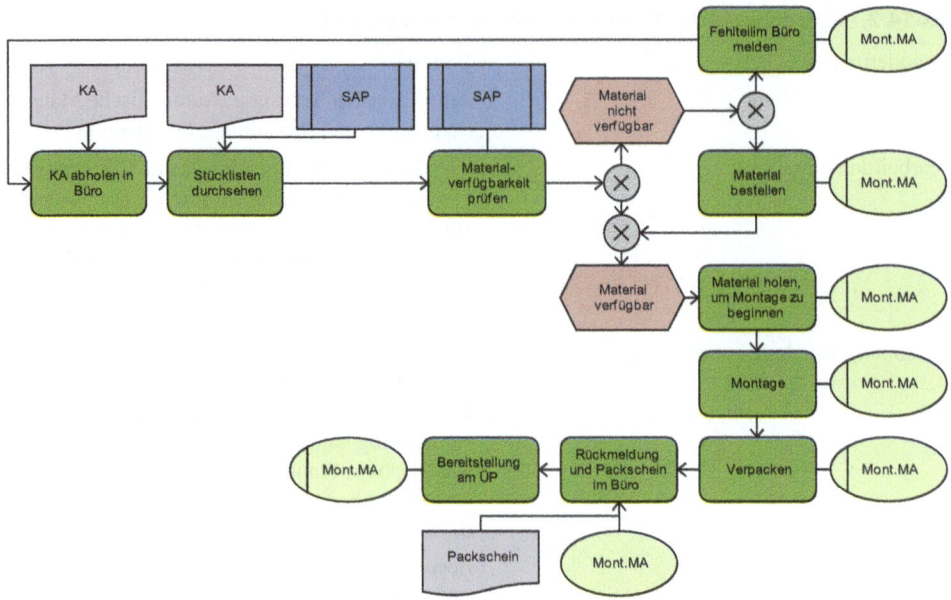

Abb. 14.7 Montageprozess Unternehmen C

transportiert, welches an jedem Übergabepunkt überprüft, ob Material für den Transport freigegeben ist und durch das Transportleitsystem über RFID-identifiziertes Material am Übergabepunkt informiert wird. Nach Rückmeldung jeder abgeschlossenen Auftragsbearbeitung durch den Fertigungsmitarbeiter, erfolgt die Umstellung des Materialzielortes auf dem RFID-Tag. Für eine permanente Überwachung des Materialflusses sollten die Transportbereiche mit einem Long-Range-System passiver Sender mit drei Metern Reichweite (vgl. Bosien 2012, S. 31) ausgestattet werden, wodurch das gesamte Material im Transportbereich erkannt wird. Damit kein Mitarbeiter einen Transportauftrag für das Material erstellen muss, wird an den Ladungsträgern jeweils gespeichert, was sich in der Kiste befindet, wofür es verwendet wird, welchen Fertigstellungstermin es hat und welche Arbeitsschritte hierfür vollzogen werden müssen. Dieser Ladungsträger wird dann an den Übergabepunkten und sowohl FTF als auch Bearbeiter können alle relevanten Informationen durch das Produkt selbst erhalten.

Zusammenfassend sind in Tab. 14.3 die Veränderungen und deren Vorteile für Unternehmen C angegeben.

14.4.4 Ergebnisse

Bei allen drei Unternehmen werden Prozesse hinzugefügt, um smarte Bearbeitungsobjekte (zum Beispiel über RFID) nutzen zu können. Dazu muss an den Ladungsträgern ein RFID-Tag angebracht werden, um die relevanten Informationen zu speichern bzw.

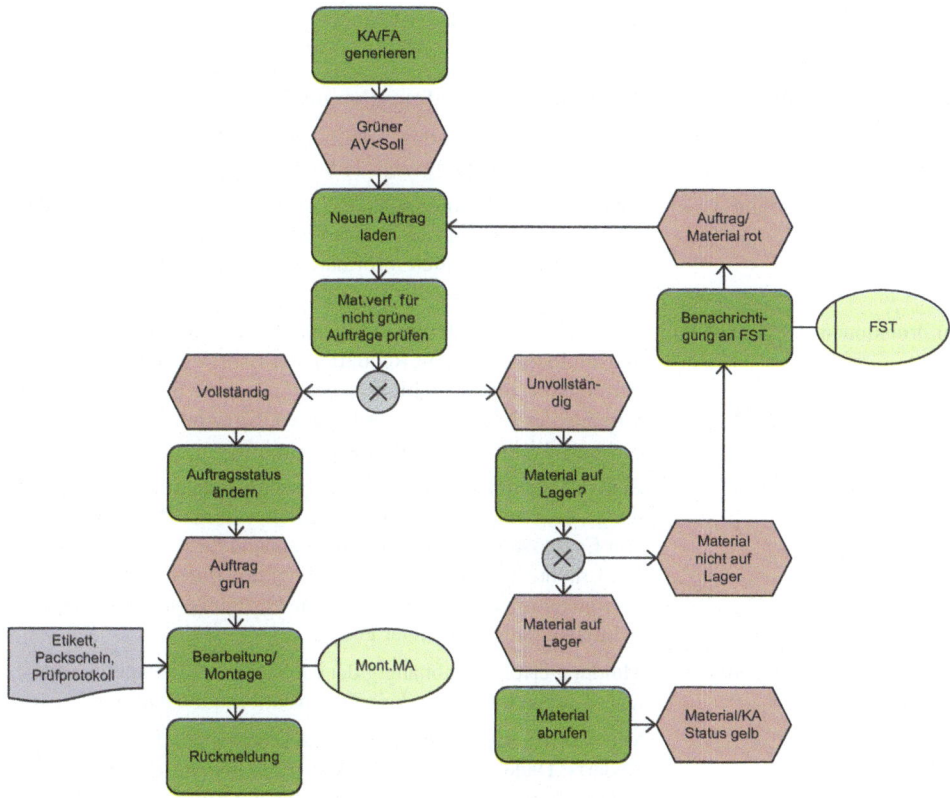

Abb. 14.8 Modifizierter Kundenauftragsprozess Unternehmen C

Material und Ladungsträger zu verheiraten. Zusätzlich finden automatisierte Prozesse, wie beispielsweise für Kontrollen der Vollständigkeit oder Korrektheit des Materials statt bzw. es werden durch die Bearbeitungsobjekte selbstständig Bestellungen ausgelöst.

Auch werden bei Unternehmen B und C zukünftig ausschließlich Aufträge bei gegebener Materialverfügbarkeit freigegeben. Bei Unternehmen A wird zusätzlich ein Transportleitsystem eingeführt, um gleichmäßige Transportzeiten zu realisieren.

Insgesamt verändern sich Prozesse hauptsächlich hinsichtlich der dezentralen Selbststeuerung, einhergehend mit einer Zuständigkeitsverschiebung weg von den Mitarbeitern hin zum System (und den Bearbeitungsobjekten). Auch werden den Aufträgen zukünftig direkt Reihenfolgen zugewiesen, inklusive einer selbstständig organisierten Materialbestellung. Rückmeldungen werden durch RFID (Unternehmen A) oder per Knopfdruck (Unternehmen C) automatisiert.

Zusammenfassend lässt sich festhalten, dass die Veränderungen größtenteils die Beteiligung von Mitarbeitern zur Rückmeldung und zur Meldung von Fehlteilen sowie Materialprüfungen betreffen, indem die Prozesse über die Bearbeitungsobjekte selbst erfolgen. Des Weiteren entfallen Steuerungsaufgaben wie Ausnahmeregelungen (Unternehmen C) oder

Tab. 14.3 Veränderungen bei Unternehmen C und deren Vorteile

Veränderungen	Vorteile
Materialrückmeldung	Automatisierung des Transports und der Bestellungen im Lager
Automatischer Transport und Auslagerung	Keine Bestellungen nötig, kontinuierlicher Materialfluss durch Rundlauf, Bearbeitungsobjekte kommunizieren Bedarfe
Kompatibilitätsprüfung	Keine falschen Positionen in den Aufträgen und Möglichkeit die Ausführungsformen zu kategorisieren. Deshalb auch die Möglichkeit diese relevanten Informationen an den Arbeitsplatz-Terminals anzuzeigen (siehe nächster Punkt)
Informationen für Mitarbeiter	Kein Druck von Aufträgen, Anzeige der Montage-Informationen am Platz und damit Reduktion der Laufwege und Fehler, Anzeige relevanter Positionen (neue/geänderte Stücklisten, Variante der Ausführung) → bessere Übersichtlichkeit und Bearbeitungsobjekte kennen Produktionsschritte
Bereichsterminals	Ziehen Material und Aufträge (selbststeuernde Entscheidungsfindung), dezentrale Sicherung des Arbeitsvorrates, Erkennbarkeit von Engpässen und Unterbelegung anhand dieses Arbeitsvorrates. Erhöhte Transparenz in der Produktion durch Auftragsstatus und automatische Signale für die Fertigungssteuerung bei Fehlteilen (siehe folgender Punkt)
Automatisches Signal bei fehlendem Material	Meldung erfolgt unabhängig der Meister und Montagemitarbeiter. → keine Laufwege, kein Organisationsaufwand
Pull Steuerung	Verbrauchsgesteuert anhand des tatsächlichen und echten Bedarfs. Dadurch ist auch das Vorziehen der Aufträge in der Urlaubszeit möglich, da die nachgelagerte Stufe entkoppelt von den Aufträgen ist

Kapazitätsausgleich (Unternehmen B). Ein zusätzlicher Arbeitsschritt für die Mitarbeiter wird jedoch durch das Anbringen bzw. Verknüpfen der RFID-Tags mit den Transporthilfsmitteln induziert. Bei der Nachbesprechung der Ergebnisse bewerteten alle Unternehmensvertreter die Verbesserung als mittel bis stark. Auffallend ist dabei, dass auch ohne den Vergleich der anderen Unternehmen zu haben, Wertungen nahezu identisch mit denen ausfallen, welche alle drei Unternehmen gleichermaßen beurteilen konnten.

14.5 Zusammenfassung

Dieser Beitrag verfolgt zwei Ziele: 1) die Identifikation von Prozessveränderungen durch CPS und 2) die Eignungsfeststellung von CPS für die Produktion. Das Ergebnis der Veränderungsanalyse ist, dass die meisten Veränderungen die Beteiligung von Mitarbeitern in den Prozessen verringern, weil diese zukünftig durch die Bearbeitungsobjekte selbstständig dezentral gesteuert ablaufen. Gleichbleibend sind jedoch für alle Unternehmen die

Auftragsvorbereitung, die Bearbeitung und Kommissionierung sowie der Versand. Es werden automatisierte Prozesse ohne Mitarbeiterbeteiligung, wie Rückmeldungen oder Prozesse zur Fehlervermeidung, hinzugefügt. Lediglich das Anbringen von RFID-Tags und das Speichern der relevanten Daten auf den Tags muss als zusätzlicher Aufwand berücksichtigt werden. Für alle drei Unternehmensbeispiele eignen sich CPS in unterschiedlichen Variationen. Die Untersuchung bezüglich der besonderen Eignung von CPS für die Einzelfertigung konnte nicht bestätigt werden und sollte dementsprechend zukünftig über eine großzahlige quantitative Studie überprüft werden. Unternehmen können dennoch die vorliegenden Erkenntnisse dazu nutzen, eigene Prozesse zu analysieren, um die Stellschrauben für eine CPS-Implementierung bei sich zu identifizieren.

Obwohl die Prozesse existierende Produktionen abbilden, sind alle Veränderungen durch CPS ausschließlich theoriegeleitet. Wenngleich alle drei Unternehmen die Machbarkeit der Anpassungen bestätigen, kann der Grad der Verbesserung mit den vorliegenden Informationen nicht quantitativ gemessen werden. Es ist also notwendig, eine longitudinale Studie durchzuführen, welche einen direkten Vorher-nachher Vergleich ermöglicht.

Bei der Erstellung neuer Prozesse zeigte sich, dass Lösungen, Technologien und Ansätze durchaus von mehreren Unternehmen genutzt werden können. Deshalb sollte erforscht werden, wie ein Umsetzungsbaukasten basierend auf CPS Leitlinien für Unternehmen gestaltet werden kann. Eine Erweiterung dazu wäre die Steuerung über das Internet, welche bisher nicht Teil der Analyse war.

Literatur

Abele E & G Reinhart (2011) Zukunft der Produktion – Herausforderungen, Forschungsfelder, Chancen. Carl Hanser, München

Aßmann U (2001) „Cyber-Physikalische Systeme – Eine strategische Chance für Sachsen". Dresden

Borgia E (2014) „The Internet of Things vision: Key features, applications and open issues". Computer Communications 54 (1. Dezember 2014): 1–31. https://doi.org/10.1016/j.comcom.2014.09.008.

Bosien A (2012) RFID-basierte Navigation für autonome Fahrzeuge – Arne Bosien. Books on Demand

Broy M, Hrsg (2010) Cyber-Physical Systems – Innovation durch softwareintensive eingebettete Systeme. Springer, Berlin, Heidelberg

Bullinger H-J & M ten Hompel, Hrsg (2007) Internet der Dinge. Springer, Berlin, Heidelberg

Günthner W, Razvan C & F Kuzmany (2010) „Die Vision vom Internet der Dinge". In Internet der Dinge in der Intralogistik, herausgegeben von Willibald Günthner und Michael ten Hompel, 41–46. Springer, Berlin, Heidelberg

Kagermann H, W-D Lukas & W Wahlster (2011) „Industrie 4.0: Mit dem Internet der Dinge auf dem Weg zur 4. industriellen Revolution". VDI Nachrichten, 13. Aufl

Scholz-Reiter B, Freitag M, Rekersbrink H, Wenning B L, Goroldt C & W Echelmeyer (2005) „Auf dem Weg zur Selbststeuerung in der Logistik – Grundlagenforschung und Praxisprojekte". In Begleitband zur 11. Magdeburger Logistiktagung, 166–80. Magdeburg: Logisch

Vasseur J-P & A Dunkels (2010) Interconnecting Smart Objects with IP – the next internet. Morgan Kaufmann, Boston

Yin R K (2003) Case Study Research: Design and Methods. 3. Aufl, Sage, Thousand Oaks

Prof. Dr. Thorsten Blecker
Professor, Technische Universität Hamburg-Harburg

Thorsten Blecker ist ein Professor des Instituts für Logistik und Unternehmensführung. Seine aktuellen Forschungsschwerpunkte beinhalten die Verknüpfung von Produktentwicklung und Supply Chain Management, Komplexität in Produktionssystemen, und Sicherheit in der (maritimen) Logistik. Er publizierte vielfach in internationalen Zeitschriften und Konferenzen. Seine Forschungsprojekte werden durch deutsche und EU-Mittel gestützt.

Regina Wagner
Wissenschaftliche Mitarbeiterin, Technische Universität Hamburg-Harburg

Regina Wagner (jetzt Grussenmeyer) studierte Maschinenbau an der Fachhochschule Düsseldorf und Internationales Wirtschaftsingenieurwesen an der Technischen Universität Hamburg-Harburg. Anschließend begann sie ihre Promotion am dortigen Institut für Logistik und Unternehmensführung. Im breiten Spektrum der Produktionsforschung beschäftigt sie sich mit Produktionsausläufen/-eliminierungen und Komplexität. Sie veröffentlichte bereits mehrere Artikel unter ihrem Mädchennamen Grussenmeyer

Lisa Stark
IT Spezialistin im Bereich Produktionssteuerung, BMW AG

Lisa Stark hat an der Hochschule Ulm und Neu-Ulm ihren Abschluss Bachelor of Engineering als Wirtschaftsingenieurin erworben. Anschließend studierte sie im Masterstudium mit Schwerpunkt Logistik und Produktion an der Technischen Universität Hamburg-Harburg. Während dieses Studiums verfasste sie ihre Masterthesis im Bereich CPS. Derzeit arbeitet sie als IT Spezialistin bei der BMW AG in München.

Zukunft 2050 – Technologietrends in der Ära von Industrie 4.0, Nachhaltigkeit und smarten Maschinen

Ulrich Eberl

15.1 Megatrends der kommenden Jahrzehnte

Wer sich seriös mit der Zukunft bis zum Jahr 2050 beschäftigt, darf sich nicht von kurzfristigen Hypes oder Moden beirren lassen. Viel wichtiger sind die weltweit gültigen, langfristigen Megatrends: Dazu gehören die demografische Entwicklung, die Verstädterung, die Globalisierung, der Ressourcen- und Energieverbrauch und die Durchdringung aller Lebensbereiche mit Informations- und Kommunikationstechnik (vgl. Eberl 2013; vgl. Abb. 15.1).

So wird bis 2050 die Menschheit um ein Drittel auf etwa 9,7 Mrd. Menschen anwachsen, und es wird weltweit mehr Senioren geben als Kinder und Jugendliche. Die Zahl der Menschen im Alter über 65 wird sich von heute 500 Mio. auf dann 1,5 Mrd. verdreifachen. In Deutschland und Österreich wird dann sogar schon jeder Dritte über 65 sein, jeder Achte über 80, und die Zahl der Über-100-Jährigen wird sich gegenüber heute verzehnfachen. Die Welt ist dabei, zu einer Seniorengesellschaft zu werden – eine Jahrhundertaufgabe für viele Volkswirtschaften! So kommen auf die Rentenkassen enorme Belastungen zu und auf die Gesundheitssysteme ebenso: Wir brauchen mehr Vorsorge und Früherkennung von Krankheiten, effizientere Abläufe im Gesundheitswesen, Computer als Assistenzärzte, die Unterstützung von Robotern bei minimal-invasiven Operationen, aber ebenso auch im Smart Home, dem intelligenten Zuhause, und nicht zuletzt auf den Straßen: Auch 90- oder 100-Jährige wären gern noch mobil, aber sie werden kaum mehr selbst fahren. Das autonome, vernetzte (Elektro-)Fahrzeug, das Smart Car, wird hier die Lösung der Wahl sein.

U. Eberl (✉)
Höhenkirchen, Deutschland
E-Mail: ulrich.eberl@mail.de

© Springer Fachmedien Wiesbaden GmbH, ein Teil von Springer Nature 2018
P. Granig et al. (Hrsg.), *Mit Innovationsmanagement zu Industrie 4.0*,
https://doi.org/10.1007/978-3-658-11667-5_15

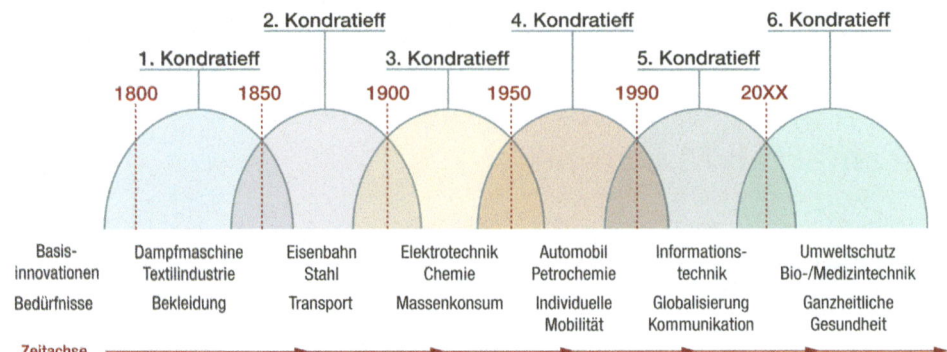

Abb. 15.1 Innovationswellen prägen die Welt. Aus dem fünften Kondratieff-Zyklus, dem heutigen Informationszeitalter, startet der sechste Zyklus, der von Umwelt- und Gesundheitsthemen bestimmt sein wird. (Quelle: Eberl 2013)

Zugleich werden 2050 fast so viele Menschen in Städten leben wie heute auf der ganzen Erde: In den Entwicklungs- und Schwellenländern werden drei Milliarden Stadtbewohner hinzukommen, viele Megacitys von heute werden ihre Einwohnerzahlen noch einmal verdoppeln, mit enormen Folgen für alle Lebensbereiche – von der Mobilität über die Gebäudetechnik bis zur Energie- und Gesundheitsversorgung. Vor allem in Asien entstehen gigantische Ballungsräume, in denen Städte mit dann 40 bis 60 Mio. Bewohnern zusammenwachsen. China wird die USA als größte Volkswirtschaft überrunden, und auch in anderen Boom-Nationen wie Brasilien, Indien, Mexiko, Südafrika oder auch Vietnam wird der Wohlstand weiter zunehmen. Die Zahl der Menschen, die dem Mittelstand zugerechnet werden, wird allein in solchen Ländern in den nächsten zehn bis 20 Jahren um über eine Milliarde Menschen wachsen – und damit die Nachfrage nach Industrieprodukten aller Art ebenso wie nach Rohstoffen und Energie.

Der Transportbedarf (nicht zuletzt auch durch Internet-Versandhändler), die Globalisierung und die hohe Bedeutung der persönlichen Mobilität lassen sowohl den Güterverkehr wie die Nachfrage nach individuellen Mobilitätslösungen weiter enorm zunehmen. Nur ein Vergleich: In China besitzt heute jeder Zehnte ein Auto, in Deutschland jeder Zweite. Doch schon heute werden Chinas Städte von Staus und Emissionen geplagt. Aufgrund der extremen Feinstaubwerte hat die chinesische Akademie für Sozialwissenschaften Peking sogar als „ungeeignet für menschliches Leben" erklärt. Wo würde dies hinführen, wenn die Chinesen ebenso mobil sein wollten wie die Deutschen? Und in Indien, Brasilien, Russland, Mexiko, Indonesien sieht es nicht besser aus.

Die Lösungen müssen in einer Kombination vieler Innovationen liegen: Elektrofahrzeuge mit Strom aus erneuerbaren Energien, klug verteilte Logistikzentren in den Städten und an deren Rändern, mehr Güterverkehr auf der Schiene und (in manchen Fällen, wie etwa beim Medikamententransport) auch über Drohnen durch die Luft. Für die individuelle Mobilität ist „Mobility on Demand" das Stichwort: Hier geht es künftig mehr darum,

Mobilitätspakete zu nutzen statt die Fahrzeuge zu besitzen. Das Ziel ist die Vernetzung aller Verkehrsträger: ob Busse und Bahnen oder Mietfahrräder und Miet-Elektroautos. Über Smartphone und Internet erhält der Nutzer stets die aktuellsten Informationen über die Verkehrssituation und weiß, mit welchen Verkehrsmitteln er am besten, schnellsten und kostengünstigsten von A nach B kommt.

Hinzu kommen städtebauliche Lösungen (etwa die „Stadtviertel der kurzen Wege") und dank Breitbandverbindungen mehr Telearbeit: Viele Dienstleistungen, vom Produktdesign bis zur ärztlichen Diagnose anhand von Labordaten oder Computerbildern, lassen sich künftig von zu Hause aus genauso gut erledigen wie im Büro. Selbst wenn schnelle Reparaturen notwendig sind, muss man nicht immer Bauteile auf den Weg schicken: In Zukunft wird man viele Bauteile über 3-D-Drucker auch vor Ort fertigen können. Dies funktioniert inzwischen nicht nur mit Kunststoffen, sondern sogar mit Gasturbinenstahl.

15.2 Gesundheit der Umwelt und Gesundheit des Menschen

Vor allem drei technologische Themen sind es, die unsere Zukunft in den nächsten Jahrzehnten in besonderer Weise prägen werden. Zwei von ihnen lassen sich unter dem Schlagwort „ganzheitliche Gesundheit" zusammenfassen: die Gesundheit unserer Umwelt und die Gesundheit des Menschen vor dem Hintergrund des demografischen Wandels. Dieses Konzept der ganzheitlichen Gesundheit wird auch als der sechste Kondratieff-Zyklus bezeichnet, der sich nach den Prognosen von Zukunftsforschern aus dem fünften Zyklus, dem heutigen Informations- und Kommunikationszeitalter, entwickeln wird (vgl. Abb. 15.1). Diese Zyklen sind nach dem russischen Wissenschaftler Nikolai Kondratieff benannt, der das anschauliche (wenn auch stark vereinfachende) Konstrukt in den 1920er-Jahren formuliert hatte. Danach laufen wirtschaftliche Entwicklungen in langen Wellen von 40 bis 60 Jahren Dauer ab, beginnend bei Basisinnovationen über den daraus entstehenden Wohlstandszuwachs, bis sie schließlich stagnieren und von der nächsten Welle abgelöst werden.

Welche Treiber stecken hinter dem kommenden Trend der „Gesundheit des Menschen"? Wenn man weiß, dass heute rund 40 % der Kosten des Gesundheitswesens auf Senioren älter als 65 Jahre entfallen und sich zugleich diese Zahl weltweit verdreifachen wird, ergibt sich daraus zwingend, dass die Gesundheitssysteme der Zukunft nur bezahlbar bleiben können, wenn sie zugleich leistungsfähiger und kostengünstiger werden. Dieser Druck wird eine Vielzahl von Innovationen hervorrufen – von Biomarkern für die Früherkennung von Krebs, Herz-Kreislauferkrankungen und Alzheimer, bis zur Telemedizin oder Sensoren für die Überwachung der Gesundheit, ob zu Hause oder unterwegs. Zugleich werden vielfältige Roboter- und Computer-Hilfen für Senioren im Smart Home und dem Smart Car entwickelt werden. Und nicht zuletzt werden immer mehr Medikamente auf Krankheiten und Patientengruppen maßgeschneidert und in hoch automatisierten und zugleich flexibel produzierenden Fabriken hergestellt werden.

Der Boom der Umwelttechnologien (die „Gesundheit der Umwelt") hat gleich mehrere Treiber: zum einen die Bemühungen, den Klimawandel in erträglichem Rahmen zu halten, und zum anderen die immer knapper werdenden Ressourcen. Wenn die Erdbevölkerung und in vielen Ländern auch der Wohlstand wächst, steigt die Nachfrage nach technischen Produkten und damit auch nach Rohstoffen. Dies fördert energie- und rohstoffeffiziente Produkte und Fertigungsprozesse, Recycling und Kreislaufwirtschaft. „Cradle to Cradle" und „Design to Recycle" sind hier wichtige Schlagworte; das heißt, Produkte schon beim ersten Entwurf so zu konstruieren, dass sie umweltfreundlich und modular aufgebaut sind, sodass sich ihre Einzelteile ohne Qualitätsverlust wiederverwenden lassen, oder dass ihre Abfallstoffe für neue Produkte eingesetzt werden können.

Inzwischen gibt es zahlreiche Beispiele für biologisch abbaubare Kunststoffe, hauptsächlich bei Verpackungen aller Art, aber auch bei Farben, kompostierbaren Sitzbezügen oder Klebstoffen, die sich von Bakterien zersetzen lassen und dadurch die Einzelteile leichter wiederverwendbar machen. Auch klimaneutrale Produkte aus nachwachsenden Rohstoffen werden künftig an Bedeutung gewinnen, vom Biokraftstoff aus Pflanzenabfällen bis zum Biokunststoff. Zugleich prognostiziert aber eine Studie der Ellen MacArthur Foundation und von McKinsey für das World Economic Forum aus dem Jahr 2016, dass sich die Menge der weltweit produzierten Kunststoffe bis zum Jahr 2050 noch einmal vervierfachen könnte. In den Ozeanen könnte es dann aufs Gewicht bezogen mehr Plastikmüll geben als Fische! Die globale Recyclingrate bei Kunststoffen liegt heute nur bei 14 %, während sie 58 % bei Papier erreicht und 70 bis 90 % bei Eisen und Stahl. Hier ist also offensichtlich noch viel Forschungs- und Entwicklungsarbeit nötig.

Im Prinzip könnte man sogar Kohlendioxid aus Kraftwerksabgasen sinnvoll weiterverwenden. Beispielsweise haben Forscher bereits gezeigt, dass es sich mithilfe geeigneter Katalysatoren, Wasser und elektrischem Strom (etwa dem überschüssigen Strom aus erneuerbaren Quellen) zu einem hohen Prozentsatz in Kohlenmonoxid oder Ethen umsetzen lässt. Auch andere Kohlenwasserstoffe oder Alkohole wie Methanol lassen sich so erzeugen. Solche Verbindungen können dann als Treibstoffe für Fahrzeuge ebenso eingesetzt werden wie als Ausgangsmaterialien für die Chemieindustrie. In fernerer Zukunft sind sogar Module denkbar, mit denen man etwa Hausfassaden verkleidet und die dann Kohlendioxid aus der Luft einfangen und in wertvolle chemische Stoffe umwandeln. Heute lohnt sich das noch nicht, aber wenn das Einbringen von Kohlendioxid in die Atmosphäre als Klimaschädigung ein deutliches „Preisschild" bekommt, mag sich das durchaus ändern.

Welche Lösungen auch immer gefunden werden: Letzten Endes muss Nachhaltigkeit in den nächsten Jahrzehnten zum Leitmotiv menschlichen Handelns werden, denn bei „Business as usual" würde sich der Rohstoff- und Energieverbrauch der Welt bis 2050 mindestens verdoppeln. Doch schon heute ist unser ökologischer Fußabdruck zu groß: Wir nutzen die Ressourcen der Erde etwa um 50 % schneller, als sie sich regenerieren können. Bei einer Verdoppelung des Ressourcenverbrauchs bräuchten wir bis 2050 daher drei Erden statt der einen, die wir haben.

Die entscheidende Frage lautet daher: Ist Wirtschaftswachstum mit weniger Ressourcenverbrauch möglich und lässt sich der Klimawandel noch bremsen? Die Antwort auf beide Fragen ist ein klares Ja. Doch sie erfordert nicht nur ein Umdenken in den Köpfen, sondern einen Paradigmenwechsel in der weltweiten Energieversorgung und in den Wirtschaftssystemen. Das ist wie beim demografischen Wandel eine Jahrhundertaufgabe, aber sie ist lösbar: Es geht um den Abschied vom Kohlenstoffzeitalter, um erneuerbare Energien, um Energieeffizienz, intelligente Stromnetze, hoch flexible Fertigungsstätten, Recycling von Rohstoffen, Ökoeffektivität und Kreislaufwirtschaft.

15.3 Ein neues Stromzeitalter

Elektrischer Strom aus erneuerbaren Quellen wie Wind, Sonne, Wasser, Biomasse und Erdwärme kann viele Probleme lösen. Er kann extrem umweltfreundlich erzeugt, hoch effizient auch über weite Strecken übertragen und mit nur geringen Verlusten in nutzbare Energie umgesetzt werden. So sind Elektromotoren drei- bis viermal effizienter als Verbrennungsmotoren und neue LED-Lampen rund fünf- bis achtmal effizienter als die alten Glühlampen. Hier sind also noch enorme Effizienzpotenziale zu heben, ebenso wie in der Gebäudetechnik und in industriellen Fertigungsanlagen, wo sich in vielen Fällen mit optimierten Antriebslösungen der Stromverbrauch um 60 % senken lässt.

Der Trend ist eindeutig: Wir sind auf dem Weg in ein neues Stromzeitalter, denn trotz aller Effizienzgewinne steigt heute der weltweite Stromverbrauch dreimal stärker als die Weltbevölkerung (vgl. Abb. 15.2), getrieben vor allem durch die Informations- und Kommunikationstechnik und die Digitalisierung in der Industrie. Doch dies ist eine gute Nachricht, weil sich dadurch ein Wirtschaftswachstum mit geringen Umweltbelastungen erreichen lässt – vorausgesetzt, in Zukunft kommt ein stetig wachsender Teil des elektrischen Stroms aus erneuerbaren Energien.

Auch beim Verkehr erleben wir eine Abkehr vom Ölzeitalter. Der Anteil an Hybrid- und Elektrofahrzeugen wird in den nächsten Jahrzehnten massiv wachsen, bis im Jahr 2050 die meisten Stadtfahrzeuge elektrisch fahren werden. Mehr noch: Sie werden dann ein integraler Bestandteil des Stromnetzes sein, weil sie nicht nur Strom laden und speichern, sondern ihn auch wieder abgeben können – ans Netz oder für den Eigenverbrauch zu Hause. Sie können ihn beispielsweise nachts tanken, wenn etwa viel Wind weht, aber wenig Strom gebraucht wird, und sie können ihn mittags oder abends wieder abgeben, wenn die Nachfrage und damit die Strompreise steigen. Schnell-Ladesysteme und induktives, also kabelloses Laden, werden ebenfalls zum Alltag gehören. Manche dieser Fahrzeuge werden die elektrischen Antriebsmotoren sogar direkt in den Rädern haben. Jedes Rad ist dann einzeln ansteuerbar: So ein Fahrzeug kann quer einparken oder auch auf der Stelle drehen. Außerdem braucht man keine Achsen und keine Getriebe mehr. Die Designer bekommen ungeahnt neue Gestaltungsmöglichkeiten für die Fahrzeuginnenräume, was ganz neue Komforterlebnisse ermöglicht, ideal nicht zuletzt für die Senioren von morgen.

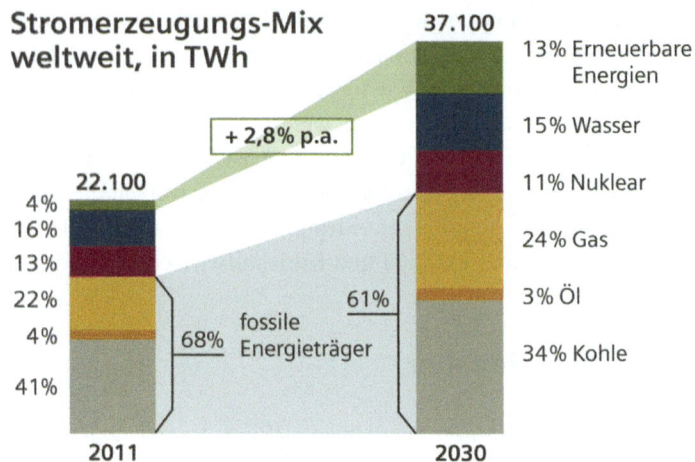

Abb. 15.2 Die Stromnachfrage steigt dreimal schneller als die Weltbevölkerung. So soll sich bis 2030 der Strombedarf aus Informations- und Kommunikationstechnik auf 1700 TWh pro Jahr fast verdoppeln, und der Anteil der Industrie am Stromverbrauch wird aufgrund der Digitalisierung und der elektrischen Antriebe von 33 auf 40 % ansteigen

15.4 Smarte Maschinen – tausendfach leistungsfähiger als heute

Der dritte große Trend der nächsten Jahrzehnte, neben der Gesundheit der Umwelt und der Gesundheit des Menschen, ist bereits seit den 1990er-Jahren als fünfter Kondratieff-Zyklus massiv im Gange: die Digitalisierung, die Durchdringung aller Lebensbereiche mit Informations- und Kommunikationstechnik. So können wir in den nächsten 20 bis 30 Jahren noch einmal mit einer Vertausendfachung der Rechenleistung, der Speicherfähigkeit und der Datenübertragungsraten von Mikrochips rechnen. Mitte der 1990er-Jahre schaffte der leistungsfähigste Supercomputer der Welt etwa 100 Mrd. Rechenoperationen pro Sekunde; das erreicht heute ein gutes Smartphone, und eine solche Leistungssteigerung können wir bis 2040 noch einmal erwarten. Wir tragen dann die Supercomputer von heute in unseren Taschen, zum Preis eines Smartphones. Oder anders ausgedrückt: Was heute ein Notebook für 500 EUR leistet, kann dann ein kleiner Chip für 50 Cent.

In Zukunft werden daher winzige Sensor- und Kommunikationselemente in allen Dingen stecken, Häuser werden ebenso Sinnesorgane bekommen wie Autos, die zu fahrenden Robotern werden, die selbstständig ihren Weg finden und mit anderen Fahrzeugen kommunizieren. Elektrisch, autonom und vernetzt sind die großen Trends der Autoindustrie. Die Smart Cars von morgen (vgl. Abb. 15.3) tasten mit vielfältigen Sinnesorganen die Umgebung ab, treten mit anderen Fahrzeugen und der Infrastruktur in Kontakt, um Staus und Unfälle zu vermeiden, und sie gehen mit ihrer Energie so sparsam und umweltfreundlich

Abb. 15.3 Elektrisch, autonom und vernetzt – die Smart Cars von morgen sind selbstständige Roboter auf Rädern. (Quelle: Siemens AG 2001–2015)

wie möglich um. Sie wissen stets über die aktuelle Verkehrslage Bescheid und kennen den Terminkalender ihres Besitzers und seine Vorlieben – ob in Bezug auf Radiosender, soziale Netzwerke, Sehenswürdigkeiten oder Lieblingsrestaurants.

Smarten Maschinen werden wir künftig überall begegnen (vgl. Eberl 2016; vgl. Abb. 15.4). Darunter verstehe ich alle Maschinen, vom Smartphone bis zum autonomen Fahrzeug, die eine gewisse Intelligenz aufweisen. Das heißt zum Beispiel, dass sie sprechen und zuhören, Gestik und Mimik verstehen, Texte, Bilder und Videos interpretieren und lernfähig sind: durch Beobachten, durch Nachahmen, durch Belohnungen. In wenigen Jahren werden wir auf den Autobahnen unsere Fahrzeug auf Autopilot schalten können, bis etwa 2030 auch auf Landstraßen und in den Städten. Auch selbsttätig fahrende Lkw (und solche, die durch eine elektronische Deichsel miteinander verbunden sind) werden zum Alltag gehören, ebenso wie autonom fahrende Elektrotaxis. Auf den Bürgersteigen werden automatische Einkaufswagen Bestellungen ausliefern. In der Luft bringen Drohnen eilige Pakete, mit unseren Smartphones werden wir echte Gespräche führen und in den Küchen bereiten Maschinen das Essen zu.

Mit „Deep Learning"-Systemen, die auf Basis von neuronalen Netzen der Funktionsweise des Gehirns nachempfunden sind, haben Forscher in den letzten Jahren bereits große Erfolge erzielt, insbesondere beim Erkennen von Bildinhalten und dem Verstehen

Smart Planet
Umwelt

Umweltsensoren, zum Beispiel für
die Entdeckung von Lecks oder anderen
Umweltschäden, sowie Wettervorhersage

Smart Cities
Vernetzte Gemeinden

Beleuchtung, Wassermanagement
Überwachung und Sicherheit
Verkehrsleitsysteme

Smart Energy
Stromnetz

Spannungs- und Leistungssensoren
Smart Meter, intelligente Stromnetze
Fehlererkennung

Smart Buildings
Intelligente Gebäude

Sensoren für Beleuchtung, Licht, Wärme
Bewegungssensoren und Aktuatoren
Vernetzung mit Internet und Smart Grid

Smart Transport
Züge, Hybrid- und Elektrofahrzeuge

Elektromobilität, Hochgeschwindigkeits-
züge, Kommunikation von Fahrzeugen mit
anderen Fahrzeugen und der Infrastruktur

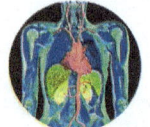

Smart Industry
Industrielles Umfeld

Produktionssteuerung und Logistik
Sicherheit, Beleuchtung, Aktuatoren
Robotik im Industriemfeld

Smart Health
Gesundheitssystem

Digitale Vernetzung im Gesundheitswesen
Labor- und Medizingeräte, Biosensoren,
Telemedizin

Smart Living
Unterhaltung und Freizeit

Unabhängigkeit durch Technologie
Informationen jederzeit auf Abruf
„Always on", Augmented Reality

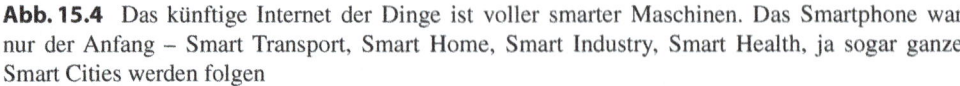

Abb. 15.4 Das künftige Internet der Dinge ist voller smarter Maschinen. Das Smartphone war
nur der Anfang – Smart Transport, Smart Home, Smart Industry, Smart Health, ja sogar ganze
Smart Cities werden folgen

von Sprache. Bei autonomen Fahrzeugen sind sogar schon Szenenanalysen möglich.
Das bedeutet, dass das Auto nicht nur Objekte wie Gebäude, Bäume, Pfosten, Verkehrs-
zeichen oder Fahrradfahrer erkennt, sondern auch Situationen einschätzen kann, also
beispielsweise anhand von Kopfbewegung und Körperhaltung eines Menschen am Stra-
ßenrand eine Wahrscheinlichkeitsaussage treffen kann, ob diese Person die Fahrbahn
überqueren will oder nicht. Gelernt hat dies der Computer anhand von Tausenden von
Videobildern mit entsprechenden Verkehrssituationen. Andere smarte Maschinen, wie
etwa das Computersystem Watson von IBM, können sogar zu bestimmten Wissensgebie-
ten mit Fragen in Alltagssprache gefüttert werden. Watson unterstützt bereits Ärzte bei
Krebsdiagnosen, Pharmafirmen bei der Entwicklung von Medikamenten, Bankberater
bei Anlagestrategien oder Autofirmen bei der Analyse von Werkstattberichten.

Intelligente Netze, die Smart Grids, werden künftig Angebot und Nachfrage von
Millionen von Energieerzeugungsanlagen und Verbrauchern in Balance bringen und
die Strom-, Wärme- und Gasnetze kombinieren. Halbautonome Gebäude, mit Solarzel-
len auf dem Dach und Speicherbatterien im Keller, tun sich zu virtuellen Kraftwerken

zusammen und betreiben an virtuellen Börsen gemeinsam Energiehandel. Im größeren Umfeld, den Smart Cities, messen Sensoren aller Art Energie- und Wasserverbrauch sowie Verkehrsdaten und Emissionswerte. Ein City Cockpit fasst dann diese Informationen intelligent zusammen, erstellt Prognosen und macht Vorschläge zur Optimierung der Systeme.

In Smart Factories arbeiten die Menschen Hand in Hand mit Robotern. Kollaborative Roboter lernen neue Bewegungen beispielsweise einfach durch Beobachten und Nachahmen der Menschen. In wenigen Minuten kann man ihnen neue Aufgaben beibringen, was bei früheren Robotergenerationen Stunden gedauert hätte. Kollisionen sind dabei nicht mehr möglich, weil diese Maschinen beim geringsten unerwarteten Kontakt binnen einer Tausendstelsekunde stoppen. Solche Maschinen werden bereits seit zwei, drei Jahren auf den Industriemessen vorgestellt. Sie sind in manchen Fabriken heute schon im Einsatz und werden zusammen mit dem 3-D-Druck und der Digitalisierung der gesamten Wertschöpfungskette die Fertigung der Zukunft revolutionieren.

15.5   Ein Beispiel für Industrie 4.0 – pro Tag 80.000 individuelle Produkte

Wie sich mit einem enormen Robotereinsatz, 3-D-Druck und einer durchgängigen Digitalisierung auch Unikate in einer fast vollständig automatisierten Fabrik kostengünstig herstellen lassen, belegt beispielsweise eine Fabrik in Ciudad Juárez, Mexiko, an der Grenze zum US-Bundesstaat New Mexico. Sie gehört zum kalifornischen Unternehmen Align Technology und produziert die transparenten Zahnschienen, die unter dem Namen Invisalign in über 90 Ländern weltweit vertrieben werden. In Ciudad Juárez werden jeden Tag rund 80.000 dieser Zahneinsätze gefertigt – und kein einziger gleicht dem anderen. Individueller geht es nicht mehr. „Losgröße 1" nennen das die Fachleute für Produktionstechnik, es ist sozusagen die Automatisierung der Handarbeit.

Im Detail sehen die Schritte vom Arzt bis zum fertigen Invisalign-Produkt so aus: Zunächst macht ein Kieferorthopäde, der überall auf der Welt arbeiten kann, vom jeweiligen Ober- und Unterkiefer mit den Zähnen, deren Stellung korrigiert werden soll, einen Abdruck, der eingescannt und digitalisiert wird. Daraus entsteht am Computer ein 3-D-Modell, das der Arzt elektronisch an einen Zahntechniker überträgt. Dieser erstellt mit einer speziellen Software einen Behandlungsplan, den er wieder an den Arzt zurückschickt, der ihn überprüft und freigibt. Der wichtigste Bestandteil dieses Plans sind die Zahnschienen, die sogenannten Aligner, aus einem stabilen und nur 0,75 mm dünnen Kunststoff. Sie werden auf die Zähne gesteckt und schieben diese durch ständigen Druck nach und nach in die richtige Position. Die Aligner sind transparent und von außen kaum zu sehen. Üblicherweise werden sie alle 14 Tage ausgetauscht und durch solche ersetzt, die der Endposition der Zähne wieder einen Schritt näher kommen. Im Lauf einer durchschnittlichen Behandlung erhalten die Kunden von ihrem Kieferorthopäden etwa 20 bis 30 solcher Aligner.

Die exakten digitalen 3-D-Modelle dieser Aligner sind der Ausgangspunkt für die Fabrik in Mexiko. Die Konstruktionsdaten landen zuerst in 3-D-Druck-Maschinen, die mit dem Verfahren der Stereolithografie für jeden Aligner eine Gussform anfertigen. Dabei fährt ein computergesteuerter Laserstrahl über flüssiges Kunststoffharz und härtet das Harz dadurch aus. Schicht für Schicht entsteht so die Gussform. Im nächsten Schritt wird ein spezieller, medizinisch zugelassener Aligner-Kunststoff erwärmt und über der Harz-Gussform in seine individuelle Gestalt gebracht. Ein Laser markiert den Aligner mit einer Patienten-Identifikationsnummer, dann wird der Aligner auf ein kleines Tablett mit einer elektronischen Etikette (einem sogenannten RFID-Label) gelegt und setzt seine Reise von Roboter zu Roboter fort. Die Zahnschiene wird geputzt und sortiert, gedreht und vermessen, mitunter noch fein bearbeitet, schließlich in Plastik versiegelt, mit den anderen Alignern dieser Bestellung zusammengestellt, die Patienteninformation wird ausgedruckt, hinzugefügt, zu guter Letzt verpackt und für den Versand fertig gemacht.

All das geschieht, ohne dass die Zahnschienen während des gesamten Prozesses auch nur einmal von einem Menschen in die Hand genommen werden müssen! Dank der elektronischen Etiketten weiß das System zu jeder Zeit, wo und in welchem Bearbeitungsschritt sich jeder einzelne der Aligner jeweils befindet. Die Menschen sind in dieser Fabrik nur noch dazu da, die Maschinen zu überwachen, Qualitätsstichproben zu nehmen oder ein- und ausgehende Waren zu überprüfen. Außerdem können sie in unvorhergesehenen Fällen einschreiten und ggf. etwas reparieren oder einen Prozessschritt ändern. Damit ist die Align-Technology-Fabrik in Mexiko ein Vorbote der neuen industriellen Revolution, die in Europa unter dem Schlagwort „Industrie 4.0" bekannt ist, in den USA eher unter „Industrial Internet", „Digital Enterprise" oder „Smart Factory".

Nach der ersten industriellen Revolution, also der Einführung der Dampfmaschine und der Mechanisierung im 18. Jahrhundert, der zweiten durch die Massenfertigung zu Beginn des 20. Jahrhunderts und der dritten durch den massiven Einsatz von Elektronik und Computertechnik zur Fertigungsautomatisierung in den vergangenen Jahrzehnten, ist dies nun der vierte große Umbruch in den Fabriken, wobei es sich allerdings wie meist in der Industrie eher um eine Evolution innerhalb der nächsten zehn bis 20 Jahre als um eine schnelle Revolution handeln wird. Neue Produkte werden im weltweiten Entwicklerverbund am Computer designt, mitsamt ihrer Fertigung im virtuellen Raum getestet, die Einkaufs- und Lieferprozesse optimiert und das Produkt wird dann von Robotern gefertigt oder mit 3-D-Druck-Maschinen Schicht für Schicht aufgebaut.

Letztlich ist der Kern von Industrie 4.0 eine Zusammenführung der digitalen, virtuellen und realen Welten der Fertigung (vgl. zum Beispiel Abb. 15.5). Und dazu braucht man vor allem eine intelligente Kombination aus Sensor-, Roboter- und Kommunikationstechnik und den neuesten Software-Lösungen. Beispielsweise könnten sogenannte cyber-physische Systeme kontinuierlich Informationen austauschen und dadurch die Produktions- und Logistikprozesse verbessern. Darunter versteht man Netzwerke kleiner, mit Sensoren und Aktoren ausgestatteter Computer, die in alle möglichen Geräte und Gegenstände eingebaut sind und in einem „Internet der Dinge" miteinander kommunizieren können.

Abb. 15.5 Digitale Fabrik: In den Fabriken von morgen entstehen zuerst die digitalen Zwillinge, das heißt, Produkte und Fertigungsverfahren werden am Computer simuliert und in virtuellen 3-D-Welten optimiert. Das Ziel: flexibler und effizienter zu fertigen und neue Produkte schneller auf den Markt zu bringen. (Quellen: Siemens AG 2001–2015; Eberl 2016)

Intelligente Computertechnik ist hier auf den unterschiedlichsten Ebenen vonnöten: Anforderungen der Kunden fließen möglichst direkt in die Fertigungsaufträge und Arbeitspläne ein, und die Lieferanten sind ebenfalls in ein gemeinsames Datenmanagement eingebunden, um ihrerseits schnell benötigte Teile liefern zu können. Das digitale Netzwerk erstreckt sich also vom Zulieferer über den Hersteller bis zum Kunden. Künftig könnten auch Software-Agenten, also eigenständig handelnde Computerprogramme, untereinander klären, welches Produkt in der Fertigungsstraße mit welcher Dringlichkeit ausgeliefert werden muss und daher Vorrang genießt – natürlich unter Einhaltung der vorher vorgegebenen Produktionsregeln.

Bei neuen Produkten entsteht als erstes ein digitaler Zwilling am Computer. Den können sich die Produktentwickler und Fertigungsexperten als dreidimensionales Modell genau anschauen – wie in einem interaktiven 3-D-Kino. Sie können ihn im virtuellen Raum drehen, seine Funktionen simulieren und optimieren und sogar seine Montage in der ebenfalls vorab digital geplanten Fertigungsumgebung testen. So können sie schnell erkennen, ob noch etwas geändert werden sollte. Die entscheidende Zeit von der Entwicklung eines neuen Produkts bis zur Markteinführung kann damit um 30 bis 50 % verkürzt werden. Im Betrieb helfen dann unzählige Sensoren dabei, die Produkte weiter zu optimieren, etwa durch vorausschauende Wartung. Dabei werden die Wartungsingenieure nicht mehr in festen Zeitintervallen tätig, sondern nur noch dann, wenn der Computer meldet, dass die Windturbine, die Ampel, der Lkw oder der Zug gewartet werden sollte, weil die Sensoren Unregelmäßigkeiten festgestellt haben, die in ein paar Tagen oder Wochen zum Ausfall führen würden.

So wird „Big Data" zu „Smart Data", denn erst wenn man die richtigen Inhalte (und damit Wissen) aus den Daten destilliert, entstehen ein echter Mehrwert für den Kunden und neue Geschäftsmodelle durch neue Dienstleistungen; sei es, um Energie zu sparen oder umweltfreundlicher zu wirtschaften, sei es, um die Kosten zu senken, die Prozesse zu beschleunigen oder sie flexibler zu gestalten oder um die Zuverlässigkeit der Anlagen zu erhöhen. Unzählige Geschäftsmodelle der Zukunft werden sich allein daraus ergeben, dass heutige Produkte und Dienstleistungen durch Künstliche Intelligenz angereichert werden.

Ich bin daher überzeugt davon, dass uns die wahre Revolution der smarten Maschinen erst noch bevorsteht. Sie wird dann richtig Fahrt aufnehmen, wenn die vier mächtigsten Entwicklungsstränge zusammenkommen: die Deep Learning-Verfahren der Bild-, Sprach- und Texterkennung, die kognitiven Computer, die auch Wissen verarbeiten können, die Entwicklung von Robotern und autonomen Fahrzeugen und – last but not least – die Automatisierung und Digitalisierung in der Fertigung, also das, was bei uns unter den Schlagworten Industrie 4.0, Big Data und Internet der Dinge bekannt geworden ist.

Literatur

Eberl U (2013) Zukunft 2050 – Wie wir schon heute die Zukunft erfinden. Beltz & Gelberg, Weinheim, 5. Aufl sowie www.zukunft2050.wordpress.com
Eberl U (2016) Smarte Maschinen – wie Künstliche Intelligenz unser Leben verändert. Hanser, München
Siemens AG (2001−2015) Zukunftsmagazin Pictures of the Future (Druckausgaben 2001−2015) sowie im Internet www.siemens.de/pof

Dr. rer. nat. Ulrich Eberl
Zukunftsforscher, Industriephysiker und Buchautor.
Langjähriger Leiter der Innovationskommunikation von
Siemens sowie Inhaber eines Redaktionsbüros für Wirt-
schafts-, Wissenschafts- und Technikkommunikation

Ulrich Eberl (geb. 1962) ist einer der renommiertesten Wissenschafts- und Technikjournalisten Deutschlands. Er studierte Physik und promovierte 1992 „summa cum laude" an der Technischen Universität München in einem Grenzgebiet zwischen Physik, Biologie und Chemie: der Erforschung der ersten Billionstels Sekunden der Fotosynthese. Seit 1988 war er zudem als freier Wissenschaftsjournalist tätig und schrieb Hunderte von Artikeln über Themen von der Evolution über die Nanotechnik bis zu den Ausgrabungen in Troja. Von 1992 bis 1995 arbeitete er für die Technologiepublikationen von Daimler, von 1996 bis 2015 bei Siemens als Leiter der weltweiten Innovationskommunikation. Im April 2015 machte er sich mit der Gründung von SciPress, einem Redaktionsbüro für Wirtschafts-, Wissenschafts- und Technikkommunikation, selbstständig.

Sein besonderes Interesse gilt der Zukunftsforschung. Von 2001 bis 2015 war er Chefredakteur von *Pictures of the Future,* der Siemens-Zeitschrift für Forschung und Innovation, die mehrere internationale Preise gewonnen hat. 2007 gab Ulrich Eberl das Buch „Innovatoren und Innovationen" heraus, 2009 wurde er in einer Umfrage unter 900 Wissenschaftsjournalisten in Deutschland, Österreich und der Schweiz als bester Forschungspressesprecher für Unternehmen ausgezeichnet. Im Sachbuch „Zukunft 2050", das bereits in fünfter Auflage erschienen ist, beschreibt er die wesentlichen Trends, die unser Leben in den nächsten 40 Jahren prägen werden. Im Juni 2016 veröffentlichte Ulrich Eberl das Buch „Smarte Maschinen" über die Zukunft der Digitalisierung und des Internets der Dinge sowie der künstlichen Intelligenz und der Robotik, für das er etliche Monate in den USA, Japan und Europa recherchierte.

Blog: www.zukunft2050.wordpress.com/

Demokratie im Alltag – Demokratie im Betrieb 4.0

16

Perspektivenwechsel, Soziale Mobilität und Digitale Inklusion

Utta Isop

16.1 Technik für alle: Digitale Inklusion, 3-D-Drucker und Losmaschinen

Technische Entwicklungen wie der 3-D-Drucker im Betrieb 4.0 verbinden auf neuartige Weise Low Tech- und High Tech-Prozesse miteinander, sodass auf einmal durch relativ einfache Maschinen und Prozesse komplexe Fertigungsstrukturen gebaut werden können. Die Technik des 3-D-Drucks hat das Potenzial, anspruchsvolle Industriekomplexe, die durch ihren Energie- und Ressourcenaufwand ausschließend wirken, auf kleinere und mittlere Ebenen zu transformieren. Tendenziell können industrielle Fertigungsprozesse auf diese Weise von großen zentralisierten Industriekomplexen hin zu gesellschaftlich eingebetteteren Fertigungsprozessen verlagert werden. Sowohl durch die neuen Kommunikations- als auch Fertigungstechniken 4.0 lassen sich gesellschaftliche Kräfteverhältnisse unterstützen, die für Massen von Menschen einschließend und demokratisierend wirken können. Digitale Inklusion kann nicht nur das Einschließen von Menschen als Konsumenten bedeuten, sondern gerade auch als Produzenten und Bürger. Der 3-D-Drucker als Fertigungstechnik verknüpft in neuartiger Weise Produktion und Konsumation und hat so das Potenzial, demokratisierende Effekte zu erzielen. Dadurch entstehen auch neue Verhältnisse zwischen Spezialisierung und Generalisierung in den Abläufen von Verfahren und Entscheidungsprozessen. Genau solche Spielräume, stark spezialisierte und enge Verfahren zu generalisieren, sie für eine breitere Beteiligung und Partizipation zu öffnen, gilt es in diesem Beitrag auszuloten.

U. Isop (✉)
Universität Klagenfurt, Klagenfurt, Österreich
E-Mail: utta.isop@uni-klu.ac.at

© Springer Fachmedien Wiesbaden GmbH, ein Teil von Springer Nature 2018
P. Granig et al. (Hrsg.), *Mit Innovationsmanagement zu Industrie 4.0*,
https://doi.org/10.1007/978-3-658-11667-5_16

Wie lassen sich Produktions- und Arbeitsorganisationsprozesse demokratisch gestalten? Bernhard Ungericht (2017) konstatiert angesichts der Wirtschaftskrise die Notwendigkeit eines demokratischen Umbaus der Wirtschafts- und Arbeitswelt. Demokratie bedeutet die Inklusion und die Partizipation aller, sodass niemand zurückgelassen wird, und macht es vordringlich, starke Polarisierungen zwischen Arm und Reich zu begrenzen. Der Einsatz des Zufalls durch etwa Losmaschinen kann ein Verfahren darstellen, wie Vertretungsstrukturen und Arbeitsorganisationsprozesse generalisierender und demokratischer organisiert werden können als bisher.

16.2 Wie kann eine Gesellschaft auf Dauer demokratisch sein, wenn ihre Betriebe und ihr Alltag nicht demokratisch sind?

16.2.1 Demokratie bedeutet das „Recht für alle", nicht das „Recht der Stärkeren"

Wie kann eine Gesellschaft auf Dauer demokratisch sein, wenn ihr Alltag und ihre Betriebe nicht demokratisch sind? Demokratie bedeutet nicht, das „Recht des Stärkeren" mithilfe des Mehrheitswahlrechts durchzusetzen, sondern die Wertschätzung, Partizipation und das Recht aller Menschen zu sichern (vgl. Nida-Rümelin 2017). Das „Recht des Stärkeren", also der dominanteren gesellschaftlichen Gruppen setzt sich auch in anderen Staats- und Gesellschaftsformen durch. Dafür benötigen wir Demokratie nicht. Die flexible und schnelle Repräsentation von Dominanz- und Mehrheitsverhältnissen durch Wahlen sichert in keiner Weise die Partizipation, den Perspektivenwechsel und das Recht aller Menschen einer Gesellschaft, diese ausreichend mitzubestimmen und zu mitregieren. Gerade das macht aber Demokratie aus: real zu regieren und regiert zu werden für alle (vgl. Aristoteles 2017: „Indes wird doch auch die Fähigkeit zu herrschen und beherrscht zu werden, gelobt und die Tugend eines angesehenen Bürgers besteht darin, dass er sowohl gut zu herrschen, wie gut zu gehorchen vermag."). Nicht nur Minderheiten können, wenn das „Recht der Stärkeren" regiert, unter die Räder kommen sondern auch Mehrheiten, die beispielsweise nicht über ausreichend Kapital verfügen. Wenn aber meist nur dominante Gruppen zu Wort, zur Repräsentation und zum Regieren kommen, gehen viele andere Perspektiven, die sich in Gesellschaften entwickeln, verloren. Wenn unterschiedliche Perspektiven in Gesellschaften öffentlich und politisch nicht gehört und abgebildet werden, bildet sich große Unzufriedenheit, auch gerade dann, wenn nur dominante Gruppen zum Zug kommen. Deshalb bildet das Herzstück demokratischer Gesellschaften die Vermittlung unterschiedlicher Interessen und Gruppen. Die größtmögliche Beteiligung verschiedener Gruppen und Interessen in einer Gesellschaft muss gegen das „Recht der Stärkeren" immer wieder durchgesetzt werden, um das „Recht aller", das eine Demokratie ausmacht, zu sichern. Wenn nun aber Wahlen eine äußerst reduzierte Form der demokratischen Praxis darstellen und diese kaum unseren Alltag sowie unser

Leben in den Betrieben prägen, wie können wir dann davon ausgehen, dass demokratische Gesellschaften, in denen es um das „Recht aller" geht, sich auf Dauer durchsetzen, wenn das „Recht aller" in unserem Alltag und in unseren Betrieben nicht gelebt wird? Wenn wir in unserem Alltag in und außerhalb der Betriebe keine demokratischen Praktiken und Verfahren üben, sondern mit Hierarchie und ungleichen Eigentumsverhältnissen tagtäglich umgehen müssen, in denen wir die Erfahrung machen, dass die dominanteren Gruppen und Netzwerke sich durchsetzen, wie wollen wir dann auf Dauer stellen, dass ganze Gesellschaften demokratisch sind?

16.2.2 Wahlen reichen nicht aus, um das „Recht für alle" auf Dauer zu sichern

Jacques Rancière (2011) schreibt in „Der Hass der Demokratie": „Die Gesellschaften werden heute nicht anders als früher durch das Spiel der Oligarchien organisiert. Und ebenso wenig gibt es eine demokratische Regierung im eigentlichen Sinne. Das repräsentative System ist nicht die Anpassung der Demokratie an die modernen Zeiten und die weiten Räume. Es ist vielmehr eine oligarchische Form vollen Rechts, eine Repräsentation von Minderheiten, die dazu berechtigt sind, sich um die Angelegenheiten der Gemeinschaft zu kümmern. (…) Genauso wenig ist die Wahl an sich eine demokratische Form, durch die das Volk seine Stimme hörbar machen würde. Ursprünglich ist die Wahl vielmehr der Ausdruck der Zustimmung, die eine höhere Macht einfordert." Rancière stellt wie viele andere Philosophen unser Verständnis von Demokratie infrage. Demokratie einzig an die Wahl durch starke Kollektivsubjekte und Netzwerke innerhalb einer Gesellschaft zu knüpfen, die ihre mächtigen Interessen gegen die Interessen weniger mächtiger Gruppen durchsetzen, legitimiert nur die Macht der Stärkeren über die Schwächeren. Demokratische Prozesse sollen aber gerade das Umgekehrte leisten, nämlich die Macht der stärkeren Netzwerke und Gruppen und deren Korrumpiertheit brechen und relativieren, um den weniger mächtigen Gruppen Einfluss zu gewähren. Eine Demokratie kann nicht auf Dauer gestellt werden, wenn sie die bestehenden Machtverhältnisse nur mehr abbildet, ohne zu einer gerechteren Umverteilung von Entscheidungsmacht, institutionellem Einfluss und Eigentum zu führen.

Nun leben wir in unserem politischen Alltag mit Wahlen, die alle paar Jahre stattfinden und die Mehrheitsverhältnisse und dominanten Gruppen in einer Gesellschaft abzubilden beanspruchen. Durch die Praxis der Wahlen werden die Prozesse des Auffindens, der Vermittlung und Darstellung unterschiedlicher Interessen und Gruppierungen noch in keiner Weise vollzogen. Dies erfolgt erst durch die gewählten Parteienvertreter, wobei die dominanteren Gruppen stets die Nase vorn haben. So stellen Wahlen in keiner Weise eine ausreichende Praxis, ein Verfahren oder eine Technik demokratischen Ausgleichs zwischen Kräfteverhältnissen in unserem Alltag dar. Gerade darum muss es aber, so die These in diesem Artikel, gehen, demokratische Praktiken, Verfahren und Techniken in unserem Alltag und in unseren Betrieben so zu verankern, dass tagtäglich ein Ausgleich zwischen den verschiedensten Gruppierungen und ihren Interessen, auch unabhängig von ihrer Größe, lebbar wird. Wahlen sichern die Regierungs- und Einflussmöglichkeiten für dominante Gruppen, aber nicht für alle anderen. Deshalb erfanden die Bürger von Athen, jenes griechischen Stadtstaates (Polis), der der Geburtsort von Demokratie ist, die Praxis des Losens, um demokratischere Praktiken im Alltag zu leben. In Athen wurden jährlich von 30.000 Bürgern (gelost werden konnten nur Männer, Nicht-Fremde und Nicht-Sklaven) einige tausend Personen mit Hilfe von Losmaschinen auf der Agora für alle öffentlichen Ämter gelost. Richter und Verwaltungsbeamte, der gesamte öffentliche Apparat, bis auf den Heerführer, wurde gelost, um Nepotismus, die Einflussnahme durch dominante Dynastien und Korruption zu verhindern.

16.3 „Equality by lot" – Die Losmaschine in der Polis von Athen

Demokratie wurde also in Athen durch die Praktiken des Losens mit Hilfe von Kleroterions, sogenannten Losmaschinen, die auf der Agora standen und für alle frei zugänglich waren, gelebt (vgl. Buchstein 2009). Die gesamte öffentliche Verwaltung wurde durch Prozesse des Losens jährlich neu besetzt. Durch die Einbindung unterschiedlichster Bürger mit ihren verschiedenen Fähigkeiten konnten Nepotismus, Beziehungsökonomien, Korruption und die Ausbildung von starken Ungleichgewichten besser in Schach gehalten werden. Durch das Losen der Ämter und öffentlichen Positionen in der Verwaltung entstand ein starker gesellschaftlicher Zusammenhalt, der die Bürger von Athen auszeichnete. Seit dem fünften Jahrhundert vor Christus lassen sich immer wieder unterschiedliche historische Momente für den Einsatz von Losverfahren zur Herstellung von Transparenz, Perspektivenwechsel und Anti-Korruption finden. Das österreichische Geschworenensystem stellt ebenfalls eine Verbindung zu dieser Praxis von Bürgerschaft her, durch welche alle Personen in einem Gemeinwesen an dessen Verwaltung teilhaben.

Philosophen und Aktivisten weltweit, wie etwa John Burnheim (1987), Barbara Goodwin (2005), Eduard Chouard (2016a, b) oder das Netzwerk der Kleroterians (Equality by Lot 2017) befassen sich mit alternativen Vorstellungen von Demokratie, etwa durch das Losen von Vertretungsstrukturen und Delegierten (siehe auch Publikationen der Autorin zum Thema Isop 2013, 2014, 2015, 2016, 2017). „Equality by lot", Gleichheit und Gerechtigkeit durch Prozesse des Losens anzuregen, setzt ein völlig anderes Verständnis von Demokratie voraus. Nämlich keine Demokratie der starken Kollektivsubjekte, die ihre Interessen und ihren Willen gegen die schwächeren durchsetzen, sondern alltägliche Beziehungen des Perspektivenwechsels, die die Bildung von Interessen und Kollektivsubjekten auf eine andere Stufe heben. Wenn wir im Alltag in den Betrieben keine demokratischen Verhältnisse leben, wie sollen wir gesamtgesellschaftlich demokratische Praktiken auf Dauer stellen? Wenn in den Betrieben nichts anderes als Hierarchien und die Ausbildung von starken Gruppeninteressen gegen die schwächeren herrschen und dies unser aller Alltag ist, wie sollen wir dann gesamtgesellschaftlich Demokratie leben können? Ein struktureller Perspektivenwechsel durch das Losen in einer arbeitsteiligen und geringfügig hierarchischen Gesellschaft ermöglicht es im Alltag durch das systematische Wechseln von Positionen in Betrieben und von öffentlichen Ämtern, dass mobilisierende Gruppeninteressen und mächtige Netzwerke in ihrem Einfluss auf Institutionen und ganze gesellschaftliche Felder relativiert werden. Losdemokratische Organisierungen von Betrieben und Gesellschaften setzen ein größeres Ausmaß von Transparenz und gesellschaftlichem Zusammenhalt (Kohäsion) voraus, durch welche die beiden Pole von Arm und Reich, Mächtigen und Einflusslosen nicht so weit auseinander driften. John Burnheim etwa beschreibt ähnlich wie Barbara Goodwin das Gedankenexperiment einer Gesellschaft, in der es zu einem gerechteren Ausgleich von Eigentum und Entscheidungsmacht kommt.

Perspektivenwechsel in Losgesellschaften. Ein Gedankenexperiment
Stellen Sie sich vor, wir lebten in Aleatoria, einer Losgesellschaft, die die Philosophin Barbara Goodwin in ihrem Buch „Gerechtigkeit durch Lotterie" erfunden hat. In Aleatoria werden Berufe, öffentliche Ämter und Häuser, Wohnungen und Zugänge zu knappen Ressourcen gelost, unter der Voraussetzung, dass jeder Mensch ein gleiches gesichertes Grundeinkommen und gleichen Zugang zu nicht zu bezahlenden Bildungs- und Gesundheitseinrichtungen hat. Es gilt dort die Regel: „Die Wahl der einzelnen für triviale Entscheidungen, das Los für schwerwiegende Entscheidungen." In diesem Gedankenexperiment von Goodwin verringern sich die ungerechten sozialen Unterschiede in Gesellschaften durch den Einsatz des Losens. Dabei geht es sehr stark um Überlegungen, inwiefern einerseits Korruption und Machtmissbrauch verringert werden können und andererseits Partizipation und Zugänglichkeit zu Institutionen und Betrieben durch Prozesse des Losens erleichtert werden. Der deutschsprachige Politikwissenschaftler Hubertus Buchstein (2009) plädiert in seinem Buch „Demokratie und Lotterie" für die Gründung eines „House of Lots" im europäischen Parlament, wodurch Politikverdrossenheit verringert und Bürgernähe erhöht werden sollen. Ein Bildungssystem von europäischen Bürgern müsste demnach der Möglichkeit in das europäische Parlament gelost zu werden angemessen sein.

16.4 Demokratie im Betrieb: Perspektivenwechsel, Soziale Mobilität und Zufall

Wie können Gesellschaften auf Dauer demokratisch sein, wenn ihre Betriebe nicht demokratisch organisiert sind? Die alltäglichen Erfahrungen von Menschen in Betrieben und Institutionen wie Schulen, Universitäten, Behörden, Ministerien, Krankenhäusern und anderen Einrichtungen sind geprägt von hierarchischen Strukturen, Beziehungsökonomien, der Dominanz von Netzwerken, Standespolitiken und Befehlsketten. Alltäglich leben und erfahren Menschen in Betrieben und Institutionen keine formellen demokratischen Strukturen und kaum egalitäre Beziehungen in Gruppen, Arbeitsabläufen und Organisationsformen. Wenn es aber im Alltag kaum Möglichkeiten gibt, demokratische

Beziehungen zu leben, zu erfahren und zu üben, wie sollen sich dann demokratische Strukturen, in denen es darum geht, zu regieren und regiert zu werden, festigen? Wie sollen über punktförmige Praktiken der Wahl demokratische Beziehungen emotional, kognitiv und ideologisch für Menschen dauerhaft werden, wenn diese im Alltag in den Betrieben nicht gelebt werden?

16.4.1 Teilen von Verantwortung und Eigentum durch Losprozesse

Wie können demgegenüber alternative alltägliche und formell abgesicherte demokratische Beziehungen beispielsweise in Form von Losprozessen in den Betrieben aussehen, um egalitäre Verhältnisse und soziale Mobilität zu fördern? Wie ließen sich die Arbeitsorganisationsprozesse öffnen, um Perspektivenwechsel, soziale Mobilität und eine stärkere Außenorientierung hin auf Märkte und Gesamtgesellschaft ermöglichen? Wäre es etwa denkbar, durch einen stärkeren Einsatz von Zufalls- und Losprozessen die Grenzen zwischen den entscheidenden und ausführenden Positionen ähnlich zu überschreiten wie die Grenzen zwischen Produktion und Konsumtion durch Ausführungen der Technik 4.0? Bestimmte Dynamiken des neoliberalen Kapitalismus wie das stärkere Teilen von Verantwortung, Profit und Eigentum weisen in dieselbe Richtung, weil durch vermehrten Gestaltungsspielraum und Autonomie größere Potenziale von Motivation sowie Arbeitsleistung freigesetzt werden können.

16.4.2 Schnellere Reagibilität durch soziale Mobilität, Perspektivenwechsel und Transparenz

Neoliberale Managementphilosophien weisen auf die größere Reagibilität, Flexibilität und Transparenz von weniger hierarchischen Strukturen in Betrieben hin, ungeachtet dessen, dass die aktuelle Verfasstheit der meisten Betriebe nach wie vor hoch hierarchisch ist. Gerade angesichts der erforderlichen schnellen Reaktionsfähigkeiten gegenüber den Dynamiken, die einerseits durch Märkte andererseits aber durch die große Zahl von Menschen und deren Bedürfnissen weltweit entstehen, zeigen sich lokale Hierarchien in und außerhalb von Betrieben oftmals überfordert. Lokale, kulturspezifische Hierarchien sind nur begrenzt funktional und rational und bringen oftmals schlecht funktionierende Betriebe und Institutionen hervor, weil ihre jeweiligen Belohnungssysteme auf den Aufstieg in der internen Hierarchie hin orientiert sind und nicht auf die Dynamiken außerhalb der Betriebe. Gerade aber diese schnellen dynamisch sich verändernden Anforderungen vonseiten der Märkte und der großen Zahl an Menschen in unterschiedlichen Gesellschaften erfordert also keine starren lokalen Hierarchien sondern offene, demokratische Strukturen, die Perspektivenwechsel, soziale Mobilität und Zufallsprozesse leben können. Die lokalen, betriebsspezifischen Hierarchien lernen in ganz neuer Weise durch Verfahren und Praktiken des Losens bei gleicher Qualifikation,

dass soziale Mobilität und Perspektivenwechsel ihre Gestaltungsspielräume neu definieren, sodass die Fokussierung im Betrieb nicht auf den internen Hierarchien, sondern
auf den Prozessen des Perspektivenwechsels und der sozialen Mobilität liegen. Dadurch
entstehen eine neue Außenorientierung, eine engere Verschränkung der Arbeitsprozesse
und eine weitaus höhere Transparenz in Bezug auf die einzelnen Subprozesse. Um diese
Formen sozialer Mobilität zu ermöglichen, durch die ein Wechsel zwischen regieren und
regiert werden innerhalb und außerhalb der Betriebe möglich wird, wird ein neuer Grad
an Gesamtbildung für alle Bürger notwendig, der es ermöglicht, jeweils die spezifischen
Einschulungen in die einzunehmenden Funktionen und Ämter umzusetzen.

16.4.3 Elemente einer „Demokratie im Betrieb"

So sollen hier einige Elemente eines anderen Verständnisses von „Demokratie im
Betrieb" skizzenhaft angerissen werden:

1. *Abbau von Hierarchien:* So wenige formelle Hierarchien wie möglich, um die Legitimation von meist als ungerecht empfundenen Herrschaftsstrukturen zu schwächen.
2. *Klare Arbeitsteilung:* So klare Arbeitsteilungen mit rotierenden Positionen wie möglich. Diese machen eine regelmäßige Reflexion der Gesamtorganisation notwendig.
3. *Soziale Mobilität:* Kontinuierliche Rotationen von Entscheidungsfunktionen und
   soziale Mobilität ermöglichen einen guten Überblick über den gesamten Betrieb,
   den Perspektivenwechsel und die Integration von Einzelperspektiven. Regelmäßige
   Rotationen auch zwischen den Betrieben und Institutionen ermöglichen einen weiteren Blick, tieferes Verständnis und Integration in Bezug auf verschiedene Teile von
   Gesellschaften.
4. *Losen:* Losprozesse bei der Auswahl von Entscheidungsfunktionen sorgen für
   Gefühle der Gerechtigkeit, Fairness, der gleichen Teilhabe und das Zurückdrängen
   von Privilegienstrukturen. Die gerechte Aufteilung von Lohnarbeit durch Arbeitszeit-
   verkürzung und von Ämtern der öffentlichen Verwaltung durch das Losen von Positionen verringert die sozialen Ungleichheiten in Bezug auf den Zugang zu Ressourcen
   in Betrieben und Institutionen.
5. *Konfliktschlichtungsstellen:* Rotierende Konfliktschlichtungsstellen sorgen dafür, dass
   die Dynamiken, die sich aus den Rotations- und Losprozessen ergeben, gut ausbalan-
   ciert werden können.
6. *Bedingungsloses Grundeinkommen:* Die Grundlage der Rotationen und Losprozesse
   bildet ein bedingungsloses, existenzsicherndes Grundeinkommen als Voraussetzung
   für alle, um an die Ressourcen in Betrieben und Institutionen gelangen zu können.
7. *Gesellschaftliche Kohäsion/gesellschaftlicher Zusammenhalt durch soziale Mobilität:*
   Die gesellschaftliche Kohäsion, der gesellschaftliche Zusammenhalt erfährt eine
   deutliche Bedrohung, wenn Menschen über Generationen hinweg, sich in bestimmten Betrieben, Institutionen, Klassen oder Ständen einschließen, ohne ihre soziale

Positionen wechseln zu können. Wenn ich ständig von Abwertung bedroht bin, also mich ständig gegen sozialen Abstieg wehren muss und für sozialen Aufstieg konkurrenzistisch kämpfen muss, führt dies dazu, dass Gesellschaften in privilegierte und disprivilegierte Menschenmassen auseinanderdriften, die einander nur mehr bekriegen können. Egalitäre Beziehungen, die durch Wertschätzung, Anerkennung und ähnliche Einkommenshöhen gekennzeichnet sind, ermöglichen gesellschaftliche Kohäsion, weil hier in viel höherem Ausmaß soziale Mobilität, Rotationen, Perspektivenwechsel und Verständnis aufgebaut werden können.

16.5   Demokratie im Betrieb: zehn Gründe, die für den Einsatz des Loses (Zufalls) in und zwischen Betrieben sprechen

1. PERSPEKTIVENWECHSEL: Durch das Losen von Entscheidungspositionen und Funktionen innerhalb und zwischen den Betrieben erfolgt ein Perspektivenwechsel in regelmäßigen Abständen, der Betriebe und Personen dazu bringt, sich immer neuen Perspektiven zu öffnen.

2. SOZIALE MOBILITÄT: Aus dem Einsatz des Zufalls bei der Auswahl von Personen in und zwischen den Betrieben, folgt ein wesentlich höherer Bildungsgrad aller Beteiligten und eine erhöhte soziale Mobilität.

3. TEILEN VON VERANTWORTUNG UND EIGENTUM: Indem die verschiedenen Positionen in einem Betrieb und zwischen Betrieben gelost werden, erfolgt eine starke Streuung der Verantwortung, die in viel größerem Maße dadurch geteilt wird. Auch die Eigentumsverhältnisse werden in der Folge viel stärker geteilt sein.

4. PARTIZIPATION: Kontinuierliche Partizipation aller unterschiedlichen Gruppen und Interessen in einem Betrieb erfolgen durch die zufällige Besetzung der Entscheidungspositionen.

5. TRANSPARENZ: Durch den regelmäßigen Wechsel von Positionen, muss positionsspezifisches Wissen über einen hohen Grad an Transparenz verfügen. Flüssige Informationsweitergabe stellt eine Voraussetzung für dynamische Wechsel nach dem Zufallsprinzip dar.

6. ANTIKORRUPTION UND REDUKTION VON NEPOTISMUS: Indem ein Verfahren des Zufalls auch in Bezug auf einflussreiche Entscheidungspositionen eingesetzt wird, wirken die gelosten Personen als neutralisierende Instanz gegenüber Lobbyismus, Korruption und Nepotismus.

7. VERMITTLUNG und AUSGLEICH: Durch den regelmäßigen Einsatz von Zufallsprozessen wird die Vermittlung von Interessen unterschiedlich dominanter und weniger dominanter Gruppen in ganz neuem Maße notwendig; Ausgleich des Einflusses äußerst dominanter Gruppen und Netzwerke durch den Einsatz des Zufalls.

8. MOTIVATION: Durch die erhöhte soziale Mobilität in und zwischen den Betrieben durch Losprozesse entstehen mehr Gestaltungsspielraum und Autonomie.

9. ROTATION & VERBREITUNG VON WISSEN: Durch den Einsatz regelmäßiger Rotationsprozesse im Losverfahren werden Know-how und Wissen im Betrieb breit gestreut.

10. GESELLSCHAFTLICHER ZUSAMMENHALT: Aus den deutlich erhöhten Prozessen des Perspektivenwechsels, der Rotation und der sozialen Mobilität folgt eine stärkere gesellschaftliche Kohäsion, ein solidarischerer gesellschaftlicher Zusammenhalt, weil die Perspektiven zusammengedacht und zusammengelebt werden.

Literatur

Aristoteles (2017) Politik. Viertes Kapitel. http://gutenberg.spiegel.de/buch/politik-9246/5 (abgerufen am 28.07.2017)

Buchstein H (2009) Demokratie und Lotterie. Das Los als politisches Entscheidungsinstrument von der Antike bis zur EU. Campus, Frankfurt

Burnheim J (1987) Über Demokratie. Alternativen zum Parlamentarismus. Wagenbach Klaus GmbH, Berlin

Chouard É (2016a) Étienne Chouard und die Demokratie 2016. https://bundestagswahl-2017.com/etienne-chouard/ (abgerufen am 19.07.2016)

Chouard É (2016b) Homepage http://etienne.chouard.free.fr/ (abgerufen am 19.07.2016)

Equality by lot (2017) The Blog of the Klerotarians. https://equalitybylot.wordpress.com/ (abgerufen am 19.07.2016/20.02.2017)

Goodwin B (2005) Justice by lottery. imprint-Academic.com, Charlottesville

Isop U (2013) Praktiken der Selbstorganisation. Losdemokratie, Rotationsprinzip und Sorgearbeit. In: Fink D, Krondorfer B, Prokop S & C Brunner (Hrsg) (2013) Prekarität und Freiheit? Feministische Wissenschaft, Kulturkritik und Selbstorganisation. Westfälisches Dampfboot, Münster, S 242–252

Isop U (2014) Institutionelle Gewalt – zur Dysfunktionalität von Hierarchien für Demokratie und Gleichstellung. Neuere Tendenzen queerer Anarchafeminismen. In: aep informationen. Feministische Zeitschrift für Politik und Gesellschaft, Nr. 3/2014, Innsbruck, S 46–50

Isop U (2015) Institutionelle Gewalt: Die Lust am Hierarchisieren – Einschließen– Ausschließen. In: B Buchhammer (Hrsg) Neuere Aspekte in der Philosophie: aktuelle Projekte von Philosophinnen am Forschungsstandort Österreich. Axia Academic Publishers, Wien, S 298–327

Isop U (2016) Demokratie im Betrieb? Alternatives Milieu und antibürgerlicher Lebensstil. In: Schallaburg Kulturbetriebsges. m. b. H. (Hrsg) Die 70er. Damals war Zukunft. Schallaburg, S 236-244

Isop U (2017) Fifty Shades of Grey und Gewalt im Betrieb. In: U Isop (Hrsg) Gewalt im beruflichen Alltag. Wie Hierarchien, Einschlüsse und Ausschlüsse wirken. AG-Spak-Verlag, Neu-Ulm

Nida-Rümelin J (2017) Gesellschaftsform Demokratie. https://www.youtube.com/watch?v=vk4k-z569GmY (abgerufen am 17.02.2017)

Rancière J (2011) Der Hass der Demokratie. August Verlag, Berlin, S 63–65

Ungericht B (2017) Demokratisierung als Antwort auf die Wirtschaftskrise. https://www.youtube.com/watch?v=f8N3Nme_1lk (abgerufen am 17.02.2017)

MMag. Utta Isop
Philosophin in Wien und Klagenfurt, freie Wissenschafterin und Lektorin an der Alpen-Adria-Universität Klagenfurt

Utta Isop (geb. 1974) arbeitet als Philosophin und freie Wissenschaftlerin in Wien und Klagenfurt und lehrt an der Alpen-Adria-Universität Klagenfurt am Institut für Philosophie und am Universitätszentrum für Frauen- und Geschlechterstudien. Sie ist Mitglied der ÖGGF – Österreichischen Gesellschaft für Geschlechterforschung, Mitglied von SWIP – Society for Women in Philosophy, und Mitglied des Verbands feministischer Wissenschaftlerinnen, Obfrau des Bündnisses für eine Welt/ ÖIE-Kärnten, Mitglied des Kärntner Entwicklungspolitischen Beirates. Sie studierte das Diplomstudium Philosophie, Lehramt Deutsche Philologie, Psychologie und Philosophie an der Universität Wien. Zehn Jahre arbeitete sie als akademische Fachkraft am Zentrum für Frauen- und Geschlechterstudien der Alpen-Adria-Universität Klagenfurt. Seit elf Jahren arbeitet sie als Professorin für Philosophie, Psychologie und Deutsche Philologie am BRG Viktring.

Qualitätssicherungslaborkonzept für 3-D-Druck

Ideenfindungsworkshop im Kontext von Industrie 4.0 im Rahmen des Österreichischen FFG Qualifizierungsprogramms Polygenferos 4.0

Bernhard Heiden, Xiaoxian Sun und Monika Decleva

17.1 Einleitung

3-D-Druck ist ein allgemeiner Begriff, welcher die Rapid-Prototyping Technologien beschreibt und zunehmend auch Aufmerksamkeit außerhalb der Industrie gewonnen hat. Gegenüber herkömmlichen Fertigungstechnologien wird 3-D-Druck auch allgemein als Additive Fertigung (AF, englisch: Additive Manufacturing (AM)) bezeichnet und seine zum Teil einfache Anwendung sowie rasche Umsetzung birgt großes Zukunftspotenzial, insbesondere in Verbindung mit Industrie 4.0 (vgl. Lu et al. 2015). Die 3-D-Prototypen-Erzeugung erfolgt solcher Art, dass das Druckmaterial Schicht für Schicht, in einem durch digitale Daten kontrollierten „Schichtprozess" aufgebaut wird (vgl. Yu und Huang 2014). Darüber hinaus eröffnet der 3-D-Druck neue Möglichkeiten hinsichtlich der geometrischen und funktionellen Optimierung von Werkstücken sowie der Montage (vgl. Drstvenšek et al. 2016).

Er besitzt im Wesentlichen die folgenden Vorteile, wobei nachfolgend nur eine kleine Auswahl angeben wird:

- Keine bis wenig traditionelle Fertigungskenntnisse erforderlich
- Designfreiheit; Objekte können umgesetzt werden, die mit heute gängigen Produktionsmethoden nicht oder nur sehr aufwendig herzustellen wären

B. Heiden (✉) · X. Sun · M. Decleva
Villach, Österreich
E-Mail: B.heiden@fh-kaernten.at

X. Sun
E-Mail: Xiaoxian.SUN@alumni.fh-kaernten.at

M. Decleva
E-Mail: m.decleva@fh-kaernten.at

- Erstellung präziser Kopien (inklusive Hohlräume) von Originalen ist aufbauend (additiv) möglich
- Bauvorgang der einzelnen Schichten erfolgt direkt aus dem CAD-Modell, es braucht keine Vorlaufzeit für den Herstellungsprozess, nur sehr geringe Rüstzeiten und keinen Werkzeugverschleiß
- Einmal erstellte 3-D-Modelle sind innerhalb kürzester Zeit reproduzierbar
- Verkürzung des Produktionszyklus
- Steigerung der Produktivität und Individualisierung; Senkung der Produktionskosten, insbesondere bei Metall-3-D-Druck bis zu 90 % weniger Metall-Abfall

Seit ca. 30 Jahren hat 3-D-Druck in verschiedenen Bereichen eine rasante Entwicklung durchgemacht. Beispielhaft für mögliche Auswirkungen sei die Firma EOS in Deutschland erwähnt, die aufgrund dieses Druckverfahrens die Kosten auf ungefähr 85 % senken konnte und den Produktionszyklus um ca. 50 % reduziert hat (vgl. Yu et al. 2014). Anhand des praktischen Beispiels der Firma EOS ist ersichtlich, dass 3-D-Druck ein effektives Fertigungsverfahren für die moderne industrielle Herstellung geworden ist.

Wohlers ist ein amerikanischer Verein für die 3-D-Druckberatung (vgl. Wang 2014). Nachdem Wohlers Report 2013 betragen die globalen Produktionswerte von 3-D-Druck 2204 Mrd. US-Dollar im Jahr 2012. Im Vergleich zum Jahr 2011 betrug die jährliche Wachstumsrate für 3-D-Druck weltweit rund 28,6 % (vgl. Yu et al. 2014).

Des Weiteren listet Wohlers die große Bandbreite an Einsatzbereichen von 3-D-Druck auf. So kommt diese Fertigungsart bei der Herstellung von Verbrauchsgütern und Autos, in der Medizin, im Produktdesign, bei reproduzierbarer Fertigung, für die Erzeugung von Werbegeschenken und Messemodellen, in der Fertigung von Prototypen und Ersatzteilen, bis hin zur Konstruktion von Architekturmodellen und vielem anderen mehr zum Einsatz (vgl. Wang 2014).

Großes Potenzial besteht auch in der Weltraumforschung. So könnte 3-D-Druck zur Herstellung von Gebäuden im Weltraum oder auch zur Erzeugung von Ersatzteilen für Satelliten und auf Weltraumflügen allgemein genutzt werden und somit zukünftig für eine wirtschaftliche industrielle Entwicklung sorgen (Lu et al. 2015).

Bingheng Lu, Vertreter der chinesischen Ingenieursakademie, wies in seinem Beitrag „Additive Fertigung Globales Summit-Forums 2013" darauf hin, dass eine Zunahme in den Anwendungsbereichen gemäß Tab. 17.1. zu beobachten ist.

Obwohl der Einsatz additiver Fertigung ungebrochen ist, hat sich nach dem anfänglichen Hype doch eine gewisse Ernüchterung breitgemacht. Die Erkenntnis, dass nicht jedes Ersatzteil einfach so schnell ausgedruckt werden kann und die Anforderungen, die an Bauteile, vor allem in der Industrie gestellt werden, nicht so leicht erfüllt werden können, führt dazu, dass es notwendig ist, sich zunehmend mit verbindlichen Standards und definierten Arbeitsprozessen, also einem Aufgabenfeld der Qualitätssicherung, auseinanderzusetzen. Im Folgenden sollen beispielhaft zwei ausgewählte Fertigungsverfahren näher beschrieben werden sowie die Entwicklung eines Konzeptes für ein Qualitätslabor zur Qualitätssicherung und Standardisierung im 3-D-Druck, das im Rahmen von zwei

Tab. 17.1 Gewichtung der Anwendungsfelder im Bereich des 3-D-Drucks im Jahr 2012. (vgl. Wang 2014)

Nr	Bereich	Gewichtung [in %]
1	Elektronische Produkte	20,30
2	Automobilbau	19,50
3	Medizin	15,10
4	Luftfahrt	12,10
5	Industrie	10,80
6	Militärwesensforschung und Wissenschaft	22,20

Innovationsworkshops im österreichischen FFG Programm „Polygenferos 4.0" an der FH-Kärnten in Villach und Klagenfurt sowie am TCKT in Wels in Oberösterreich mit den lokalen Industriepartnern durchgeführt wurde.

17.2 Fertigungsverfahren im 3-D-Druck

Zurzeit gibt es unterschiedliche Verfahren im Bereich 3-D-Druck. Im Folgenden soll eine Auswahl der bekanntesten Verfahren aufgelistet werden (vgl. Protec3-D 2017):

- Pulverdruck – (3-D Printing – 3DP)
- Selektives Lasersintern (Selective Laser Sintering – SLS)
- Stereolithografie (SLA)
- Schmelzschichtung (Fused Deposition Modeling – FDM mit ein oder zwei Düsen)
- Polyjetverfahren (Multi-Jet-Modeling – MJM)
- Vakuumgießen (Vacuum-Casting – VAG)
- 3-D-Papierdruck (Selective Deposition Lamination – SDL)
- 3-D-Foliendrucken (Laminated-Object-Manufacturing – LOM)
- usw.

Jedes Verfahren hat seine Vor- und Nachteile abhängig vom Anwendungsgebiet, in dem es zum Einsatz kommt, und wird durch seine spezifischen Eigenschaften beschrieben (vgl. Protec3D 2017).

In diesem Abschnitt sollen beispielhaft zwei Verfahren, das SLS- und FDM-3-D-Druck-Verfahren, vorgestellt und anhand der Eigenschaften die vorhandenen Qualitätsprobleme aufzeigt werden.

17.2.1 Selektives Lasersintern (Selective Laser Sintering – SLS)

Selektives Lasersintern ist ein Fertigungsverfahren aus dem Bereich der additiven Fertigung, bei dem aus einem pulverförmigen Rohstoff, wie zum Beispiel unterschiedlichen Polyamid-Mischungen (PA2200, PA12MD usw.) (vgl. Protec3D 2017) mittels Laser dreidimensionale Strukturen hergestellt werden können (vgl. Yu und Huang 2014).

In Tab. 17.2 werden die verschiedenen Anwendungsbereiche, Vertreter aus dem Herstellerbereich und die mit dem Verfahren einhergehenden Vor- und Nachteile beschrieben.

Um das SLS-Verfahren besser zu nutzen, ist es wichtig über die bestehenden Mängel und Fehler Bescheid zu wissen. Tab. 17.3 listet die typischen Ursachen für mögliche Qualitätsfehler, die Häufigkeit der defekten Bauzyklen, den gesunkenen Kosten für einen Bauzyklus und die In-Line Defekte und Fehler des SLS-Prozesses. In Abb. 17.1 ist ein Beispiel für ein, mit dem SLS-Verfahren partiell hergestellten, Produkt angegeben: Ein Fahrrad.

17.2.2 Schmelzschichtung (Fused Deposition Modeling – FDM mit ein oder zwei Düsen)

Schmelzschichtung als Fertigungsverfahren aus der Gruppe der Additiven Fertigung, steht für ein Verfahren, bei dem ein Modell schichtweise aus einem schmelzfähigen Kunststoff aufgebaut wird. Dieser kann zum Beispiel PVC, ABS oder PLA sein (vgl. Protec3-D 2017). Einige Beispiele sowie Vor- und Nachteile des FDM-Verfahrens sind in Tab. 17.4 angegeben.

Zurzeit kommt das FDM-Verfahren vor allem im Bereich des Prototyp-Modellbaues zum Einsatz.

Auch bei diesem Verfahren kommt es zu Qualitätsproblemen. Nach Baidu (2017) sind 23 unterschiedliche bekannt. Einige der am häufigsten Auftretenden, werden im Folgenden aufgezählt:

Tab. 17.2 Vor-und Nachteile des SLS 3-D-Druck Verfahrens. (Yu und Huang 2014; Protec3-D 2017)

Anwendungsbereich	Hersteller	Vorteile	Nachteile
• Prototyp • Modelle, • Bauteile	• EOS e-Manufacturing (Deutschland), • 3-D Systems (Amerika)	• Mechanisch und thermisch belastbar, • Keine Stützstrukturen nötig, • Flexible Bauteile, • Materialvielfalt, • Komplexeste Formgebung möglich	• Leicht raue Oberfläche, • Langsamer Fertigungsprozess, • Einfarbige Modelle

Tab. 17.3 Fehlerursachen und Häufigkeiten beim SLS 3-D-Druck-Verfahren. (Quelle: Drstvenšek et al. 2016)

Mögliche Qualitätsfehlerursachen	Defekt-Häufigkeit je Bauzyklus [in %]	Ausschuss (Sunk Costs) je Bauzyklus [in %]	In-Line Defekte und Fehler während des SLS-Prozesses
Verunreinigungen	< 15	< 25	Verunreinigungen in der Schicht
Laser und optisches System	< 10	≤ 100	Unangemessene Adhäsion der Schicht, geometrische Schicht und Bauteilverzerrungen, Aufschmelzung der Randzone in Abhängigkeit von der Geometrie und der Porosität
Niedrige Scan-Geschwindigkeit	< 8	≤ 80	Porosität, Inhomogenität
Toleranzen	< 1	< 50	Geometrische Abweichungen der Sinterschicht
Oberflächenrauigkeit	< 20	≤ 75	Schicht- und Bauteiloberflächenrauigkeit
Temperaturkontrolle	< 2	< 90	Unbeständige Temperatur
Thermische Eigenschaften wie Schmelzpunkt und Umkristallisation	< 20	≤ 100	Unbeständige Temperatur am Sinterpunkt, unangemessene Schichthaftung

- Verstopfen des Extruders (vgl. Abb. 17.2)
- Nicht am Heizbett kleben
- Unter-/Über-Extrusion
- Überheizung → zu heiß
- Schichtverschiebung
- Unpassende Überhänge

Die angeführten Fehler können zum Teil durch folgende Lösungsmethoden behoben werden (vgl. Protec3-D 2017):

- *Mechanisch:* Nadel- oder Drahtreinigungsmethoden
- *Prozesstechnisch:* Variieren eines Kalte-/Heiß-Intervalls sowie mit der „Methode" des Drückens/Ziehens des Filaments

Abb. 17.1 Druckprodukt
mit dem SLS Verfahren.
(Drstvenšek 2016)

Tab. 17.4 Detaillierte Informationen über das FDM-Verfahren im 3-D-Druck. (Quelle: Yu und Huang 2014; Protec3-D 2017)

Anwendungsbereich	Hersteller	Vorteile	Nachteile
• Prototyp-Modelle	• Stratasys (Amerika), • MakerBot (Amerika), • 3-D Systems (Amerika) • Taier Shidai (China)	• kostengünstig, • widerstands-fähige Bauteile	• Oberflächen mit Rillen möglich • **mit einer Düse:** mittlere Fertigungsgenauigkeit, nur einfarbige Modelle sind möglich, Stützkonstruktionen und Nacharbeit notwendig, sehr langsamer Fertigungsprozess • **mit zwei Düsen:** nicht vielfärbig, langsamer Fertigungsprozess

Abb. 17.2 Verstopfen des
Extruders. (Quelle: Baidu
2017)

Für das Problem des Steckenbleibens des Filaments wurde neulich an der FH Kärnten ein
Konzept, im Rahmen des EU-Projektes MMO3D (Multiaxes – Moving Objects 3-D Printing Technology for Composites) (vgl. MMO3D 2017; FHK 2016) entwickelt, um den
Vorschub des Filaments zu beobachten, und zwar mithilfe eines Schlupf-Prüfstands, der
einerseits ein Durchrutschen prüft, und andererseits die Maßgenauigkeit des Durchmes-
serbereichs im Mikrometerbereich mithilfe einer Konstruktion mittels Dehnmesstreifen
(DMS) (vgl. Zapletal 2017).

17.3   Konzeptfindung eines Qualitätssicherungslabors für 3-D-Druck

In den beiden ersten Abschnitten wurden vorhandene 3-D-Druck-Defekte und -Fehler
kurz beschrieben und die daraus resultierende Notwendigkeit von Qualitätssicherung
angesprochen. In diesem Abschnitt soll mithilfe eines Ideenfindungsworkshops ein Qua-
litätssicherungslabor entwickelt werden. Dieser Workshop fand im Rahmen des FFG
(Österreichische   Forschungsförderungsgesellschaft)   Qualifizierungsnetz-Programms
Polygenferos 4.0 für 3-D-Druck, das im Kontext von Industrie 4.0 steht, statt.

Die besondere Herausforderung bei den Workshops und den sich daraus ergebenden
Konzepten lag in dem breiten Anwendungsspektrum der Teilnehmer sowie den unterschiedlichen Druckern und deren Qualitätsanforderungen, die bei den Teilnehmern des
Workshops in Verwendung sind. So waren neben Erzeugern von 3-D-Druckern, Unternehmen, die den 3-D-Druck für die Erzeugung von Formen nutzen, bis hin zu Unternehmen, welche Produkte der Losgröße 1 mit den Druckern erzeugen, vertreten. Betrachtet
wurden hierbei Filament-Drucker auf der Basis von ABS und PLA. Ziel dieses Qualifizierungsprogramms ist es, die gesammelten Einzelerfahrungen der Anwendungen in der
Gruppe auszutauschen, zusammenzuführen einer Systematisierung zu unterziehen und
einen Leitfaden zur Erstellung eines Qualitätssicherungslabors zu entwickeln. Die wichtigsten Ergebnisse sind hier zusammengefasst wiedergegeben. Der Workshop wurde an

zwei Tagen abgehalten und in zwei Schwerpunkte unterteilt. Der erste Tag beinhaltete Vorträge zum aktuellen Stand im 3-D-Druck, Impulsvorträge zu den Themen Aufbau eines Qualitätslabors sowie Materialcharakterisierung und Messmethoden sowie den Ideenfindungsworkshop und daraus abgeleitet Konzepte zur Qualitätssicherung. Der zweite Tag galt der Untersuchung von 3-D-Druckmodellen, welche von teilnehmenden Unternehmen sowie der FH Kärnten bzw. dem TCKT zur Verfügung gestellt wurden. Die Modelle wurden unter anderem Zug- und Biegeversuchen unterzogen, um deren Festigkeit zu messen.

Der im Rahmen des ersten Tages abgehaltene Ideenfindungsworkshop diente dazu, die Teilnehmer in eine offene Diskussion über das Thema zu bringen. Wichtig dabei war ein freies Assoziieren von Gedanken rund um den Einsatz von 3-D-Druck, die Qualität der Ergebnisse sowie deren Dokumentier- und Messbarkeit. Diese Gedanken wurden gesammelt und zu Themengruppen geclustert. In einem weiteren Entwicklungsschritt wurden Funktionsweise, Definitionen, Vorteile und Nachteile sowie noch zu klärende Fragen zum Thema Qualitätslabor ausgearbeitet. Die Ergebnisse für die zwei resultierenden Konzepte werden im Folgenden vorgestellt.

17.3.1 Ergebnisse des Konzepts 1: Allgemeines Qualitätslabor 3-D-Druck (AQ3D)

Nachfolgend ist das Ergebnis des ersten Konzeptes angegeben. Als erstes sind die vom Industriekollektiv, also den an den jeweiligen Innovationsworkshops teilnehmenden Vertretern aus Wissenschaft und Industrie, ermittelten entscheidenden Punkte für ein allgemeines Qualitätslabor angegeben:

1. Guidelines
2. Prozessschritte: laufende Überprüfung, wie zum Beispiel Temperaturüberprüfung, Delegieren von Problemen, wenn außerhalb der Prozesskette
3. in der Konstruktion „Limits beachten"
4. Prozess: zum Beispiel Temperatur, Dokumentation, kontinuierliche Messung (Big Data), Kosten
5. Anforderungen definieren: zum Beispiel Filament- und Barcode-Rückverfolgung
6. Lagerung

Das Konzept 1 besteht 1) aus Guidelines, die anleiten, was man zu welchem Zweck macht, wen man ggf. kontaktieren kann und wo man ggf. selbst etwas reparieren oder verändern kann. Außerdem 2) beinhaltet das Konzept eine Beschreibung der Anforderungen der notwendigen Prozessschritte sowie 3) der Konstruktionsrichtlinien. Auch 4) sollten die einzelnen Prozessschritte kontinuierlichen Messungen unterzogen werden, um eine höhere Kontrollierbarkeit und Steuerung des 3-D-Drucks zu erzielen.

Dies ist prozesstechnisch der Beginn der Steuerbarkeit eines Systems auf der Maschinenebene, der Begriff des „Sehens" laut Theorie U (vgl. Scharmer 2009) oder der

Tab. 17.5 Vor- und Nachteile von Konzept 1. (Quelle: eigene Darstellung)

Vorteile	Nachteile
Dokumentation und Zugriffe	Schreibaufwand
Reduzierung von Wildwuchs	Aufwand für die Einführung Personal
Gut handlebar	notwendig
Aufwand spielt sich zurück	
Iso-Zertifizierung (weniger Kunden verärgern)	

Beginn einer Informationsverdichtung (vgl. Heiden 2016). Ein nach der Systemtheorie erweitertes „Sehen" entspricht einem maschinellen „Messen". Umgekehrt steigt damit die Informationsdichte des maschinellen Systems an und damit, vermittelt durch die systemische Erweiterung des Menschen durch das maschinelle Umfeld, auch sein Wahrnehmungs- und Entscheidungsraum im Sinne der Theorie U.

Des Weiteren sind daraus folgend 5) prozesstechnisch notwendige Anforderungen zu bestimmen, um jeweils nächsthöhere Qualitätserfordernisstufen zu erreichen, wie zum Beispiel die Rückverfolgbarkeit von ordnungsmäßig durchgeführten Prozessen mittels Barcode oder NFC für das Filament. Ein weiteres 6) wichtiges Thema ist die ordnungsgemäße Lagerhaltung von Filamenten bzw. Druckmaterialien und deren Nachverfolgung und Dokumentation der spezifischen Eigenschaften. Trotz der vielen Anforderungen, die innerhalb des Konzeptes angesprochen wurden, muss es dennoch für den Nutzer leicht anzuwenden und zu warten sein. Das war schließlich die Conclusio der Workshop-Teilnehmer.

Vor- und Nachteile von Konzept 1 sind in Tab. 17.5 dargestellt.

Das Konzept lässt folgende Fragen offen

- Größe des Unternehmens
- Zielgruppe: prozessabhängig; produktabhängig
- Umfeld-Abhängigkeiten, zum Beispiel des Lackierens, der Nachbearbeitung, der Produktvorbehandlung u. a.

17.3.2 Ergebnisse des Konzepts 2: Allgemeines Qualitätslabor 3-D-Druck (AQ3D)

Nachfolgend sind die Ergebnisse des Konzepts 2 angegeben:

1. Dokumentation-Benchmark und Normteile
2. Qualifiziertes Personal
3. Produktprüfung
4. Qualitätsstandards
5. Prozessprüfung
6. Messmethoden

Tab. 17.6 Vor- und Nachteile von Konzept 2. (Quelle: eigene Darstellung)

Vorteile	Nachteile
• Nachhaltig → Flexibilität, Geometriefreiheit, • Keine Werkzeugkosten • Funktioniert für alle → Sicherheit von den Kunden	• Kosten hoch • Hoher Zeitaufwand

Das Konzept 2 beschreibt im Wesentlichen 1) die Notwendigkeit einer Dokumentation der Erfahrungen, die sich beim Druck von Normteilen ergeben. Ein weiterer Schwerpunkt 2) ist die kontinuierliche Ausbildung und Förderung von qualifiziertem Personal. Die 3) Produktprüfungen nach 4) gesetzlichen Qualitätsstandards als auch gemäß Kundenanforderungen müssen berücksichtigt werden. Die notwendige Einzelprüfung bei Losgröße 1 stellt hierbei eine besondere Herausforderung dar, weil sie nicht zerstörend erfolgen sollte. Daraus ergibt sich ein besonderes Augenmerk auf die 5) Prozessprüfung und deren 6) Messmethoden. Die Vor- und Nachteile von Konzept 2 sind in Tab. 17.6 angeben.

Die offenen Fragen aus Konzept 2 befassen sich vor allem mit der Bestimmung von Normdefinitionen und sind auszugsweise hier aufgeführt:

- Normdefinitionen bestimmen
- Langlebige Produkte?
- Welche Berechnungsbereiche sind gültig?
- Sicherheit? → Dämpfe, u. a.
- Reproduzierbarkeit?
- Toleranzen? → im Vorfeld zu klären

17.4 Zusammenfassung und Ausblick

Um eine Qualitätsverbesserung und -sicherung im 3-D-Druck zu entwickeln, ist ein periodischer Austausch zwischen den Fachkreisen notwendig, dieser könnte in Form von Workshops stattfinden. Hierbei sollten, basierend auf den Erfahrungen der Teilnehmer, Informationen zu möglichen Messverfahren evaluiert, definiert und standardisiert werden.

In der Tat gibt es noch viele Möglichkeiten für die Qualitätssicherung des 3-D-Drucks zusätzlich zu Workshops. Ein Weg könnte über die Messung mittels der Dynamischen Differenzkalorimetrie (DDK, englisch: Differenzial Scanning Calorimetry (DSC)) erfolgen. DSC ist eine Methode der thermischen Analyse (vgl. Frick und Stern 2013), dabei werden die Phasenübergänge bei unterschiedlich schmelzfähigen 3-D-Druckmaterialien gemessen und Informationen aus der Analyse der DSC-Messkurven bestimmt. Abgeleitet daraus können thermodynamische Kenngrößen berechnet werden, um die 3-D-Druckprozessqualität positiv zu beeinflussen. Dieses Verfahren könnte als Qualitätskontrolle für alle gängigen 3-D-Druckverfahren zum Einsatz kommen.

Die Veränderung der Infillstruktur und der fraktalen geometrischen Form könnte ebenso zur Steuerung der Probenqualität herangezogen werden. Somit könnten unterschiedliche Festigkeiten und Genauigkeiten von 3-D-Druck-Modellen kontrolliert werden. Dies wäre in gewisser Weise eine innere Steuerungsmaßnahme, um die Qualität zu beeinflussen und sicherzustellen.

Die „Infillstruktu" ist die Struktur, die innerhalb einer äußeren Form in einem 3-D-Druck Layer gedruckt wird. Diese kann im Prinzip beliebig sein, und hat derzeit zum Beispiel die Form von Waben, Rauten o. ä.

Insgesamt könnte also eine Vielzahl von Verfahren für die Qualitätsmessung zum Einsatz kommen. Da sich die Prozesse derzeit noch im Entwicklungsstadium befinden ist auch noch nicht ganz klar, welches für welche Anwendung die „wesentlichen" zu erfassenden Prozessparameter sind, wenn auch schon einzelne sich herauskristallieren, was man insbesondere daran merkt, dass diese auch in „3-D-Drucker-Produkte" einfließen, zum Beispiel in Form einer mitgelieferten in-line Messung mittels Sensoren, wobei eine zunehmende Integration von sensorischen und aktorischen Systemen beobachtet werden kann.

Es besteht kein Zweifel, dass Qualitätssicherung zu jeder Zeit und in jedem Fall eine hohe Priorität genießen sollte. Mit weiteren eingehenden Untersuchungen und Diskussionen und insbesondere Umsetzung von Qualitätskonzepten wird 3-D-Druck auch in Zukunft ein zunehmend wichtigeres Herstellungsverfahren in der Industrie mit großem Innovationspotenzial sein.

Literatur

Baidu (2017) https://wenku.baidu.com/view/19bf8a7abceb19e8b9f6ba63.html, abgerufen am 31. 05. 2017

Drstvenšek I, Drummer D & M Schmidt (2016) Quality assurance for Additive Manufacturing. In: Tasks for in-line quality control of Additive Manufacturing Powder Bed Fusion processes. In 6th International Conference on Additive Technologies – iCAT, S. 285–291

FHK (2016) Entwicklung von Roboterzellen für den 3D-Druck. FH-Kärnten, http://www.fh-kaernten.at/unser-studienangebot/engineering-it/aktuelles/news-archiv/news-archiv-list/news-archiv-details/entwicklung-von-roboterzellen-fuer-den-3d-druck/ 27.9.2016, abgerufen am 30.11.2016

Frick A & C Stern (2013) DSC-Prüfung in der Anwendung, Carl Hanser Verlag, München, S. 21

Heiden B (2016) Wirtschaftliche Industrie 4.0 Entscheidungen – mit Beispielen – Praxis der Wertschöpfung. Akademiker Verlag, Saarbrücken

Lu B-H, Li D-C & X-J Tian (2015) 3D Printing – Perspective. Engineering 2015, 1(1) S. 85–88, https://doi.org/10.15302/j-eng-2015012, https://wenku.baidu.com/view/99d378c6844769eae009edce.html?re=view, abgerufen am 31. 05. 2017

MMO3D (2017) Zusammenfassung der genehmigten Projekte, die im Rahmen der 1. Abgabefrisst eingereicht wurden – Kooperationsprogramm Interreg V-A Slowenien-Österreich. Interreg Slowenien-Österreich, 18.8.2017 http://www.si-at.eu/de2/wp-content/uploads/sites/7/2015/10/Zusammenfassung-der-ProjektePA1_18-8-2017.pdf, und http://www.si-at.eu/de2/projekte/bestatigte-projekte/ abgerufen am 27.9.2017

Protec3D (2017) 3D-Drucken/Vor- und Nachteile. http://www.protec3d.de/3d-drucken/vor-und-nachteile/, abgerufen am 29. 05. 2017

Scharmer O (2009) Theorie U – Von der Zukunft her führen: Presencing als soziale Technik. Carl-Auer Verlag

Wang H-J (2014) Research status and development tendency of additive manufacturing (Artikel in chinesischer Sprache). Beitrag Nr. 1674–6864 (2014) 03 – 0020-05, Journal of Beijing Information Science and Technology University, Vol. 29, No. 3, Jun. 2014, https://wenku.baidu.com/view/8f5d495443323968001c9214.html, abgerufen am 31. 05. 2017

Yu H & Y Huang (2014) Warum muss das Additive Manufacturing entwickelt werden? (Artikel in chinesischer Sprache), Advanced Materials Industry 2014(4), S. 30–34, http://d.g.wanfangdata.com.cn/Periodical_xclcy201404009.aspx, Teil 1: https://wenku.baidu.com/view/639e1e70f78a6529647d53e5.html?re=view, Teil 2: https://wenku.baidu.com/view/8c63f9bd9ec3d5bbfd0a74e4.html, abgerufen am 31. 05. 2017

Zapletal S (2017) Vorarbeit zur Entwicklung eines MMO Faserverbundwerkstoff 3D Druckkopfes. Bachelorarbeit II, FH-Kärnten, Villach

FH-Prof. Mag. DI Dr. Bernhard Heiden, MBA
Fachprofessor für Produktionstechnik

Bernhard Heiden ist Fachprofessor für Produktionstechnik und leitet das Smart Lab Carinthia der FH Kärnten. Er forscht in den Bereichen Additive Manufacturing, Industrie 4.0, Logistik und Fertigungstechnologien ist Vorsitzender der Arbeitsgruppe 3-D-Druck der FH-Kärnten und Autor zahlreicher Publikationen.

Xiaoxian Sun, BEc
Studentin der Fachhochschule Kärnten

Xiaoxian Sun wurde in Hangzhou in China geboren. Sie studierte im Studiengang „Internationale Wirtschaft und Handel" an der Jiaotong Universität Shanghai und absolvierte eine technische Ausbildung im Bereich Netzwerk-Engineering an Beida Qingniao. Beruflicher Werdegang: Shanghai Jianli Zuckerfabrik: Laborantin; Hangzhou Zhenhua Jiuye GmbH: Handelsvertreterin; Hangzhou Xiaoshan Hutu Industrie GmbH: Buchhalterin. Sie hat den Studiengang „Wirtschaftsingenieurwesen" an der FH Kärnten in Österreich absolviert.

Monika Decleva, Bsc
Wissenschaftliche Mitarbeiterin am Studiengang Wirt-
schaftsingenieurwesen

Monika Decleva ist wissenschaftliche Mitarbeiterin am Studiengang Wirtschaftsingenieurwesen und betreut das Smart Lab Carinthia. Sie forscht in den Bereichen Industrie 4.0, Innovations- und Technologiemanagement sowie Entrepreneurship.

Bildung 4.0 im Zeitalter der Post-Globalisierung

18

Bildung im Zeitalter vonIndustrie 4.0 und Bedeutung der Demokratisierung durch Technologien

Bianca Tonino-Heiden und Bernhard Heiden

18.1 Einleitung

Die aktuelle Entwicklung der Sozialdemokratie in Österreich ist im Umbruch. Einerseits hat die sozialdemokratische Entwicklung in Österreich mit der Einführung der Massenuniversität einen massiven Anstieg des Bildungsniveaus der breiten Bevölkerung herbeigeführt. Seit der Einführung hat sich die Anzahl der Studierenden seit 1970 versechsfacht (vgl. Swoboda 2017), was unter anderem dazu führt, dass in Österreich ein sehr hohes Potenzial an Innovation herrscht, die durch Personen mit höheren Bildungsabschlüssen vorangetrieben wird. Automatisierung ist ein Thema, das in zunehmendem Maße eine Integration von Disziplinen erfordert und umgekehrt die Verbindung der Wissensgebiete. Andererseits gibt es derzeit den Trend in der Gesellschaft, dass in immer früheren Jahren von den Kleinkindern, den Kindern, den jungen Erwachsenen immer höhere Leistungen gefordert werden, wobei auf der anderen Seite beklagt wird, dass gewisse Leistungen von Schülern im Schulsystem nicht mehr adäquat abgebildet werden, wie beispielsweise das „Schönschreiben". Umgekehrt wird zum Teil in den Schulen gefordert, dass Kinder im Informatikunterricht beispielsweise ein Niveau des Maschinenschreibens besitzen, das früher bestenfalls in Berufsschulen oder für professionelle Sekretäre/-innen erforderlich war. Dieser Trend, also in immer früheren Zeiten auf immer höher aggregiertes Wissen zugreifen zu müssen, um heute noch existenziell, als

B. Tonino-Heiden (✉)
Weiz, Österreich
E-Mail: bianca.tonino@gmx.net

B. Heiden
Villach, Österreich
E-Mail: B.heiden@fh-kaernten.at

© Springer Fachmedien Wiesbaden GmbH, ein Teil von Springer Nature 2018
P. Granig et al. (Hrsg.), *Mit Innovationsmanagement zu Industrie 4.0*,
https://doi.org/10.1007/978-3-658-11667-5_18

Mensch, effizient zu sein, beschreibt geradezu einen „Demokratisierungsprozess" großen Stils, in dem einzelne Personen Verantwortung für etwas übernehmen müssen, was
ihnen früher abgenommen wurde. Man(n)/Frau selbst ist der Sekretär. Demokratisierung
im Sinne von Verantwortung übernehmen bedeutet aber auch, dass man damit verbunden
mehr Freiheiten erhalten muss, weil sonst eine „Imbalance" entsteht.

18.2   Bildung 4.0 im Zeitalter der Post-Globalisierung[1]

Durch die Datentransfer- und Kommunikationstechnologien des 4.0 Zeitalters entwickelt
sich die uns bekannte Welt nach dem Modell eines Gehirns. Zum einen bildet der Mensch
seine Umwelt anthropomorph nach seinem Vorbild vor und nach, zum anderen findet er
durch die Theoriegebundenheit der Wahrnehmung in der Umwelt immer wieder auch das
vor, was er schon kennt. Die Chancen, die für eine Bildung 4.0 damit entstehen, bestehen in einem tieferen Welt-, Kultur- und Gesellschaftsverständnis. Wo die umgebende
Welt besser und durchdringender verstanden wird, versteht auch der Mensch sich selbst
besser. Geboren mit Bedürfnissen, die er zu erfüllen und zu deren Erfüllung er mit der
umgebenden Welt zu kooperieren hat, ermöglicht eine Bildung 4.0 die schnellere Weiterentwicklung grundlegenden Verstehens. Die Einbeziehung von 4.0-Technologien in Bildungsstrukturen beschleunigt Denk- und Lernstrukturen und die Verbindung alter und
neuer Gedankengänge sowie kooperierender Partner. Die Nutzung von 4.0-Technologien
zur Vernetzung und Weitergabe von Wissensinhalten stiftet Sinn. Sinn ist überall dort zu
finden, wo der Mensch mit seinen angeborenen Anlagen und Organen wahrnehmen und
wahrgeben kann, moderne Technologien machen das Finden und Verstehen von Denk-,
Fühl- und Lernpartnern schneller und erfolgreicher, es entsteht ein Daten- und Meeting-
Open-Space. Je schneller sich Bildungsstrukturen in die 4.0 Technologien selbst einbinden
und vernetzen, desto wesentlicher wird Welt- und Menschheitsverstehen geschehen, desto
sinnstiftender wird die Lebens- und Weltzeit empfunden. Die erfolgreichsten Strategien
von Digitalisierungs- und Datentransfersystemen bereichern auch die Bildungsstrukturen:

1. Strategien, Denkrichtungen zu unterstützen und zu vertiefen
2. Strategien, gemeinsame Interessen zu vernetzen
3. Strategien, komplementäres Wissen anzubieten
4. Strategien, Lernfortschritte zu stärken
5. Strategien, wesentliche Lerninhalte wiederholt anzubieten und einzupflegen

Durch bewussten Rückgriff auf alle bestehenden digitalen Möglichkeiten werden neue Denk-
und Handlungsfelder eröffnet, einzelne Fähigkeiten durch Vernetzung mit Praktizierenden

---

[1]Als Inspirationsquellen dienten und können dem Leser dienen u. a. Dilts (2013), Dilts et al.
(2006), Scharmer (2009) sowie Scharmer und Käufer (2013).

geformt, wo Information innerpersonell transformiert zur Ausformung jeder einzelnen Persönlichkeit führt. Die digitalisierte Welt bietet allen Lernenden gleichermaßen Lernanreize:

1. Lernende unterstützen sich als Sparringpartner
2. Institutionen als Orte der Ermöglichung,
    a) als Fakultäten,
    b) als deren Facilitators,

selbstbefindend im Life-Long-Learning-Prozess,

i.   geistesgegenwärtig,
ii. open-minded,
iii. freundlich,
iv. freundschaftlich

als Provider im Mitdenken und Mitfühlen, in sowohl

I.   selbständigen als auch
II. zusammenhängenden
III. als auch intermittierenden Lernumständen (vgl. Abb. 18.1).

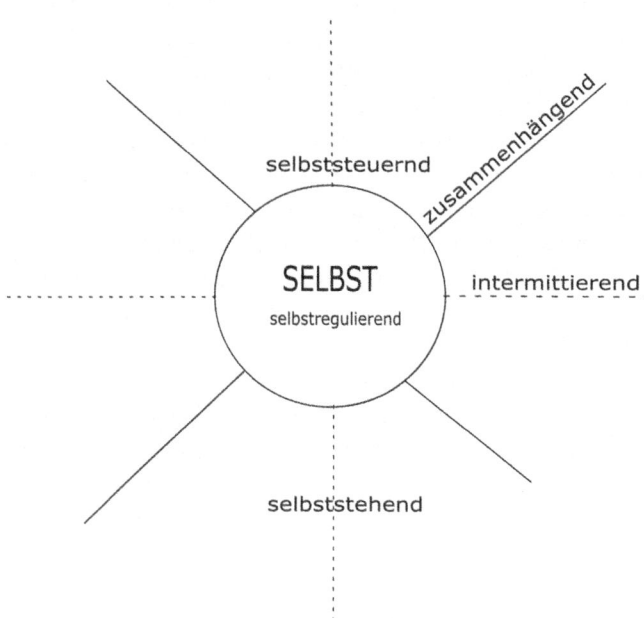

Abb. 18.1 Das humangeistige Selbst im Schaubild SONNE: SelbstOrganisierende NeoNaturalistische Evolution

Der Mensch als umfassendes Geistwesen begreift sich und die Welt als geistige Gestalt und Gestaltungsumgebung, die mithilfe digitaler Kommunikation, Denk- und Erfahrungshorizonte erweitert und fokussiert, selbstintervenierend steuert und reguliert und sich in benevolenter Präsenz vom zukünftigen Selbst anleitet.

18.3   Demokratisierung durch Technologien

Um den Begriff der Intermittenz zu veranschaulichen, kann aus prozesstechnischer Sicht gesagt werden, dass zum Beispiel Fertigungsprozesse nicht nur sequenziell, sondern auch parallel ablaufen können, was aus dem kybernetischen Prozessverständnis zugleich fundamentaler Ausdruck von allen existierenden Systemen ist. Dabei kann insbesondere im Lernprozess, einer lernenden Umgebung, in deren Mittelpunkt der Mensch steht, anthropomorph betrachtet, dies auch vermittels einer Einbindung in innerpersonale Organisation verstanden werden. Das ist zum einen das Sprachverständnis, das tendenziell sequenziell operiert und das Bildverständnis, das tendenziell parallel operiert. In unseren Denkprozessen findet eine Verbindung statt, die man als eingefrorene Strukturen in der Zeit betrachten kann. Dabei findet immer auch eine Vernetzung von parallel und sequenziell statt, was eine Hyperstruktur darstellt. Diese Hyperstruktur ist im Innen und im Außen gleichermaßen (Heiden und Tonino-Heiden 2014). Noch stärker ist dies ausgeprägt, in der Form einer schriftlichen Arbeit, die vernetzt in Wort und Bild ist, für eine Geist Innen Vernetzungsstruktur steht. Parallel verstandene Inhalte deuten auf ein „Alleinstehen", vernetzte auf ein „Selbstverständnis" eines Ganzen (vgl. auch Moser 1991) hin. Ein Lernprozess, systemisch betrachtet, ist also ein Zusammenwachsen von Systemen vgl. auch Heiden (2016b). Hier finden sich Anmerkungen über einen ersten Ansatz einer systemischen Unterrichtsmethode, die aktuelles (also das System) praxisnah in den Unterricht einbindet. Ein aktuelles Geschehen/Aufgabenstellung/Problem wird als Anlass genommen, um es im Unterricht fachspezifisch zu lösen, die im Unterricht verwendeten Methoden unmittelbar sinnstiftend anzuwenden.

Industrie 4.0, Bildung 4.0, Paradigma 4.0 bedeutet nun ein Zusammenwachsen von Technologien und zwar, mit dem Menschen. Der Mensch ist der Urheber und er ist der Nutznießer. Mithilfe der Technologien versteht er sich einerseits immer mehr als Teil eines Ganzen, das er aber zunehmend selbst als Mensch, als Menschheit versteht. Menschheit kann dabei als Superorganismus (Heiden und Tonino-Heiden 2014) verstanden werden, der als Organismus, selbst ein Selbst hat. Und das Selbst im Sinne der Selbstorganisationstheorie kann als ein fortlaufender Wiederspiegelungsmechanismus verstanden werden, im Sinne eines Ordnung schaffenden Prozesses, nach der grundlegenden Idee, dass sich Ordnung in sich selbst organisierenden Systemen aufbaut (verbunden mit der wichtigen elementar notwendigen Eigenschaft von Syntropiezufuhr; vgl. Dürr 1990; Dürr et al. 1986), die von Natur aus fern vom thermodynamischen Gleichgewicht sind, und damit noch die Entfernung vom Gleichgewicht erhöhen und somit implizit auch die Ordnung des Selbst, was auch als ein höheres Bewusstsein aufgefasst werden kann (vgl. auch Moser 1991; Schrödinger 1989).

18.3.1 Learning Environment

Technologien wie das Internet, die Verwendung von Lernvideos, drücken geradezu den sich ändernden Lernprozess aus. Dabei kann lernen heute intermittierend stattfinden, genauso wie Arbeit. Der starre Prozess einer „Stundenschreibung" im Sinne eines Arbeitszeitgesetzes verfehlt nicht nur die Möglichkeiten, die Menschen in puncto Leistung haben, sondern auch die Notwendigkeiten, die an einen Menschen mit exponentiell wachsendem Wissen entstehen (vgl. Götschl 2015). Die Vermischung von Privat- und Berufsleben wird „intermittierend", das heißt, die Grenzen werden fließend. Insbesondere die Integration von Maschineninformation, nutzbar am Gerät in elektronischer Form, erhöht nicht nur die Informationsdichte, sondern führt auch damit implizit zu eine hohen semantischen Dichte.

Die semantische Dichte kann als eine Information aufgefasst werden, die von unterschiedlichen Betrachtungsebenen oder insbesondere von unterschiedlichen sensorischen Inputs als informational kongruent aufgefasst bzw. erfasst werden kann, als eine Art Informationsdichte. Nach der Kybernetik zweiter Ordnung ist dies ein zunehmend selbstreflexives oder geordnetes System. So drückt beispielsweise das Lernmaterial von Montessori (vgl. Montessori et al. 2007 und auch Sheng 2017) des Öfteren solche Verbindungen aus. Ein Messstab für die Zahl eins hat beispielsweise die quadratische Form von 1×1 cm und 1 cm Länge. Die Zahl zwei wird durch einen Messstab der Form 1×1 cm und zwei cm Länge ausgedrückt. Die Bedeutung der Zahl 1 oder 2 liegt dann in der Form, die optisch, aber auch durch ein Wiegen mit der Hand sensorisch „explizit" erfasst werden kann. Die Informationsdichte kann im semantischen Kontext immer weiter gesteigert werden, wenn zum Beispiel einer Zahl eine Farbe, eine Rauhigkeitsstufe etc. zugeordnet wird.

Dabei ist sogar die Ortsgebundenheit aufgehoben. Maschinendaten können gespeichert und erfasst werden, was die selbständige Nutzung erlaubt. So ist beispielsweise ein elektronischer Zugangsschlüssel verbunden mit der lokalen Maschineninformation für das Smart Lab der FH-Kärnten (Heiden und Decleva 2017) nicht nur eine erste Industrie 4.0 Anwendung (vgl. auch Heiden 2016a), sondern auch ein Beispiel für eine intermittierende Nutzung. Die Lernvideos, die Bedienungsanleitungen können so jederzeit dezentral und auch lokal vor Ort genutzt werden und zudem ist die semantische Dichte durch die Information vor Ort erhöht, was im Sinne von Industrie 4.0 einer Effizienzsteigerung entspricht und in einer „Learning Environment" der Selbstständigkeit nach Abb. 18.1.

Eine andere Anwendung im Bereich Bildung 4.0 ist es, Learning Management Systeme zu verwenden die ein Integrieren des Lernprozesses in den modernen Studierendenalltag ermöglicht. An der FH Kärnten wird derzeit das Open Source „Moodle System" verwendet, das an vielen Hochschulen zum Einsatz kommt, und den Studierenden 24h die Aufgabenabwicklung erlaubt, sowie den Lehrenden individualisierte Unterrichtsgestaltungsmöglichkeiten gibt. Der Ansatz, den das Gemeinnützige Personalservice Kärnten (GPS), für die Lehrlingsausbildung, verfolgt (Petschnig 2017), ist es Bildung 4.0 mittels eines Learning Management Tool umzusetzen, um Lernfortschritte an den auszubildenden Fertigungsmaschinen im System 24h, in einer „intermittierenden" Anordnung, durchführen und dokumentieren zu können. Der Lehrling führt die Aufgabe, dann aus wenn er den Zeitpunkt wählt, mit der Zeit die er dafür braucht. Damit hat er vermehrt individuelle Gestaltungsmöglichkeiten seines „Learnings" sowie der Überprüfung seiner Lern-Leistungen.

18.3.2 Gesellschaftliches Learning

Wie im Beispiel des Konzeptes einer urbanen Energieversorgung, im Kapitel „Mit Solarpotenzialanalyse Heiz- und Klimatisierungskosten senken", gezeigt wurde ist ein global, oder auch lokal zunehmend technisch und physikalisch vernetztes System eines, das Ordnung schafft und damit technisch zwangsläufig Demokratisierung schafft, da es globale und lokale Aspekte vernetzt, um mit der Systemtheorie zu sprechen oder in Bezug auf die Chaostheorie von lokalen und globalen Attraktoren (vgl. Hilborn 1994). Lokale und globale Optimierung erfolgt in einem solchen System gleichzeitig. Auf organisatorischer Ebene erfordert dies eine Umkehrung der Pyramide, wie in Scharmer für Organisationen gezeigt wird (vgl. Scharmer und Käufer 2013), wobei insbesondere die „umgedrehte" Pyramide systemisch genau durch solche technischen Systeme verwirklicht werden kann, da dann die Welt in mir ist oder das Selbst, semantisch dicht, mit globalen Informationen ausgestattet ist.

18.4 Attraktor

Dabei kann die Sonne auch im „wörtlichen Sinne" als eine „Welt in mir" aufgefasst werden. Ein „nachhaltiger Mensch" ist jemand der in sich ruht und eine ausgeglichene „(Energie-)Bilanz" hat. Die nachhaltige Energiequelle ist notwendig die Sonne für alle selbstorganisierenden lebendigen Wesen. So gesehen kann man als von einer Sonne in mir und damit von einer Widerspiegelung der Welt in mir sprechen im höchsten und reinsten Sinne der Sprache und ihrer Bedeutung. Vielleicht ist es auch erlaubt zu sagen, dass wenn das Selbst, die „Sonne", verinnerlicht hat, sie alles erreicht hat, was erreichbar ist und der Rest der Welt ihr von selbst folgt, als einem Attraktor der Nachhaltigkeit oder der höchsten erreichbaren Ordnung im thermodynamischen Sinne, einem kleinen Stück der Ewigkeit.

Literaturverzeichnis

Dilts R B (2013) Kreatives Führen und kollektive Intelligenz. Mit Robert Dilts (USA). Workshop: 22.–24.2.2013, ÖTZ-NLP & NLPt, Wien
Dilts R B, Hallbom T & S Smith (2006) Identität, Glaubenssysteme und Gesundheit – Höhere Ebenen der Veränderungsarbeit. Junfermann Verlag, Paderborn
Dürr H P (1990) Das Netz des Physikers. dtv, München

Dürr H P, Haken H, Wunderlin A, Hess B, Markus M, Küppers B-O, Gierer A, Wagner G, Roth G, Zwölfer H & Schlicht E J Dress A, Hendrichs H & G Küppers (Hrsg)(1986) Selbstorganisation – Die Entstehung von Ordnung in Natur und Gesellschaft. Piper Verlag, München

Götschl J (2015) Industrie 4.0 Dynamik und Komplexität in Wissenschaft und Wirtschaft. Vortrag mit anschließender Diskussion, aufgezeichnet mit Adobe Connect: https://vc.fh-kaernten.at/p4s9tbkr5mc/, 23. April 2015, Fachhochschule Kärnten, Villach abgerufen am 27.6.2017

Heiden B & M Decleva (2017) Smart Lab der FH-Kärnten – Vorbereitung auf Industrie 4.0 mit Fokus Logistik und Instandhaltung im Kontext der Lehre. In: U Isop (Hrsg) (2017) Jahrbuch Instandhaltungstage 2017. Messfeld, Leykam Buchverlag, Graz, S 36–42

Heiden B & B Tonino-Heiden (2014) Möglichkeiten und Grenzen einer verallgemeinerten Evolutionstheorie auf der Basis der Theorie der Selbstorganisation: Ausgewählte Aspekte. Masterarbeit, Karl-Franzens Universität, Graz

Heiden B (2016a) Wirtschaftliche Industrie 4.0 Entscheidungen – mit Beispielen – Praxis der Wertschöpfung. Akademiker Verlag, Saarbrücken

Heiden B (2016b) Sokratischer Dialog im kosmopolitischen und Identität stiftenden Kontext – Praxisbeispiel gezeigt an Hand des Techcamp der FH-Kärnten. International Conference on Philosophy for Children: Cosmopolitanism and Identity, 13.–16. Oktober 2016, Meerscheinschlössl der Karl-Franzens Universität, Graz

Hilborn R C (1994) Chaos and Nonlinear Dynamics – An Introduction for Scientists and Engineers. Oxford University Press, New York

Montessori M, Oswald P & G Schulz-Benesch (Hrsg) (2007) Die Entdeckung des Kindes. Taschenbuch Herder Verlag

Moser F (1991) Bewusstsein in Beziehungen: Die Grundlagen einer holistischen Ethik. Leykam Verlag, Graz

Petschnig T (2017) Systematische Integration eines Learning Management System in bestehende Aus- und Weiterbildungsprozesse am Beispiel der Bildungseinrichtung des Gemeinnützigen Personalservice Kärnten. Masterarbeit, FH Kärnten, Villach

Scharmer C (2009) Theorie U: Von der Zukunft her führen – Presencing als soziale Technik. Carl-Auer Verlag

Scharmer O & K. Käufer (2013) Leading from the Emerging Future – From Ego-System To Eco-System Economies – Applying Theory U to Transforming Business, Society, and Self. Berrett-Koehler Publishers Inc., San Francisco

Schrödinger E (1989) Was ist Leben – Die lebende Zelle mit den Augen des Physikers betrachtet. Piper Verlag

Sheng F (2017) Ausgewählte Technik Edukationsanwendungen hergestellt mit Smartlab Technologien. Bachelor II Arbeit, FH Kärnten, Villach

Swoboda N (2017) Die Unis und das liebe Geld. Kleine Zeitung, Steiermark, 7. Juni 2017. S 4–5

Wittgenstein L (2003) Tractatus logico-philosophicus – Logisch philosophische Abhandlung. edition suhrkamp, Frankfurt am Main

Mag. phil. Bianca Tonino-Heiden
Geisteswissenschaftlerin, Philosophin.

FH-Prof. Mag. DI Dr. Bernhard Heiden, MBA,
Fachprofessor für Produktionstechnik

Bernhard Heiden ist Fachprofessor für Produktionstechnik und leitet das Smart Lab Carinthia der FH Kärnten. Er forscht in den Bereichen Additive Manufacturing, Industrie 4.0, Logistik und Fertigungstechnologien ist Vorsitzender der Arbeitsgruppe 3-D-Druck der FH-Kärnten und Autor zahlreicher Publikationen.

Die beiden Autoren haben die Arbeit „Möglichkeiten und Grenzen einer verallgemeinerten Evolutionstheorie auf der Basis der Theorie der Selbstorganisation: Ausgewählte Aspekte" (Heiden und Tonino-Heiden 2014) verfasst, die ein grundlegender systemtheoretischer Ansatz als ein axiomatisiertes Modell nach dem Wittgensteinschen Modell ist (Wittgenstein 2003), entstanden aus dem Selbstverständnis einer griechischen geistigen Architektur des Abendlandes, in der auch die Idee und die erste Umsetzung der Demokratie geboren wurde. Aus systemtheoretischer Sicht ist das auch immer ein limitierender Faktor, der immer transparent existent ist, nolens volens. Ein Systemwandel, der „epochal" ist, muss daher notwendig in den fundamentalen Systemvoraussetzungen angreifen. Demokratie als Ausdruck von „Machtstrukturen" steht und fällt daher notwendig mit diesen.

MMO3D (Multiaxes – Moving Objects 3-D Printing Technology for Composites) Forschungsprojekt für 3-D-Druck mit Verbundmaterial

Aspekte der Kooperation und Nachhaltigkeit und erste Zwischenergebnisse der Entwicklungsarbeiten für einen neuen 3-D-Druckkopf: Bauelemente für die praktische Umsetzung als 3-D-Druck Prozess in einem systemisch ganzheitlichen Schaffensprozess

Alexander Berndt, Sebastian Kikel, Sebastian Zapletal, Donald Mveng, Elisabeth Gorgasser, Johanna Moser, Elena Dullnig, Christina Klee, Lukas Zaloznik, Manuel Späth, Leon Knauder und Bernhard Heiden

A. Berndt (✉) · B. Heiden
FH Kärnten, Villach, Österreich
E-Mail: a.berndt@fh-kaernten.at

B. Heiden
E-Mail: B.heiden@fh-kaernten.at

S. Kikel · D. Mveng · C. Klee · M. Späth · L. Knauder
Villach, Österreich

L. Knauder
E-Mail: Leon@physiovillach.at

S. Zapletal · L. Zaloznik
Arnoldstein, Österreich

E. Gorgasser
Klagenfurt-Wölfnitz, Österreich
E-Mail: elisabeth.gorgasser@aon.at

J. Moser
Dobrollach, Österreich

E. Dullnig
Zagreb, Kroatien

© Springer Fachmedien Wiesbaden GmbH, ein Teil von Springer Nature 2018
P. Granig et al. (Hrsg.), *Mit Innovationsmanagement zu Industrie 4.0,*
https://doi.org/10.1007/978-3-658-11667-5_19

19.1 Einleitung

Das Projekt MMO3D (Multiaxes – Moving Objects 3-D Printing Technology for Composites) ist ein Interreg EU-Projekt zwischen den Regionen Slowenien und Österreich (vgl. FHK 2016; MMO3D 2017). Dabei wird es von Österreichischer Seite zusätzlich vom Land Kärnten (Kärntner Wirtschaftsförderungs Fonds (KWF)) gefördert. In Kooperation mit Roboteh, Oprema Ravne, der Universität Ljubljana auf slowenischer Seite und dem W3C und der FH Kärnten auf kärntnerischer Seite, wird – im Rahmen des MMO3D-Projekts – die Entwicklung einer mobilen Roboterzelle für das 3-D-Drucken faserverstärkter Leichtbau-Materialien vorangetrieben.

Das Potenzial innerhalb des Projektes liegt im bereits vorhandenen Wissen auf der slowenischen Seite im Bereich der Robotertechnik. Durch das Smart Lab an der FH Kärnten werden die Kompetenzen im Bereich 3-D-Druck und Materialwissenschaften abgedeckt. Die enge Vernetzung aller beteiligten Projektpartner gewährleistet eine nachhaltige Wertschöpfung und eine zukunftsweisende Zusammenarbeit.

Nachfolgend sollen, einerseits die kooperativen Aspekte beleuchtet werden, die einen wirtschaftlichen Nutzen darstellen. Anschließend sollen erste praktische Projektergebnisse in Form eines kurzen schematischen Zwischenberichts angegeben werden, auch motiviert durch die Disseminierungserfordernis des Interreg Projektes.

19.2 Aspekte von Kooperation und dem Nutzen für die innereuropäische Region

Anlässlich einer Tagung des Landes Kärnten (22. AG CBC Meeting unter dem Vorsitz von Armin Schabus, Land Kärnten, Hotel Karnerhof, Egg am Faaker See, 18. September 2017) wurde die FH-Kärnten zu einer Vorstellung des Projektes MMO3D eingeladen, wobei nachfolgend ausgewählte Fragen beantwortet werden sollten.

- Worin wird/wurde der grenzüberschreitende Mehrwert gesehen bzw. welcher Mehrwert wird/wurde durch die Kooperation erzielt? (Stichworte: Expertise der Partner, gemeinsames Produkt, Aufgabenteilung etc.)
- Inwieweit ist das Projekt nachhaltig? (Stichworte: Fortbestand der Kooperation über den Förderzeitraum hinaus, Weiterentwicklung der Ergebnisse etc.)

Die Antworten werden in den nachfolgenden Unterabschnitten beantwortet.

19.2.1 Grenzüberschreitender Nutzen

Ein die Grenzen überschreitender Nutzung ist die Stärkung der Kooperation der Achse Industrie und Universität insbesondere FH-Kärnten, Universität Ljubljana, Robotech und W3C mit einem gemeinsamen Projekt, wodurch eine Vertiefung der jeweiligen Kompetenzen entsteht und

- dadurch eine Vertiefung einer Clusterkompetenz der Region sowie einer
- EU-weiten Etablierung einer und auch teilweise global neuen Prozessentwicklung stattfindet,
    was einerseits das langfristig orientierte Marktpotenzial ausschöpft sowie ein Basis Know-how in dieser Technologie in der Region verankert. Dadurch wird auch insgesamt eine Verstärkung der Kompetenzen der Region stattfinden und zwar in den Themen Industrie 4.0, 3-D-Druck, Robotik, Leichtbau und E-Mobility.

19.2.2 Nachhaltigkeit des Projektes MMO3D

Vorab soll eine Neudefinition des Begriffes Nachhaltigkeit gegeben werden. *Nachhaltigkeit* ist in einer unvollständig hinreichenden Definition:

1. langfristig
2. kooperativ
3. selbstbeschränkend

Nach dieser Definition soll geschaut werden inwiefern das Projekt MMO3D nachhaltig ist.

Einerseits ist es nachhaltig weil es aus einem „früheren" Projekt weiterentwickelt worden war und andererseits sind weitere Folgeprojekte für den Gesamterfolg, einer industriellen 3-D-Druckanwendung nötig – damit genügt es (1). Die Strategie für den langfristigen Aufbau ist bei allen Projektpartnern essenziell (1) (vgl. auch Scharmer 2009). Entscheidend für die Nachhaltigkeit aufseiten der Forschung ist: vielseitige, multifunktionelle Einsetzbarkeit ([2] auf Maschinenebene) – damit wird klar, dass ein Aspekt von Industrie 4.0, die Vernetzung (vgl. Heiden 2016), aber auch das Maschinenbaugrundprinzip der Modularität von Konstruktionen nach (2) intrinsisch nachhaltig sind.

Ein weiterer Aspekt für die Förderung der Studierenden und Forschungspartner ist, dass sie im Rahmen des Forschungsprojektes oder darüber hinaus vielleicht einmal interessante andere Forschungsgebiete erkunden können (zum Beispiel Verwendung der MMO3D Technologie für neue Fasern zum Beispiel Zellulose für W3C) was nachhaltig nach (1) und (2) wäre.

Die Nachhaltigkeit aus der Sicht der Industrie ist, langfristig ein Marktpotenzial zu haben, bzw. innovativ zu sein, zum Beispiel durch die Verwendung der Induktionstechnologie und einer langfristig robusten, schnellen bzw. serientauglichen sowie flexiblen Technologie (zum Beispiel Robotik), was alles (2) entspricht.

Die Selbstbeschränkung (3), ist etwas was im Sinne der EU-Fördermittel ins Spiel kommt. Einerseits müssen die Ressourcen im Sinne der Förderbestimmungen gerecht zwischen den Ländern, in diesem Fall Slowenien und Österreich aufgeteilt werden. Andererseits besteht damit eine EU-gerechte Aufteilung in Bezug auf gleiche Ressourcengröße. Andererseits ist dies für die Antragsteller ein Wettbewerbsvorteil im Vergleich zu anderen Antragstellern. Das wiederum hat einen langfristigen Nachhaltigkeitsaspekt (1) auf EU-Ebene zu Folge, da es beide „Länder" gleichermaßen stärkt bzw. die eingezahlten Beiträge gerecht zurückzahlt und sich damit systemisch in der Tendenz stabilisierend auf die EU selbst auswirkt.

Um dann mit den Fördergeldern insgesamt auszukommen wurden schließlich, bei der endgültigen Projektvergabe, die intendierten Kosten noch einmal reduziert (3), sodass am Ende geringere Personalkosten für das Projekt zur Verfügung standen, als ursprünglich geplant waren.

Um, von Projektnehmerseite aus, dem entgegenzuwirken, und dennoch maximale Forschungsleistung zu erzielen wurden Industrie 4.0 Lösungsprinzipien der Dezentralisierung und Vernetzung sozial implementiert. Anstelle einer, nach der Förderungskürzung (3) verbliebenen 80 % finanzierten Stelle wurden die Mittel auf vier Studierende Alexander Berndt, Sebastian Kikel, Sebastian Zapletal und Donald Mveng zu je 20 % aufgeteilt. Damit entstehen Synergien zwischen den Studierenden im selben Fach (2), da dies eine dezentralisierende und selbstorganisierende Maßnahme ist. Dies fördert ihren Studienerfolg und bündelt die Energien von Lehrenden und Studierenden auf den Erfolg des Projektes. Damit ist es auch nachhaltig im Sinne der Studierenden (2), weil sie aktiv Teil eines emergierenden EU-Fördermittel-lokalen bzw. EU-dezentralen Berufsnetzwerkes (2) werden, das sich gerade zu bilden beginnt (1). Ein Zwischenergebnis sind die Bachelorarbeiten von Sebastian Kikel (Kikel 2017) und Sebastian Zapletal (Zapletal 2017), was damit auch gesellschaftlich und global einen Langzeitwissensspeicher darstellt und damit auch in einer größeren Raumzeitdimension nachhaltig ist (1).

Um den Projektnutzen weiter zu erhöhen, haben im Rahmen des Praktikums im Sommer 2017 sieben Praktikanten Elisabeth Gorgasser, Johanna Moser, Elena Dullnig, Christina Klee, Lukas Zaloznik, Manuel Späth und Leon Knauder an dem Projekt mitgearbeitet und in einem selbstbestimmten Ansatz (vgl. Heiden und Decleva 2017) die vier genannten Projektmitarbeiter in ihren Arbeiten unterstützt. Dabei wurde die österreichische Förderung im „Talente" Förderschwerpunkt der FFG (FFG 2017) in Anspruch genommen. Wenn man genauer hinsieht ist hier wieder eine Kooperation (2) von FH-Kärnten, FFG und den Praktikanten und dem EU-Programm entstanden. Das erhöht den inneren Vernetzungsgrad des Projektes. Gleichzeitig erhöht es die Langzeittrajektorie (Heiden und Tonino-Heiden 2014), da die Praktikanten selbst noch in Schulbildungsprozess verankert sind. Als Synergie entsteht dadurch eine Erhöhung des inhaltlichen Outputs bei einer Leichtigkeit der Umsetzung.

Die Dezentralisierung der Aufgaben geht dabei Hand in Hand mit einer sozialen Vernetzung und ist in dieser Hinsicht *multidimensional nachhaltig* (1)(2)(3). Die Umsetzungsmethode folgt dabei der Anwendung des Naturgesetzes, dass Ordnung durch fortgesetzte Teilung und Anheben der Syntropie entsteht (vgl. a. Hilborn 1994; Heiden und Tonino Heiden 2014). In dem Sinne zeigt dieses Projekt praktisch die Umsetzung von Nachhaltigkeit und führt im thermodynamischen Sinne zur Ordnungserhöhung fernab vom Gleichgewicht (vgl. Schrödinger 1989).

19.3 Praktische Durchführung der Arbeiten

Nachfolgend ist ein kurzer Überblick über die Forschungsarbeiten und die zwischenzeitigen Ergebnisse des Interreg Forschungsprojektes MMO3D (Multiaxes – Moving Objects 3-D Printing Technology for Composites) angegeben.

Die regionale Fertigung, komplexere Aufgabenstellungen und personalisierbare Produkte erfordern ein Umdenken in der Strukturierung der Problemlösung für neue Projekte. Wie beim Constantinus Award 2016 gezeigt wurde, konnten sich zwei Firmen jeweils die Silber- bzw. Bronzemedaille sichern (WKO 2016). Dies zeigt den aktuellen Trend innerhalb der Industrie und ein Umdenken in Richtung Industrie 4.0 und Smart Factory. Dadurch bietet sich ein lohnenswerter Ansatz und Vorteil aufgrund der Vernetzung der Menschen mit den Geräten, vor allem bei der Personalisierbarkeit.

Eine eigens auf den Kunden angepasste Lösung sichert eine nachhaltige Wertschöpfung, für den Kunden und die Region. Dabei gewährleisten kurze Lieferwege die Nachhaltigkeit.

Die Frage nach der Umsetzung solch einer individuellen Lösung lässt sich im Diskurs mit den beteiligten Parteien beantworten. Hierbei geht es nicht nur um die Umsetzung der gewünschten personalisierten Lösung, sondern um ihre Sicherstellung. Ein Ansatz zur Sicherstellung liegt im modularen Aufbau der beteiligten Prozessschritte. Dabei wird die Unabhängigkeit der einzelnen Schritte voneinander gefordert, bei gleichzeitiger Gewährleistung der Funktionalität des Gesamtsystems.

Modulare Prozessschritte (Berndt)
Die Konzepte moderner 3-D Drucker werden als Ausgangspunkt für die innerhalb des Projektes gesetzten Ziele genutzt. Der Hauptunterschied liegt dabei im fixierten/starren Druckkopf. Dies erhöht die Flexibilität zum Drucken verschiedenster Materialien und gewährleistet eine modulare Bauweise des 3-D Druckers. In Abb. 19.1 wird das schematische Grundkonzept des modularen Aufbaus gezeigt und in den folgenden Abschnitten genauer erläutert. Wie bereits eingangs erwähnt, soll der Grundgedanke von Industrie 4.0 umgesetzt werden. Dabei wird vor allem auf die Möglichkeit der Individualisierbarkeit eingegangen. Damit die Prozessschritte unabhängig voneinander und im Gesamtkontext

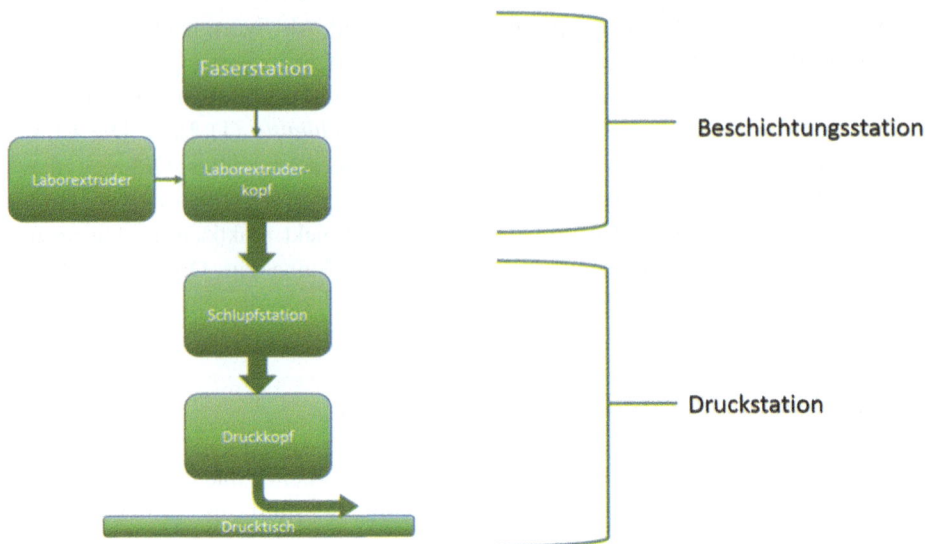

Abb. 19.1 Schematisches Konzept des modularen Aufbaus für den zu entwickelnden 3-D Drucker des MMO3D Projektes

besser zu erfassen sind, werden sie in zwei Bereiche unterteilt. Dies beinhaltet die Beschichtungsstation und die Druckstation. Damit das gesetzte Ziel *„die perfekte Faser für den Verbund 3-D-Druck zu generieren"* ermöglicht werden kann, müssen alle Prozessschritte hinsichtlich der Qualitätssicherung überwacht werden. Die *„perfekte Faser"* steht hierbei für gleichbleibende und kontrollierbare Materialeigenschaften, dies beinhaltet eine gleichmäßige Verstärkungsfaserverteilung innerhalb des Matrixmaterials. Dadurch wird eine konstante anwendungsspezifische Verarbeitungsqualität sichergestellt.

Beschichtungsstation (Kikel, Klee, Späth, Knauder)
Es soll die Möglichkeit der eigenen Herstellung von faserverstärkten Leichtbau-Materialien realisiert werden. Diese Verbundfilamente haben als Kernmaterial ein Verstärkungsmaterial in einer kunstoffbasierten Matrix eingebettet. Im ersten Schritt sollen dabei Carbonfasern mit einer thermoplastischen Matrix verbunden werden. Thermoplaste bieten für den 3-D Druck vielfältige Einsatzmöglichkeiten.

„Thermoplaste besitzen unvernetzte, nebeneinanderliegende, kettenförmige Makromoleküle, die durch Van der Waals Bindungen und Wasserstoffbrückenbindungen zusammengehalten werden, wodurch sie durch Temperaturerhöhung verformbar sind" (Ilschner und Singer 2010).

Hierfür wird im Verbunddruckkonzept eine eigene Beschichtungsstation (BS) vorgesehen. Diese hat den Vorteil, dass zum einen kunden- und anwendungsspezifische Leichtbaumaterialien hergestellt werden können und zum anderen, dass durch die modulare Bauweise der Herstellungsprozess der Leichtbaumaterialien vom eigentlichen Druckvorgang entkoppelt ablaufen kann. Die BS setzt sich aus drei Modulen zusammen. Zum einen aus einem Laborextruder und aus einer eigenentwickelten Faserstation

(FS) (vgl. Kikel 2017). Diese FS soll zur Aufspaltung eines 12 K- oder 24 K-Carbonfaserrovings dienen. Ein Roving ist ein Multifilamentgarn aus parallel angeordneten Endlosfasern (DIN 1990). Die Faserstation wird entsprechend den Anforderungen an die Verstärkungsfasern angepasst. Dabei ist es unerheblich, ob Carbon-, Glas-, oder Naturfasern verwendet werden.

Der Laborextruder ist ein Zukaufteil, welches in die modulare Bauweise ohne Probleme eingebettet werden kann. Durch die temperaturgeregelte Steuerung können hierbei verschiedene Thermoplaste mit verschiedenen Glasübergangstemperaturen verarbeitet werden. Diese Temperatur ist später für den eigentlichen Druckkopf mitentscheidend.

Die Zufuhr in den Laborextruderkopf, das Herzstück der Beschichtungsstation, ist ebenfalls eine Eigenanfertigung und kann somit an die Kundenwünsche angepasst werden. Dabei spielt vor allem der Verstärkungsfaservolumenanteil eine entscheidende Rolle. Dieser ist, auf der einen Seite hauptverantwortlich für die Verarbeitbarkeit und zum anderen für die Festigkeit des ausgedruckten Bauteils.

Druckstation (Zapletal, Dullnig)
Das Grundkonzept unterscheidet sich hierbei von den typischen 3-D Druckern mit mobilem Druckkopf und fixem Drucktisch. Innerhalb des MMO3-D Projektes soll der Drucktisch beweglich gestaltet werden und der Druckkopf selbst fix oberhalb des Tisches verbleiben. Dadurch eröffnet sich die Möglichkeit, die Heizung zum Erwärmen des vorher hergestellten Verbundfilamentes zu verändern. Es wird hierbei eine Induktionsheizung zum Einsatz kommen, da die Trägheit der Heizung keine Rolle spielt. Die Druckstation (DS) besteht ebenfalls wie die BS aus drei Modulen. Dabei durchläuft das Filament als erstes die Schlupfstation (SST) (vgl. Zapletal 2017). Diese SST detektiert einen gegebenenfalls auftretenden Schlupf. Dieses Wissen dient der Qualitätskontrolle der zu druckenden Bauteile. Dabei soll zum einen sichergestellt werden, dass immer diese Menge an Verbundmaterial gedruckt wird und zum anderen, dass keine Leerstellen auftreten. Das Herzstück des Druckkopfes bildet die Induktionsheizung. Diese bildet den Vorteil, schnell auf unterschiedliche Materialien reagieren zu können. Durch schnelles Aufheizen bzw. Abkühlen können dadurch verschiedene Thermoplaste gedruckt werden. Außerdem kann auf Temperaturschwankungen auf dem Drucktisch bzw. der Umgebungstemperatur reagiert werden, damit ein gleichbleibendes Druckergebnis realisiert werden kann. Um diese Temperaturschwankungen aufnehmen zu können, werden Infrarotsensoren auf dem Drucktisch verbaut. Diese detektieren die Temperatur des ausgedruckten Verbundfilaments und stellen sicher, dass übliche Probleme, wie das Abheben des Bauteils vom Drucktisch, vermieden werden können, indem man den Drucktisch selbst und die Düsentemperatur Temperatur reguliert. Damit die Infrarotsensoren einwandfrei funktionieren, wurde von den Praktikanten ein, nachfolgend beschriebener, Temperaturerfassungsprüfstand konzipiert.

Temperaturerfassungsprüfstand (Mveng, Gorgasser, Moser)
Die Temperaturerfassung ist ein wesentlicher Teil der Prozesserfassung. Exemplarisch für die Messerwerterfassung wird hier angegeben wie, von den Praktikantinnen Elisabeth Gorgasser und Johanna Moser im Sommer 2017 an der FH-Kärnten, im Rahmen

des MMO3D-Projektes, mithilfe eines IR-Temperaturerfassungsprüfstands zunächst der IR-Temperatursensor auf seine Funktionalität hin überprüft wurde, um ihn dann in weiterer Folge für die automatisierte und punktuelle Prozessdatenerfassung verwenden zu können.

Die Temperaturerfassung ist beim 3-D-Druck von großer Bedeutung, da die ideale Temperatur für das Material die bestmögliche Formbarkeit ermöglicht. Beim zu bauenden 3-D-Drucker wird mit kontaktlosen Infrarot-Thermometern gearbeitet, die eine präzise Messung zulassen. Die Sensoren messen dabei die Infrarotstrahlen, die von jedem Körper ausgesandt werden und je nach Temperatur unterschiedliche Wellenlängen aufweisen. Die für das Projekt entscheidende Aufgabe lag vor allem darin, die Sensoren so zu positionieren, dass nur das 0,8 mm breite Filament gemessen wird, da Einflüsse von außen die Messwerte verfälschen. Das Ziel des Prüfstandes bestand darin, einen Versuchsaufbau zu gestalten, um die Einflüsse verschiedener Faktoren (Messwinkel, Abstand des Sensors zum Messobjekt, Farbe des Filaments, Temperatur und Oberflächenbeschaffenheit) festzustellen, sowie auf die abgegebene Wärmemenge des Materials ABS (=Acrylnitril-Butadien-Styrol-Copolymer) zu schließen. Um eine möglichst große Bandbreite an Versuchen zu gestatten, wurde ein Versuchsaufbau angefertigt, bei dem sowohl der Abstand zwischen Sensor und Messobjekt (und die daraus resultierende Messfleckgröße) als auch der Messwinkel adjustierbar sind. Außerdem wurde durch den Gebrauch von schlecht wärmeleitenden Haltezangen darauf geachtet, dass das Messobjekt thermisch entkoppelt ist.

19.4 Zusammenfassung und Ausblick

In der Arbeit konnten wesentliche Aspekte von Nachhaltigkeit grundgelegt und demonstriert werden.

Das Projekt MMO3D wird in seiner wachsenden Struktur „in statu nascendi" gezeigt sowie in welchen Dimensionen dieses nachhaltig ist. In Bezug auf den inhaltspraktischen Aspekt wurde gezeigt, wie der Stand der Technik des Projektes MMO3D ist, beginnend von der modularen Struktur über die Beschichtungsstation und die Druckstation bis hin zum Temperaturprüfstand. Dabei ist der modulare Aufbau sehr gut geeignet für ein Parallelisieren der Aufgaben. Um den Prozess noch strukturierter bzw. geordneter zu gestalten, ist es sinnvoll eine Parallelisierung im Prozessfluss und eine Spezialisierung im Organischen bzw. maschinenbautechnisch Modularen (Modulbauweise) vorzunehmen. Dies gelingt in der Mikroebene eines Maschinenbaumoduls an sich, wie auch in der Mesoebene des auf die Organisationen verteilten Gesamtprozesses über die Ländergrenzen hinweg. Dabei entsteht notwendig fraktales Wachstum mit der Charakteristik von Selbstähnlichkeit (Mandelbrot 1991). Die Aufspaltung des Prozesstechnischen (zeitlich) und des Modularen (räumlich) wird von einem sozialen Aufspaltungsprozess (Projektmitarbeiter je Modul) und eine Submodulationsprozess (Praktikanten je Projektmitarbeiter) begleitet. Dadurch ist eine nachhaltige höchstgeordnete Prozessentwicklung möglich, die die soziale Interaktion und Beteiligung notwendig in einem Integrationsprozess einschließt.

Diesen Prozess langfristig stabil zu halten ist Aufgabe des Projektmanagements um trotz niedriger und auch wechselnder Ressourcen langfristig den Erfolg sicherzustellen. Klar ist aus der vorstehenden Analyse, dass so ein höchstvernetzter Prozess nur durch eine „**starke**" und vollständige hinreichende Umsetzung von Nachhaltigkeit erreicht werden kann: langfristig, kooperativ und selbstbeschränkend {(1)(2)(3)}.

Literatur

DIN (1990) Textile Faserstoffe- Faser- und Herstellungsformen. DIN 60 001, Teil 2, Oktober 1990

FFG (2017) Talente entdecken: Nachwuchs – Praktika für Schülerinnen und Schüler – Vier Wochen Naturwissenschaft und Technik Talente. FFG, https://www.ffg.at/praktika, abgerufen am 26.9.2017

FHK (2016) Entwicklung von Roboterzellen für den 3-D-Druck. FH-Kärnten, http://www.fh-kaernten.at/unser-studienangebot/engineering-it/aktuelles/news-archiv/news-archiv-list/news-archiv-details/entwicklung-von-roboterzellen-fuer-den-3d-druck/ 27.9.2016, abgerufen am 30.11.2016

Heiden B & Decleva M (2017) Smart Lab der FH-Kärnten Vorbereitung auf Industrie 4.0 mit Fokus Logistik und Instandhaltung im Kontext der Lehre. Jahrbuch Instandhaltungstage 2017 – Messfeld, Leykam Buchverlag, Graz, S 36–42

Heiden B & Tonino-Heiden B (2014) Möglichkeiten und Grenzen einer verallgemeinerten Evolutionstheorie auf der Basis der Theorie der Selbstorganisation: Ausgewählte Aspekte. Masterarbeit, Karl-Franzens Universität Graz, Graz

Heiden B (2016) Wirtschaftliche Industrie 4.0 Entscheidungen – mit Beispielen – Praxis der Wertschöpfung. Akademiker Verlag, Saarbrücken

Hilborn R C (1994) Chaos and Nonlinear Dynamics – An Introduction for Scientists and Engineers.

Ilschner B und R F Singer (2010) Werkstoffwissenschaften und Fertigungstechnik/Eigenschaften, Vorgänge, Technologien. Springer Verlag

Kikel S (2017) Technische Vorbereitung zur Präparation von Faserverbundwerkstoffen im 3-D-Druck. Bachelorarbeit II, FH-Kärnten, Villach

Mandelbrot B B (1991) Die fraktale Geometrie der Natur. Birkhäuser Verlag, Basel Boston Berlin

MMO3D (2017) Zusammenfassung der genehmigten Projekte, die im Rahmen der 1. Abgabefrisst eingereicht wurden – Kooperationsprogramm Interreg V-A Slowenien-Österreich. Interreg Slowenien-Österreich, 18.8.2017 http://www.si-at.eu/de2/wp-content/uploads/sites/7/2015/10/Zusammenfassung-der-ProjektePA1_18-8-2017.pdf, und http://www.si-at.eu/de2/projekte/bestatigte-projekte/ abgerufen am 27.9.2017

Scharmer O (2009) Theorie U – Von der Zukunft her führen: Presencing als soziale Technik. Carl-Auer Verlag

Schrödinger E (1989) Was ist Leben – Die lebende Zelle mit den Augen des Physikers betrachtet. Piper Verlag

WKO (2016) Constantinus-2016: Kärnten punktet mit Industrie 4.0. https://www.wko.at/branchen/k/information-consulting/unternehmensberatung-buchhaltung-informationstechnologie/Constantinus-2016:-Kaernten-punktet-mit-Industrie-4.0.html, abgerufen am 21.9.2017

Zapletal S (2017) Vorarbeit zur Entwicklung eines MMO Faserverbundwerkstoff 3D Druckkopfes. Bachelorarbeit II, FH-Kärnten, Villach

Alexander Berndt, BSc
Student der Fachhochschule Kärnten und Projektmitar-
beiter im Projekt MMO3D

    Alexander Berndt wurde in Halle (Saale) geboren. Er studierte im Bachelorstudiengang „Maschinenbau/Energietechnik" und macht zurzeit den Master im Bereich „Maschinenbau/Leichtbau" an der FH Kärnten. Seine Abschlussarbeit mit dem Titel „Simulationsgestützte Auslegung von Faserkunststoffverbunden" legte er in Kooperation mit der TU Dresden am Institut für Textilmaschinen und textile Hochleistungswerkstoffe ab. Er arbeitete als studentischer Mitarbeiter am Fraunhofer-Institut für Keramische Technologien und Systeme der TECCOM GmbH und aktuell an der FH Kärnten.

Sebastian Kikel BSc
Student der Fachhochschule Kärnten und Projektmitar-
beiter im Projekt MMO3D

    Geboren am 19.11.1991 in Villach (Kärnten, Austria)

    Kikel Sebastian ist Absolvent des Bachelorstudienganges der FH-Kärnten Standort Villach. Er ist Mitarbeiter in dem Forschungsprojekt MMO-3D an der FH-Kärnten.

Sebastian Zapletal BSc
Student der Fachhochschule Kärnten und Projektmitar-
beiter im Projekt MMO3D

    Sebastian Zapletal, BSc ist ausgebildeter Metallbearbeitungstechniker und studierte anschließend Maschinenbau an der Fachhochschule Kärnten in Villach. Er wirkte bereits an zahlreichen Projekten mit. Einige dieser Projekte sind: Absorptionskälteanlage, MMO-3D-Drucker und E-Go-Kart.

Donald Mveng BSc
Student der Fachhochschule Kärnten und Projektmitarbeiter im Projekt MMO3D

Joseph Donald Mveng wurde in Kamerun geboren. Er ist Absolvent der FH- Kärnten im Bachelorstudiengang „Maschinenbau".

Er arbeitete als studentischer Mitarbeiter beim Fräszentrum Ortenau GmbH & Co. KG- Oppenau, als Textil-Produktionsmechaniker bei Johnson Controls, als Praxisstudent am Institute for „Unmanned Aerial Systems" der Hochschule Offenburg und aktuell an der FH- Kärnten im Projekt MMO3D.

Elisabeth Gorgasser
Praktikantin an der Fachhochschule Kärnten im Sommer 2017

Ausbildung:
2005−2009 Körnerschule VS 10 Klagenfurt
2009−2017 Ingeborg Bachmann Gymnasium – Sprachlicher Zweig – Langform Latein
Berufliche Pläne: Studium der Chemie in Wien
Berufliche Tätigkeit:
9/2014 – Galerie Magnet, Schulbuchlieferung
8/2015 – Praktikum: Kärntner Wirtschaftsförderungsfonds, Bürotätigkeiten

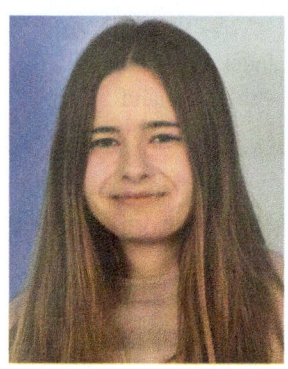

Johanna Moser
Schulische Ausbildung
2007–2011 Volksschule Maria Gail
2011–2015 BG/BRG Perau, Villach
seit 2015 Handelsakademie Villach
Berufspraxis
Praktikantin an der Fachhochschule Kärnten im Sommer 2017

Elena Dullnig

Praktikantin an der Fachhochschule Kärnten im Sommer 2017

   Schulische Laufbahn

   2015 – heute Deutsche Internationale Schule Zagreb, Kroatien (Gymnasium)

   2012–2015 Colégio Alemán (Gymnasium) Dt. Schule Mexiko; Alexander von Humboldt (Mexiko-Stadt, Mexiko)

   2011–2012 Thomas Mann Gymnasium (Budapest, Ungarn)

   2009–2011 Thomas Mann Grundschule (Budapest)

   2008–2009 Österreichisch-Ungarische Europaschule (Grundschule) Budapest

   2006–2008 Schweizer Schule Bangkok Grundschule (Thailand)

   Praktika

   Mai 2016 Tovedo d.o.o. in Zagreb, Kroatien

   Design und Produktion von Werbeartikeln

Christina Klee

Praktikantin an der Fachhochschule Kärnten im Sommer 2017

   Ausbildung

   2005–2009 Volksschule 8 St Andrä

   2009–2014 Peraugymnasium

   Derzeitige Schule: HAK Villach

   Praktika

   Sommer 2014 BILLA AG 9523 Landskron

   Sommer 2015 Steuerberater Nord-Süd Treuhand

Lukas Zaloznik

Praktikant an der Fachhochschule Kärnten im Sommer 2017

   Beruflicher Werdegang

   08/2016 – 01/2017 a-top service & trade gmbh, Bad Aussee Praktikum, Gebäudereinigung

   div. Einsatzorte in Österreich

   Weiterbildung

   01/2016 TV-Media Technik-Schulung, (Kameraführung und Final Cut Pro X(Programm)) Raumberg, Steiermark

   02/2015 Media-Workshop (Adobe After Effects)

Blaubeuren, Deutschland
Schulbildung
09/2015 – HTL-Villach Höhere Lehranstalt für Informatik
5 Jahrgänge Abschluss: Diplomarbeit und Reifeprüfung
   09/2011 – 07/2015 Peraugymnasium Villach Realgymna-
sium ab 7. Schulstufe
   09/2007 – 07/2011 Volksschule Arnoldstein

Manuel Späth
Praktikant an der Fachhochschule Kärnten im Sommer
2017
   Ausbildung
2010- | PERAUGYMNASIUM, VILLACH
2006–2010 | FRIEDENSSCHULE, VILLACH

Leon Knauder
Praktikant an der Fachhochschule Kärnten im Sommer
2017

FH-Prof. Mag. DI Dr. Bernhard Heiden, MBA
Fachprofessor für Produktionstechnik
   Bernhard Heiden ist Fachprofessor für Produktionstechnik und leitet das Smart Lab Carinthia der FH Kärnten. Er
forscht in den Bereichen Additive Manufacturing, Industrie
4.0, Logistik und Fertigungstechnologien ist Vorsitzender der
Arbeitsgruppe 3-D-Druck der FH-Kärnten und Autor zahlreicher Publikationen.

Sachverzeichnis

© Springer Fachmedien Wiesbaden GmbH, ein Teil von Springer Nature 2018
P. Granig et al. (Hrsg.), *Mit Innovationsmanagement zu Industrie 4.0*,
https://doi.org/10.1007/978-3-658-11667-5

The manufacturer's authorised representative in the EU is Springer
Nature Customer Service Centre GmbH, Europaplatz 3, 69115 Heidelberg,
Germany. If you have any concerns regarding our products, please
contact ProductSafety@springernature.com

Printed and bound by CPI Group (UK) Ltd, Croydon, CR0 4YY
23/04/2026
02095588-0013